누적 판매량 66만 부 돌파*
상식 베스트셀러 1위 1,076회 달성*

수많은 취준생이 선택한
에듀윌 상식 교재 막강 라인업!

[월간] 취업에 강한 에듀윌 시사상식

多통하는 일반상식 통합대비서

공기업기출 일반상식

기출 금융경제 상식

언론사 기출 최신 일반상식

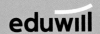

하루아침에 완성되지 않는 상식,
에듀윌 시사상식 정기구독이 답!

정기구독 신청 시 10% 할인

매월 자동 결제
정가 10,000원 9,000원

6개월 한 번에 결제
정가 60,000원 54,000원

12개월 한 번에 결제
정가 120,000원 108,000원

· 정기구독 시 매달 배송비가 무료입니다.
· 구독 중 정가가 올라도 추가 부담 없이 이용하실 수 있습니다.
· '매월 자동 결제'는 매달 20일 카카오페이로 자동 결제되며, 6개월/12개월/
  무기한 기간 설정이 가능합니다.

정기구독 신청 방법

인터넷
에듀윌 도서몰(book.eduwill.net) 접속 ▶
시사상식 정기구독 신청 ▶
매월 자동 결제 or 6개월/12개월 한 번에 결제

전화
02-397-0178
(평일 09:30~18:00 / 토·일·공휴일 휴무)

입금계좌
국민은행 873201-04-208883 (예금주 : 에듀윌)

정기구독 신청·혜택
바로가기

정기구독을 신청하시는 분들께
#2023 다이어리 & 캘린더를 선물로 드립니다!

대상자 매월/6개월/12개월 정기구독 신청자

※ 다이어리 증정은 2023년 2월 28일까지 적용되며 사은품 소진 시 조기 종료될 수 있습니다.
※ 정기구독 혜택은 진행 프로모션에 따라 증정 상품 변동이 가능합니다.

취업에 강한
에듀윌
시사상식

FEB. 2023

02

eduwill

CONTENTS

2023. 02. 통권 제140호

발행일 ｜ 2023년 1월 25일(매월 발행)
편저 ｜ 에듀윌 상식연구소
내용문의 ｜ 02) 2650-3912
구독문의 ｜ 02) 397-0178
팩스 ｜ 02) 855-0008

※ 「학습자료」 및 「정오표」도 에듀윌 도서몰
　(book.eduwill.net) 도서자료실에서 함께
　확인하실 수 있습니다.
※ 이 책의 무단 인용·전재·복제를 금합니다.

Daum 백과 콘텐츠 제공 중 　🔍

PART 02

분야별 최신상식

PART 03
취업상식 실전TEST

PART 04
상식을 넘은 상식

PART
01

Cover
Story

이달의 가장 중요한 이슈

1.

2023년에 달라지는 것들

최저시급 9620원 · 만 나이 통일 등

2023년부터 최저시급이 9620원으로 인상됐다.
0세 아동에 대해 월 70만원, 1세 아동에 대해
매월 35만원의 부모급여가 지급된다. 법인세율이 과세표준(과표)
구간별로 1%p 인하된다. 전체 소득세 부담은 낮아진다.
6월에 윤석열 정부의 핵심 청년 공약인 청년도약계좌가 출시된다.
한국식 나이 셈법은 출생일 0세를 기준으로
생일마다 1살을 먹는 만 나이 방식으로 통일된다.
식품에 기존 유통기한 대신 소비기한을 표기하는
'소비기한 표기제'가 시행된다.

고용·복지 : 최저시급 9620원·부모급여 지급

기획재정부는 올해부터 달라지는 제도와 법규 사항을 알기 쉽게 정리한 '2023년부터 이렇게 달라집니다' 책자를 1월 5일 발간했다. 이에 따르면 **최저시급은 2023년부터 9620원으로 인상됐다. 2022년 9160원보다 5%(460원) 오른 금액**이다. 월 근로시간 209시간을 기준 월급으로 환산하면 201만580원이다. 최저임금이 200만원을 넘은 것은 최초다.

구직 단념 청년들의 노동시장 참여 촉진을 위해 맞춤형 프로그램을 제공하는 '청년도전지원사업' 지원 수준도 확대된다. 기존 1~2개월 단기 프로그램과 함께 5개월 이상 중장기 특화 프로그램을 운영하고, 단기 프로그램 이수 시 지급하던 수당을 20만원에서 50만원으로 늘렸다. 특히 중장기 프로그램 이수 시에는 최대 300만원을 지급한다.

0세 아동에 대해 월 70만원, 1세 아동에 대해 매월 35만원의 부모급여가 지급된다. 어린이집을 이용할 경우 0세 아이는 이용 보육료 50만원을 차감한 금액을, 1세 아동은 부모급여 대신 보육료 바우처(voucher : 물품·금액과 교환할 수 있는 쿠폰)로 지원받는다. 맞벌이 가정 등의 돌봄 공백 해소를 위해 아이돌봄 지원 시간은 연 840시간에서 960시간으로 늘어난다. 1일 기준 3시간 30분에서 4시간으로 확대되는 것이다.

고교학점제 시행에 대비해 대구·인천·광주·경남 등 4개 지역에 공립 **▪온라인 학교**가 신설된다. 또한 올해부터 한국방송통신대학, 사이버대학 등 원격대학에서도 박사 학위를 취득할 수 있게 된다. 원격대학 중 2년제 전문학위과정을 둔 사이버대학은 학사학위를 수여할 수 있는 전공 심화 과정을 운영할 수 있다.

직계존비속의 사고·질병에 따라 간호할 때만 가능했던 교육공무원의 가사휴직이 부양·돌봄이 필요할 때로 확대된다. 공무상 부상·질병 때문에 장기간 치료가 필요한 경우 휴직기간이 현행 3년에서 5년으로 늘어난다.

▪ 온라인 학교
온라인 학교는 교실, 교사 등을 갖추고 소속 학생 없이 시간제 수업을 제공하는 새로운 형태의 학교로, 개별 학교에서 개설이 어려운 과목을 중심으로 운영하며, 고등학생들은 필요한 과목을 온라인 학교에서 이수할 수 있다.

조세·재정 : 법인세율 과표 인하·소득세 부담 경감

법인세율이 과세표준(과표) 구간별로 1%p 인하된다. 이에 따라 과표 3000억원 초과 기업이 부담하는 법인세 최고세율은 현재 25%에서 24%로 내려간다. 가업 승계 시 상속세 납부 유예 제도가 신설되고, 중소기업과 매출액 5000억원 미만 중견기업에 적용되는 가업상속공제 한도가 기존 500억원에서 600억원으로 조정된다.

6% 세율이 적용되는 기준 소득세 과표 1200만원 이하 구간이 1400만원 이하로, 15% 세율이 적용되는 1200만~4600만원 이하 구간은 1400만~5000만원 이하로 각각 올라간다. 이 경우 과표 **1200만~1400만원 구간에 속한 근로자의 세율이 15%에서 6%로 내려가는 등** 전체 소득세 부담이 낮아진다.

휘발유 유류세 인하 폭은 기존 37%에서 25%로 축소된다. 이에 따라 휘발유 가격은 리터(L)당 99원 인상될 수 있다. 경유 유류세는 현행대로 37% 인하를 유지한다. 아이를 3명 이상 키우는 다자녀 가구는 자동차를 구입할 때 300만원까지 개별소비세(개소세)를 면제받을 수 있다. 또한 승용차 개소세율을 5%에서 3.5%(최대 한도 100만원)로 낮춰주는 조치는 오는 6월까지 연장된다.

총급여가 5500만원 이하인 경우 월세 지출액의 17%를 연간 750만원 한도로 세금에서 감면하는 세액공제 혜택을 준다. 총급여 5500만~7000만원 이하의 경우는 15% 세액공제를 받는다. 전세자금 및 월세 보증금 대출에 대한 소득공제 한도도 연 300만원에서 400만원으로 늘린다.

▍ 2023년 법인세율 변경

과세표준	기존 세율	변경 세율
2억원 이하	10%	9%
2~200억원	20%	19%
200~3000억원	22%	21%
3000억원 초과	25%	24%

▍ 2023년 근로소득세 과세표준

과세표준	세율
1400만원 이하	6%
1400만원~5000만원 이하	15%
5000만원~8800만원 이하	24%
8800만원~1.5억원 이하	35%
1.5억원~3억원 이하	38%
3억원~5억원 이하	40%
5억원~10억원 이하	42%
10억원 초과	45%

금융 : 청년도약계좌 출시·
대주주 가족 합산 규정 폐지

2023년 6월에 **윤석열 정부의 핵심 청년 공약인 청년도약계좌**가 출시된다. 19~34세 중 개인소득이 6000만원 이하 및 가구소득(중위소득 대비 180% 이하) 기준을 충족하는 청년이 청년도약계좌에 가입하면 5년 납입 시 정부 기여금을 더해 만기 때 약 5000만원을 받을 수 있다.

안심전환대출·■**적격대출**·보금자리론을 하나로 통합한 '특례보금자리론'은 1분기 중 출시된다. 주택 신규 구매와 **대환**(代換 : 신규대출을 하여 기존채무를 변제하는 것) 구분 없이 주택 가격은 9억원, 대출 한도는 5억원으로 확대하고 소득 요건은 폐지해 더 많은 서민이 금융 경감 혜택을 누릴 수 있도록 했다.

서울 등 규제지역 내 다주택자를 상대로 한 주택담보대출 금지 규제가 1분기 중 해제된다. 이에 따라 서울 전 지역과 경기도 과천, 성남(분당·수정), 하남, 광명 등 부동산 규제지역에서 다주택자도 집값의 30%까지 주택담보대출을 받을 수 있게 된다.

공모주 상장 당일 가격 변동 폭이 공모가의 60~400%로 확대된다. 균형가격을 신속히 형성하고, 투자심리의 일시적 과열을 막기 위해서다. 현재는 공모가의 90~200%에서 시초가가 결정되고 장중 ±30% 이내에서 변동이 가능했다. 증권거래세율은 기존 0.23%에서 0.20%로 인하한다.

주식 양도소득세를 내는 대주주 가족 합산 규정은 폐지된다. **매년 말 기준으로 종목당 10억원(또는 지분율 1~4%) 이상 주식을 보유한 주주는 대주주로 분류**돼 세금을 내야 하는데, 최대 주주가 아닌 일반 주주의 경우 가족이 보유한 지분을 합산하지 않고 개인별 지분으로 대주주 여부를 판정한다.

■ **적격대출 (適格貸出, conforming loan)**
적격대출은 주택 구입을 원하는 수요자를 대상으로 빌려주는 장기·고정금리 대출이다. 한국주택금융공사가 각 은행과 업무협약에 따라, 은행이 대출을 취급하면 한국주택금융공사가 이 대출을 기초자산으로 채권을 발행하는 유동화 구조를 취한다. 적격대출은 기존 장기 고정금리 상품보다 위험성이 낮으며 장기·고정금리를 확대해 가계 대출 관리가 안정화되는 효과가 있다.

행정·법무 : 만 나이 통일 본격 시행·회생법원 증설

혼란을 일으켰던 한국식 나이 셈법은 **출생일 0세**를 기준으로 생일마다 1살을 먹는 만 나이 방식으로 통일된다. 행정기본법 및 민법 개정에 따라 2023년 6월 28일부터 사법과 행정 분야에서 별도의 특별한 규정이 없으면 법령·계약·공문서 등에서 표시된 나이를 만 나이로 해석하는 원칙이 확립된다.

특정 명의인 본인과 상속인에게 명의인의 소유 현황만 제공하던 **등기 내용에 오는 2월부터 가압류·가처분권리자와 저당권·전세권권리자가 추가**된다. 예를 들어 자녀가 사망한 부모의 재산 현황을 알아보기 위해 등기소를 찾아갈 경우 지금까지는 부모의 소유권 현황만 볼 수 있었지만 이제는 부모 명의의 가압류, 저당권, 전세권 관련 자료도 확인 가능해진다.

사망한 부모로부터 물려받을 재산보다 상속 채무가 많은 미성년자가 상속을 포기(■**한정승인**)할 수 있도록 민법이 개정됐다. 상속 개시(부모의 사망) 시점에 미성년자였던 사람은 상속 채무가 재산을 초과한 사실을 안 날부터 3개월 안에 상속 포기가 가능하다.

이태원 참사를 계기로 2023년까지 **밀집 인파가 예상될 시 재난문자 등으로 이를 알리기 위한 현장인파관리시스템**이 구축된다. 유관기관 간 신속한 상황전파를 위해 재난안전통신망 사용 기관의 합동 숙달 훈련이 실시된다.

서울에만 있던 회생법원(파산·도산 사건을 다루는 법원)이 오는 3월 부산과 수원에도 생긴다. 부산광역시 외의 부산고등법원 관할 구역(경상남도·울산광역시)에 주소나 사무소 소재지를 두고 있는 채무자는 자기 지역 지방법원뿐만 아니라 부산회생

법원에도 도산사건을 신청할 수 있다.

병사 월급은 **병장 기준으로 2022년 67만6100원에서 32만3900원 올라 2023년부터 100만원**이 된다. 상병은 61만200원에서 80만원, 일병은 55만2100원에서 68만원, 이병은 51만100원에서 60만원으로 각각 월급이 오른다.

■ 한정승인 (限定承認)
한정승인이란 상속법상 개념으로 상속인이 상속으로 인해 얻은 재산의 한도 내에서 피상속인의 채무 및 유증을 변제하는 조건으로 상속을 승인하는 것을 말한다. 한정승인을 할 경우 상속부채를 갚고 남는 상속재산이 있다면 한정승인자에게 귀속되므로, 남는 상속재산이 있어도 가질 수 없는 상속포기보다 유리하다.

산업·문화 : 납품단가연동제 시행·영화관람도 소득 공제

1월 3일 공포된 대·중소기업 상생협력법이 오는 10월 4일 시행됨에 따라 **원자재 가격 상승분을 납품 대금에 반영하는 납품단가연동제가 시행**된다. 이에 앞서 7월에는 납품 대금 연동 우수기업 지정이 이뤄진다.

기존 제조기업의 설비투자 중심이던 지방투자촉진보조금 지원이 지방 소재 지식서비스 기업으로 확대된다. 1인당 월 100만원의 고용보조금을 12개월 한도로 기업당 최대 100명까지 지원한다. 당해 연도 투자액에 대해 일반투자의 경우 중견기업의 투자세액공제율은 기존 3%에서 5%로 오른다.

에너지 진단 의무가 없는 연간 에너지 사용량 2000TOE(석유환산톤 : 1TOE는 원유 1톤의 열량) 미만의 중소·중견기업에 에너지 진단을 무상으로 지원한다. 예산은 64억원이 책정됐다.

식품에 기존 유통기한 대신 소비기한을 표기하는 '소비기한 표기제'가 시행된다. 소비기한은 소비자가 보관 조건을 준수했을 경우 안전에 이상이 없다고 판단되는 기간으로 통상 유통기한보다 길다. 다만 2023년은 계도기간으로 운영된다.

방송프로그램과 영화에 적용된 영상 콘텐츠 제작비 세액공제가 OTT(Over The Top : 온라인동영상서비스) 콘텐츠까지 확대된다. 국내외에서 지출한 OTT 콘텐츠 제작 비용에 대해 중소기업은 10%, 중견기업은 7%, 대기업은 3%의 세액을 공제받을 수 있다.

오는 **7월부터 영화관람료도 ■소득공제를 받을 수 있다.** 기존 문화비 소득공제와 같이 총급여 7000만원 이하 근로자 중 신용카드 등 사용액이 총급여액의 25%가 넘는 근로소득자를 대상으로 한다. 공제율은 30%이고 공제 한도는 전통시장·대중교통·문화비 사용분에 대한 소득공제를 합해 총 300만원이다.

■ 소득공제 (所得控除)
소득공제란 과세의 대상이 되는 소득 중에서 일정 금액을 공제하는 것이다. 소득공제의 목적은 납세자에게 세금의 부담을 덜어주고 최저생계비를 보장하는 데 있다. 소득세법에 따르면 과세표준 금액을 계산하기 위해, 각종 소득(근로소득·사업소득·연금소득·퇴직소득·이자소득·배당소득·기타 소득)과 관련되는 총수입금액에서 필요경비를 공제하고 산출된 종합소득금액에서 다시 개별적으로 일정액을 공제해 주는 것을 소득공제제도라고 한다. 소득공제에는 ▲근로소득공제 ▲연금소득공제 ▲퇴직소득공제 ▲종합소득공제(인적공제·특별공제 등) ▲조세특례제한법에 따른 소득공제 등이 포함된다.

2.

CES(국제전자제품박람회) 2023
초연결 · 모빌리티
최대 화두로

세계 최대 전자·정보기술(IT) 박람회 'CES(국제전자제품박람회) 2023'
이 'Be In IT(빠져들라)'을 슬로건으로 내걸고 1월 5~8일(현지시간) 미
국 라스베이거스에서 열렸다. 주관사인 미국 소비자기술협회는 'CES
2023'을 관통하는 키워드로 ▲웹3.0 ▲메타버스 ▲인간 안보와 지속
가능성 ▲디지털 헬스 ▲모빌리티 등을 선정했다. 역대 최대 규모로
참여한 한국 기업은 초연결과 지속가능성을 주요 화두로 제시하며 존
재감을 과시했다. 이번 CES 2023에서 글로벌 빅테크 기업은 저마다
스마트카 기술 선점에 공을 들이는 모습이었다.

세계 최대 가전 박람회...
3년 만에 완전 정상화

세계 최대 전자·IT(Information Technology·정보기술) 박람회인 'CES(Consumer Electronics Show·국제전자제품박람회) 2023'이 'Be In IT(빠져들라)'을 슬로건으로 내걸고 1월 5~8일(이하 현지시간) 미국 라스베이거스에서 열렸다.

CES는 미국소비자기술협회(CTA, Consumer Technology Association)**의 주관으로 매년 열리는 세계 최대 규모의 전자·IT 박람회다.** 미국 뉴욕에서 1967년에 처음 개최된 이후 55년간 성장을 이어가며 세계 전자·IT 업계의 흐름을 한눈에 볼 수 있는 권위 있는 행사로 인정받고 있다. IT 강국인 한국에서도 큰 관심을 모은다.

CES에서는 일상생활과 밀접한 전자제품은 물론 첨단 전자제품도 선보여 미래의 전자제품과 기술 동향도 미리 파악할 수 있다. **이번 CES는 코로나19 이후 3년 만에 과거 수준의 오프라인 행사로 정상화**되며 성황리에 펼쳐졌다. 행사 기간 방문자는 11만5000명으로 지난해 4만5000명의 2.5배 수준이었다.

주관사인 미국 소비자기술협회는 'CES 2023'을 관통하는 키워드로 ▲"**웹3.0** ▲"**메타버스** ▲인간 안보와 지속가능성 ▲디지털 헬스 ▲"**모빌리티** 등을 선정했다. CTA는 2022년 메타버스를 새로운 전시 카테고리로 추가했는데, 2023년에는 '웹3.0'을 카테고리에 추가했다.

CES 2023에는 지난 2022년에 불참했던 구글·아마존·소니 등 글로벌 대표 IT 기업을 비롯해 전 세계 170여 국의 3000여 개 기업·기관이 참여했다. CES 2023에 참여한 국내 기업은 삼성전자, SK, LG전자, HD현대(현대중공업그룹) 등 550개로, 참가 규모가 미국 다음으로 컸다.

올해 처음으로 행사 주제에 '인간 안보'를 포함시킨 CES 2023은 인간의 생존 문제와 직결된 농업 부문과 IT의 융합에 주목했다. 미국 농기계 전문 제조사 존 디어의 회장 겸 CEO(최고경영자) 존 메이가 개막일 첫 기조연설을 맡았다. 농기계 회사가 CES 기조연설에 참여한 것은 이번이 처음이다.

IT가 가전·모바일 분야에 한정되지 않고 글로벌 산업 분야 곳곳에 활용되는 패러다임을 나타내는 대목이다. 존 디어는 농업 무인화의 선두 기업으로서 2030년까지 트랙터와 파종기, 제초제 살포기 등을 완전 자율 시스템으로 만든다는 목표를 세웠다.

'라스베이거스 모터쇼'라는 별명에 걸맞게 모빌리티에도 관심이 집중됐다. 기조연설에서도 올리버 칩세 BMW그룹 회장과 스텔란티스의 카를루스 타바르스 CEO 등 완성차 업체 CEO가 두 명이나 참석하면서 차량과 IT 간 융·복합 시대가 활짝 열렸음을 알렸다.

■ 웹3.0 (Web3.0)

웹3.0은 3세대 인터넷을 뜻하며, 블록체인 기반의 분산 플랫폼과 대체불가토큰(NFT), 메타버스 등 탈중앙화를 통해 더 개인화·고도화·지능화된 차세대 인터넷 기술을 통칭한다. 웹1.0은 한 방향으로의 정보 전달, 웹2.0은 참여와 공유·개방을 통해 쌍방향 연결성이 강조됐다면 웹3.0은 사람은 물론 기기간 연결까지 포괄하며 진화된 개념이다.

■ 메타버스 (metaverse)

메타버스는 가공, 추상을 의미하는 '메타(meta)'와 경험 세계를 의미하는 '유니버스(universe)'의 합성어로 온라인에 구현되는 가상세계를 뜻한다. 메타버스라는 개념은 1992년에 발표된 닐 스티븐슨의 SF 소설 『스노우크래쉬(Snow Crash)』에서 처음 등장했다.

■ 모빌리티 (mobility)

모빌리티는 사전적으로는 '유동성 또는 이동성·기동성'을 뜻하지만, 사람들의 이동을 편리하게 하는 데 기여하는 각종 서비스나 이동수단을 폭넓게 일컫는 말로 사용된다. 이는 결국 '목적지까지 빠르고 편리하며 안전하게 이동함'을 핵심으로 한다. 자율주행차, 드론, 마이크로 모빌리티, 전기차 등 각종 이동수단은 물론 차량호출, 승차공유, 스마트 물류, 협력 지능형 교통체계(C-ITS) 등 다양한 서비스 등이 모빌리티에 포함된다.

韓 기업 존재감...
초연결·무선 TV 등 기술 과시

CES 2023에는 미중 갈등 심화와 코로나19 여파로 화웨이, 샤오미 등 중국 간판 기업들이 참가하지 않았다. CTA에 따르면 중국 참가 업체는 약

480곳으로 550곳이 참여한 한국보다 적었다. 한국 기업은 초연결과 지속가능성을 주요 화두로 제시하며 존재감을 과시했다.

삼성전자는 '맞춤형 경험으로 여는 초연결 시대'를 제안했다. 초연결은 모빌리티와 이번 CES의 최대 화두 중 하나로 떠올랐다. 라스베이거스 컨벤션센터(LVCC) 센트럴홀 참가 업체 중 가장 넓은 3368㎡ 규모의 전시관을 마련한 삼성전자는 **스마트홈 플랫폼인 '스마트싱스'**와 관련해 한 단계 진화한 기술 구현에 초점을 맞췄다.

스마트싱스를 기반으로 기기들이 알아서 연결돼 작동하는 '캄 테크 기반 쉬운 연결(Calm onboard-ing)' 기술이 첫 선을 보였다. 운전자의 인지 수준을 측정하고 상태 변화를 파악하는 '레디 케어'도 인기를 끌었다. 삼성전자는 전 세계 커넥티드 기기 140억 개를 연결하는 기술을 구현해 소비자에게 편리함을 제공한다는 목표를 세웠다.

SK그룹은 '함께, 더 멀리, 탄소 없는 미래로 나아가다'를 주제로 대형 통합 전시관을 운영했다. SK관 입구에서는 인류가 기후 위기에 대응하지 않았을 때 마주할 어두운 미래상을 뉴욕 자유의 여신상, 파리 에펠탑 등이 물에 잠기는 미디어 아트로 구현해 눈길을 끌었다.

특히 SK텔레콤이 가상 시뮬레이터로 선보인 친환경 도심항공교통(K-UAM), 주식회사 SK의 파트너인 미국 할리오의 **스마트 글래스**(smart glass : 전기로 유리 투명도를 조절해 건물 내 에너지 효율을 개선하는 제품) 등에 관람 기업들의 문의가 끊이지 않았다고 SK 측은 전했다.

LG전자는 CES 2023 사전 행사인 'LG 월드 프리미어'에서 세계 최초로 무선 TV인 'LG 시그니처 올레드 M'을 공개하며 호평 받았다. 화면 주변에 전원을 제외한 모든 선을 없애 TV 주변을 깔끔하게 정리한 이 제품은 CES 공식 파트너인 엔가젯이 선정한 홈시어터 부문 최고상을 받았다.

캐플런 CTA 부사장은 1월 7일 라스베이거스 컨벤션센터에서 열린 언론과의 인터뷰에서 "한국 기업의 존재감이 한층 커졌다"고 치켜세웠다.

전통적인 자동차 기업인 메르세데스-벤츠, BMW, 볼보, 폭스바겐 등이 전시 부스를 꾸리면서 가전 박람회인 CES는 대형 모터쇼를 방불케 했다. 캐플런 CTA 부사장은 인터뷰에서 "CES 2023은 세계에서 가장 큰 자동차 전시회이며 이번에 CES 역사상 가장 많은 300여 개 자동차 브랜드가 참여했다"고 했다.

구글 전시장 입구에서는 구글의 차량용 운영체제인 안드로이드 오토가 적용된 자동차가 존재감을 드러냈다. 아마존 역시 모빌리티를 강조하며 인공지능(AI) 알렉사를 탑재한 스마트카 운영체제와 서비스를 선보였다. 이처럼 모빌리티에 IT 기술이 접목되면서 자동차와 가전의 산업 간 경계가 허물어지고 있다.

지난해 전기차 시장 진출을 선언한 일본 소니는 혼다와 합작한 첫 번째 전기차 콘셉트카인 아필라를 공개했다. 이 모델은 2026년 북미에서 판매될 예정이다.

> **➕ 초연결 사회 (hyper−connectivity society)**
>
> 초연결 사회는 IT를 바탕으로 사람, 프로세스, 데이터, 사물이 서로 연결됨으로써 지능화된 네트워크를 구축하여 이를 통해 새로운 가치와 혁신의 창출이 가능해지는 사회를 말한다. 스마트 기술이 비약적으로 성장하면서 스마트 기기 확산, 트래픽과 정보의 폭발적 증가에 따라 언제 어디서나 상호 연결되어 정보를 주고받는 기술이 마련되는 것이다. 초연결사회의 구현을 위해서는 다양한 객체를 연결하는 사물인터넷(IoT)과 연결 사이에 흐르는 빅데이터가 중요하다. 초연결 사회는 편리하지만 위험성도 커진다. 네트워크에 연결된 서비스가 해킹이나 사고에 노출되면 사생활 침해나 재산 피해를 겪는 것은 물론이고 사회 전체가 일순간 마비가될 수 있기 때문이다.

'모빌리티'가 대세...
모터쇼 방불케 한 CES 2023

미래에는 자동차가 '바퀴 달린 스마트폰'이 될 것이란 예측에 걸맞게 CES 2023에서 글로벌 빅테크 기업이 저마다 스마트카 기술 선점에 공을 들이는 모습이었다.

> **➕ 주요 차량용 운영체제 명칭**
>
> ▲구글(안드로이드 오토) ▲애플(애플 카플레이) ▲마이크로소프트(윈도인더카) ▲BMW·푸조·인텔 등 연합(제니비) ▲블랙베리(QNX) ▲폭스바겐(VW.OS.) ▲현대자동차(ccOS) ▲토요타(아린)

분 야 별
최신상식

9개 분야 최신이슈와 핵심 키워드

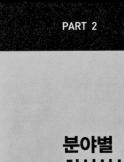

분야별
최신상식

정치|
행정

여야, 2023년도 예산안 극적 합의

■ 경찰국 (警察局)

경찰국이란 국가경찰위원회 안
건 부의, 총경 이상 경찰공무원
에 대한 임용 제정. 경찰 관련
중요 정책과 법령의 국무회의
상정. 자치경찰 지원 등을 담당
하는 부서를 말한다. 2022년 7
월 15일 이상민 행정안전부 장
관이 발표한 '경찰제도개선안'
으로 추진됐다. 경찰국이 설립
되는 동시에 경찰제도개선안도
같이 진행됐는데, 총경 이상 인
사권을 경찰청장이 아닌 장관
이 가져가게 되면서 경찰이 반
발했으며, 경찰국 개정안 처리
가 4일 만에 처리되면서 경찰
과 정부 간의 갈등이 첨예하게
부딪혔다.

與 '용산공원·경찰국'–野 '지역화폐' 반영

여야가 2023년도 예산안에 극적으로 합의했다. 그동안 첨예하게 맞섰던 윤
석열 대통령과 이재명 더불어민주당 대표의 대표 사업 예산에 대해 양측이
서로 양보하면서 협상이 마무리됐다. 법인세와 ■**경찰국** 등 시행령 예산안
에 대해 한 발씩 물러난 것이 협상의 키가 됐다.

여야의 합의문은 크게 예산안과 세제 개편안 등 내용을 담은 예산 부수법
안으로 나뉜다. 2023년 중점 사업을 시행할 예산안의 경우 국회 심의를 거
치며 정부안(639조원)에서 4조6000억원 감액하고, 민주당의 주장을 반영해
새로운 사업 예산을 증액해 반영하기로 했다.

이 과정에서 **야당이 반대했던 윤 대통령의 중점 사업이 상당수 반영**됐다. 용
산 대통령실 이전과 관련된 용산공원조성사업은 '용산공원조성 및 위해성
저감사업'으로 명칭을 변경해 추진하기로 했고, 행정안전부 경찰국과 법무
부 인사정보관리단 운영경비의 경우 일단 50% 감액하되 법적인 문제를 해
소한 후 나머지 예산을 반영하는 것으로 합의했다. 이는 앞서 전액 삭감을
예고하는 등 민주당이 강경한 입장을 취했던 대목의 예산이기도 하다.

예산안은 졸속 처리 비판에 직면했다. 기획재정부의 세수 추계가 부실하게 이뤄졌다는 지적부터 나온다.

이상민 나라살림연구소 수석연구위원은 "법인세 최고세율을 3%p 내리는 대신 모든 구간을 1%p 인하하기로 여야가 합의를 봤지만 국세 수입 예산 금액은 변동이 없다"며 "안이하게 세입 추계를 한다"고 지적했다.

이 대표는 자신의 트레이드마크 격인 '지역화폐' 예산을 대폭 확보했다. 정부는 앞서 지역화폐 예산을 전액 삭감한 바 있는데, 협상 끝에 전년도 예산(7050억원)의 50%인 3525억원을 증액하게 된 것이다.

밀실 논의 논란…예산안 졸속 처리 비판

우여곡절 끝에 2023년 예산안이 국회 문턱을 넘었지만 21대 국회는 최악의 국회로 남게 됐다. 몰아닥친 경제 한파에도 정치권은 '경찰국 예산' '지역화폐 예산' 등 명분 싸움에 몰두했고 그 결과는 주고받기식의 흥정으로 귀결됐다. 예산 통과 법정 시한을 3주 이상 어겼음에도 **내실 있는 심사는 오간 데 없고 밀실 합의의 퇴행만 강화**됐다.

법정 시한을 열흘가량 앞두고 뒤늦게 가동됐음에도 사회적 경제 3법 상정 여부를 두고 다투느라 쟁점인 법인세·금융투자소득세·종합부동산세 등은 손도 못 댔다. 기획재정위원회 의원들은 협상에서 철저히 배제됐다.

➕ 지역구 예산 '쪽지 예산' 행태 되풀이

차기 총선을 앞두고 지역구 예산을 끼워 넣는 쪽지 예산 행태는 어김없이 되풀이되며 국회의 권위를 스스로 추락시켰다. 국민의힘에서는 충북 청주 상당구를 지역구로 둔 정우택 국회부의장이 정부안보다 316억원을 늘리며 파워를 과시했다. 친윤계 핵심인 권성동 의원과 장제원 의원은 각각 하수관로 정비(25억원), 재해위험지구 정비 사업(23억원) 예산을 추가로 확보했고 유상범 의원(172억원)과 정점식 의원(79억원) 등도 지역 예산을 크게 늘렸다. 민주당 중진들도 실속을 챙겼다. 산업통상자원중소벤처기업위원회 위원장인 윤관석 의원(인천 남동구을)은 총 506억원을 예산으로 확보했다. 민주당 원내정책수석부대표인 위성곤 의원은 7개 사업을 새로 편성했고 김교흥 의원은 지하철 청라 연장선 관련 예산 70억원을 증액했다.

POINT 세 줄 요약

❶ 여야가 2023년도 예산안에 극적으로 합의했다.

❷ 여당은 용산공원과 경찰국 예산을, 야당은 지역화폐 예산을 성공적으로 예산안에 반영했다.

❸ 2023년도 예산안 합의는 서로 주고받기식의 흥정을 통해 이뤄졌으며, 내실 있는 심사는 오간 데 없었다.

윤 대통령, 2023년 최우선 과제로 '노동 개혁' 드라이브

▲ 윤석열 대통령이 1월 3일 서울 용산 대통령실 청사에서 국무회의를 주재하고 있다. (자료 : 대통령실)

윤석열 대통령은 1월 3일 새해 첫 국무회의에서 "우리 사회 곳곳에 숨어 있는 비정상적인 폐단을 바로잡고 **노동·교육·연금 등 3대 개혁**을 강력하게 추진해 나가야 한다"고 주문했다. 그 첫 단계로 노동 개혁에 방점이 찍혔다.

정부는 앞서 미래노동시장연구회가 공개한 권고문을 토대로 구체적인 노동 개혁안을 내놓을 예정이다. 노동계가 반대하는 노조의 재정 투명성 강화 조치 및 중대재해 감축 로드맵 등도 본격 추진을 예고하면서 사안에 따라 노정 간 갈등 수위는 높아질 수밖에 없게 됐다.

연구회는 지난 12월 12일 '**주 52시간제**'(기본 40시간·최대 연장 12시간)를 **업종·기업 특성에 맞게 '월·분기·반기·연' 단위로 유연화**하고 ▪**연공서열제도** 중심의 임금 체계를 성과 중심으로 개편할 것 등을 권고했다. 1953년 근로기준법 제정 이후 70년간 유지돼 온 노동시장의 틀을 근본적으로 바꾸는 것이다.

사실상 공개된 정부의 노동 개혁안 초안에 대해 노동계는 장시간 노동과 임금 삭감이 불가피하다며 '전면 재검토'를 촉구하고 나섰다. '노조 부패'를 정조준한 노조 재정 투명성 강화도 새로운 갈등 요소로 대두됐다.

윤 대통령, 직접 "노조 회계공시시스템 검토하라"

윤 대통령은 앞서 12월 26일 "금융감독원 ▪**전자공시시스템**인 다트(DART)처럼 노동조합 회계공시시스템을 구축하는 방안을 검토하라"고 참모진에 지시했다. 정부가 노동조합 회계 불투명성 논란을 부각하며 노동 개혁 당위성을 강조한 데 이어, 윤 대통령도 노조 회계 문제를 직접 거론하고 나선 것이다.

그러나 노동조합이 이미 관련법에 따라 회계감사를 진행하고 재정운영 상황을 조합원들에게 공개하고 있는 상황에서 과도한 개입이라는 비판도 적지 않다. 노동계는 이미 투명하게 회계를 공개하고 있는데 정부가 브리핑까지 하며 법 개정을 추진하는 건 노조를 비리의 온상으로 몰려는 선동이라고 반발했다.

이지현 한국노총 대변인은 "노조는 회원조직들이 감시·감독 기능을 한다. 기업별 노조도 마찬가지"라며 "일부 비리가 발생할 순 있으나 발생 시 조직 내부에서 밝혀지고 처리돼 왔다"고 주장했다.

▪ **연공서열제도** (年功序列制度)

연공서열제도란 연령이 많고 근속 연한이 많을수록 높은 임금을 지급하는 것이다. 이는 오래 근속할수록 경험이 많고 따라서 성과도 높을 것이라는 예상에 근거를 두었다. 연공서열제도의 장점은 연공과 함께 근속 연한을 중요시하기 때문에 근로자의 이직을 줄일 수 있으며, 근로자에게 안정성을 주고

기업에 대한 애착심을 키워주므로 안정적인 기업성장을 보장해준다는 점이다. 그러나 직무나 기술상의 성과적 요소를 무시함으로써 근무의욕을 저하할 수 있다는 것이 단점으로 지적된다.

■ **전자공시시스템 (DART, Data Analysis, Retrieval and Transfer System)**

전자공시시스템(DART·다트 공시)은 상장법인 등이 공시서류를 인터넷으로 제출하고, 이용자는 제출 즉시 인터넷을 통해 공시서류를 조회할 수 있도록 하는 기업공시 시스템이다. 금융감독원이 운영한다.

공시는 투자자를 보호할 목적으로 하는 것이므로 다음과 같은 4가지 요소를 갖추어야 한다. 첫째 신속해야 한다. 공시할 사안이 발생하면 투자자가 신속하게 판단할 수 있도록 지체 없이 알려야 한다. 둘째 정확해야 한다. 금액이나 시기 등의 정보를 확실하게 알려 믿음을 주어야 한다. 셋째 용이해야 한다. 투자자가 쉽게 이해할 수 있도록 정보 내용을 설명해야 한다. 넷째 공정해야 한다. 모든 이해 관계자들에게 차별 없이 정보가 가도록 공시해야 한다.

신현영, 닥터카 탑승 파문으로 국정조사 위원직 사의

▲ 신현영 민주당 의원

서울 이태원 참사 당시 긴급 출동한 닥터카가 더불어민주당 신현영 의원을 태우느라 현장 도착이 지연됐다는 의혹이 제기된 가운데, 신 의원이 12월 20일 경찰에 고발당했다. 명지병원 의사 출신인 신 의원은 의료팀과 함께 현장에 도착해 구급 활동을 했다고 주장했으나 직접적인 구조 활동을 하지 않고 15분 만에 현장에서 이탈했다는 제보가 나왔다.

시민단체인 서민민생대책위원회(서민위)는 이날 신 의원에 대해 직권남용, 공무집행방해, 강요, 응급의료법 위반 등 혐의로 서울경찰청에 고발장을 제출했다. 서민위는 "자신의 의정활동 수단으로 사고 현장 통제 지역을 손쉽게 접근하고자 명지병원 ▪**DMAT(재난의료지원팀)** 닥터카를 이용한 것이라는 합리적 의심을 하게 한다"고 고발 이유를 밝혔다.

전날 이종성 국민의힘 의원이 보건복지부로부터 받은 '재난거점병원 DMAT별 출동시간' 자료에 따르면 이태원 참사 당일 명지병원 DMAT가 출동 요청을 받고 현장에 도착하기까지 걸린 시간은 54분(25km)으로, 비슷한 거리를 주행한 다른 DMAT보다 20~30분가량 늦게 도착한 것으로 나타났다.

국민의힘 장동혁 원내대변인은 전날 "본인의 정치적 **골든타임**(golden time : 긴급한 환자나 사고 피해자들의 생명을 구할 수 있는 결정적 시간)을 위해 희생자들의 골든타임을 앗아간 것"이라며 "의원직을 내려놓기를 바란다"고 말했다.

이와 관련해 신 의원은 입장문을 통해 "저로 인해 10·29 이태원 **국정조사**가 제대로 시작되기도 전에 본질이 흐려지고 정쟁의 명분이 돼서는 안 된다고 판단했다"면서 "국정조사 특별위원회 위원 자리를 내려놓겠다"고 밝혔다. 신 의원은 이태원 참사 국정조사 특위 위원으로 활동해 왔다.

■ **DMAT (Disaster Medical Assistance Team)**

DMAT(재난의료지원팀)란 재난 등의 발생 시 의료지원을 위하여 사전 또는 사후에 조직된 의료팀이다. 보통 현장으로 파견이 된다. 대규모 다수 사상자 발생 시, 초기 의료대응을 통합적으로 전개함으로써 피해를 최소화 한다.

DMAT는 전국 41개 재난거점병원의 권역DMAT과 국가 단위의 중앙DMAT가 있다. 국립중앙의료원이 중심이 되어, 보건소와 재난거점병원을 지휘한다. 권역DMAT는 보통 의사, 간호사, 응급구조사, 행정요원의 3~4인으로 구성되어 있고, 재난거점병원에는 해당 권역에서 발생한 다수 사상자 사고 시 권역DMAT가 10분 내에 출동이 가능하도록 상시 편성하고 있다. 중앙DMAT는 재난이나 사고 상황이 장기화되거나 광범위하여 권역DMAT의 역량을 초과한다고 판단되는 경우에 국립중앙의료원에서 파견하고 있다.

▪ 국정조사 (國政調查)

국정조사는 국회가 특정한 현안에 대해 직접 관여하여 진상을 규명하는 것이다. 국회 재적의원의 4분의 1 이상이 서명한 '국정조사요구서'가 국회에 제출되면 여야 협의로 국정조사위원회를 구성하게 된다. 국정조사위원회는 증거의 채택 또는 증거의 조사를 위해 청문회를 열 수 있다. 국정조사는 '특정한 현안에 대해 부정기적'으로 행하는 조사라는 점에서, '국정 전반에 대해 정기적'으로 행하는 국정감사와 다르다.

민주, '이재명 수사' 검사 16명 공개...국힘 "헌법 질서에 도전"

▲ 민주당 최고위원회의

더불어민주당이 이재명 대표와 관련한 수사를 진행 중인 검사들의 사진과 이름이 담긴 자료를 만들어 전국 지역위원회에 전달했다. 민주당은 "전방위적 '정치 보복' 수사에 나서고 있는 검찰의 '어두운 역사'를 기록한다"는 차원이다. 그러나 국민의힘에선 "검찰 좌표찍기"라고 비판했다.

민주당은 지난 12월 23일 '이 대표 관련 수사 서울중앙지검·수원지검 8개부(검사 60명)'라는 제목으로 검사 16명의 실명과 사진을 실은 웹자보를 제작했다. 이 자료에는 송경호 서울중앙지검장, 홍승욱 수원지검장, 이창수 수원지검 성남지청장 등 3명의 사진과 이재명 민주당 대표와 관련된 의혹을 수사하는 검사들의 명단이 담겼다.

민주당 측에선 **이 대표와 문재인 전 대통령을 겨냥한 윤석열 정부의 정치 보복적 수사가 도를 넘었다**고 보고, 검사들의 어두운 역사를 기록으로 남기고 알린다는 차원에서 명단을 공개한 것이라고 설명했다.

그러나 박수영 국민의힘 의원은 "공당이 수사 검사를 공개하는 것은 도를 넘은 정도가 아니라 **검찰이라는 준사법기구에 대한 협박이자 헌법적 질서에 대한 도전**"이라고 비판했다. 양금희 국민의힘 수석대변인은 "이 대표와 민주당은 담당 검사들에 대한 대대적인 공격용 좌표찍기를 지시한 것"이라고 지적했다.

민주당은 "검사들이 하는 모든 수사와 ▪**기소**는 검사 개개인의 이름을 내걸고 하는 공적인 일"이라며 다시 반박했다. 한편, 1월 10일 이 대표는 '성남FC 후원금 의혹' 사건과 관련해 1월 10일 검찰청 성남지청에 피의자 신분으로 출석해 조사를 받았다. 이 대표는 대장동 개발 사건과 관련해서도 검찰 소환이 유력한 상황이다.

■ **기소 (起訴)**

기소는 수사의 마지막 단계에서 검사가 형사사건에 대해 법원의 심판을 구하는 행위로서 공소제기라고도 한다. 기소 시 검사가 피의자의 혐의를 적는 문서를 공소장이라고 한다. 형사소송법 246조는 '공소는 검사가 제기하여 수행한다'고 규정하고 있다. 이에 우리나라에서는 원칙적으로 검사만 기소할 수 있고 이를 기소독점주의라고 부른다.

그러나 2021년 고위공직자범죄수사처(공수처)가 출범하고 공수처에서도 기소할 수 있게 되면서 기소독점주의가 균열했다.

헌재 "대통령 관저 100m 내 집회금지는 헌법 불합치"

▲ 대통령 관저

'대통령 관저 100m 이내'에서 집회를 전면 금지한 현행법 조항에 대해 헌법재판소가 ■**헌법불합치** 결정을 내렸다. 해당 지역에서 일률적으로 집회를 금지한 법 조항은 ■**과잉금지의 원칙**에 어긋난다는 취지이다. 국회가 해당 법 조항을 개정하지 않으면 이 조항은 2024년 5월 31일 이후 효력을 잃는다. 다만 이때까지는 대통령 관저 인근에서 집회를 금지한 현행 조항이 그대로 유지된다.

헌재는 옛 집회와시위에관한법률(집시법) 11조 2호와 현행 집시법 11조 3호 등에 대해 신청된 헌법소원심판과 위헌법률제청 사건에서 12월 22일 재판관 전원일치로 '헌법불합치' 결정을 내렸다.

현행 집시법 11조 2호와 11조 3호는 '**대통령 관저, 국회의장 공관, 대법원장과 헌재소장 공관 100m 이내에선 집회와 시위를 금지한다**'고 규정한다. 청구인들은 이 조항 중 '대통령 관저' 부분이 '대통령의 헌법적 기능 보호'라는 법익을 '집회의 자유'보다 우위에 두고 있어 '법익 균형성'을 침해한다고 주장했다.

재판관들은 "대규모 집회로 확산될 우려가 없는 소규모 집회, 대통령 등의 안전이나 관저 출입에 직접적 관련이 없는 장소 등 '대통령의 헌법적 기능 보호'에 대한 위험이 없는 집회까지도 예외 없이 금지하고 있다"며 '침해의 최소성 원칙'에 반한다고 했다.

'대통령의 헌법적 기능 보호'라는 목적과 '집회의 자유'에 대한 제약 정도를 비교할 때 '법익의 균형성'에도 어긋난다고 봤다. "국민이 집회를 통해 대통령에게 의견을 표명하고자 할 때, 대통령 관저 인근은 그 의견이 가장 효과적으로 전달될 수 있는 장소"라며 "관저 인근에서의 집회를 전면적·일률적으로 금지하는 것은 집회의 자유의 핵심적인 부분을 제한한다"고 했다.

다만 재판관들은 해당 조항에 단순위헌 결정을 내릴 경우 법적 공백이 발생할 수 있어, 2024년 5월까지 해당 조항의 효력을 한시적으로 유지하는 헌법불합치 결정을 내렸다. 새 규정을 만들 시간을 준 것이다. 이에 따라 2024년 5월 이후엔 윤 대통령의 한남동 관저 근처에서 100m 이내라 해도 장소에 따라 집회가 가능해질 것으로 보인다.

다만 용산 대통령 집무실 100m 이내에서도 집회가 가능해질지는 미지수다. 이날 헌재는 '관저'에 대통령과 가족의 숙소 뿐 아니라 집무실도 포함이 되는지는 판단하지 않았다.

이 때문에 이선애·이종석 재판관은 "헌법불합치 결정을 하기에 앞서 '관저'에 숙소 뿐 아니라 집무실도 포함되는지를 먼저 따졌어야 했다"는 별개의견을 냈다. 청와대에 숙소와 집무실이 함께 있었던 과거와 달리 숙소는 한남동, 집무실은 용산으로 분리됐기 때문에 이 부분을 먼저 따졌어야 한다는 것이다.

■ 헌법불합치 (憲法不合致)

헌법불합치는 법 규정의 위헌성이 드러났지만 위헌결정을 내릴 경우 그날부터 해당 규정의 효력이 상실됨에 따라 생기는 법적 혼란을 막기 위해 관련법이 개정될 때까지 한시적으로 법적 효력을 인정해 주는 헌법재판소의 변형결정 중 하나다. 즉, 법조문을 그대로 남겨 둔 채 입법기관이 새로 법을 개정하거나, 폐지할 때까지 효력을 중지시키거나 시한을 정해 법 규정을 잠정적으로 존속시키는 것이다.

■ 과잉금지의 원칙

과잉금지의 원칙은 국민의 기본권을 제한하는 법이 헌법적으로 인정을 받으려면 ▲목적의 정당성 ▲수단의 적합성 ▲침해의 최소성 ▲법익의 균형성 등 4가지 요건을 모두 갖춰야 한다는 헌법상의 원칙을 말한다. 대한민국 헌법 제37조 제2항이 이 원칙을 명시적으로 선언하고 있다. 비례의 원칙이라고도 한다. 과잉금지의 원칙은 기본권 제한 법률의 위헌성 심사에서 핵심적인 지위를 점하고 있다.

여당 전당대회 룰 '당원투표 100%'로 개정

국민의힘의 당 지도부를 선출하는 전당대회 일정

을 오는 3월 8일로 확정지었다. 새로 도입한 결선투표를 실시하고 당원투표 100%의 비율을 반영해 당 대표 및 최고위원을 선출할 계획이다.

정진석 국민의힘 비상대책위원장은 12월 26일 국회에서 열린 비대위 회의에서 "2023년 전당대회를 현 비대위 임기 만료 이전인 3월 8일에 개최할 예정"이라며 "후보자 등록을 2월부터 진행해 약 한 달 간의 예비경선, 본경선을 진행하는 일정으로 진행할 계획"이라고 말했다.

국민의힘은 앞서 12월 23일 전국위원회를 열어 당원투표 100% 비중을 반영하는 당헌·당규 개정안을 확정 의결했다. 또 이날 당 대표 경선에서 **최다 득표자의 득표율이 50%를 넘지 않는 경우 1·2위 득표자를 대상으로 다시 투표하도록 결선투표제**도 도입하기로 의결했다.

이와 함께 전국 단위 선거의 각종 당내 경선에서 여론조사를 할 경우 다른 당 지지층을 배제하고, **여당 지지층이나 무당층이 여론조사에 응답할 수 있는 역선택 방지 조항**을 강행 규정으로 넣기로 했다.

정 위원장은 "권력은 국민으로부터 나온다는 헌법 정신과 같이 당권은 당원으로부터 나온다고 믿고 있다"며 "당원선거인단 투표로 당 대표를 선출하는 전대 룰 개정을 완료한 것이 전당 민주주의를 바로 세운 결단"이라고 말했다.

앞으로 전당대회 관련 구체적인 세부 일정 및 컷 오프 규정 등은 당 선거관리위원회에 맡아 진행할 예정이다. 이날 비대위에서 이른바 '당심(黨心) 100%' 룰 개정이 결정된 데 대해 **비윤**(비윤석열) **계 등 당 일각에서 '윤심(尹心 : 윤 대통령의 의중)' 이 담긴 것이라는 비판이 제기**되는 등 당내 갈등이 점화할 수 있다는 관측이 나온다.

■ 여야 주요 당직자 현황 (2023년 1월 기준)

당직자	국민의 힘		더불어민주당	
정당 3역	원내대표	주호영	원내대표	박홍근
	정책위의장	성일종	정책위의장	김성환
	사무총장	김석기	사무총장	조정식
최고위원	조수진, 김재원, 정미경, 김용태		정청래, 고민정, 박찬대, 서영교, 장경태	

여당, 성탄절·석가탄신일 대체휴일 제안

여당이 대체공휴일 지정 대상에 크리스마스와 석가탄신일을 포함하자고 정부에 공식 제안했다. 앞서 국회는 주말과 겹치는 모든 공휴일에 대체공휴일을 적용하는 '공휴일에 관한 법률'을 통과시키면서 국경일이 아닌 성탄절과 석가탄신일은 대상에서 제외한 바 있다.

주호영 국민의힘 원내대표는 12월 20일 원내대책회의에서 "국민의힘은 2023년부터 공휴일이지만 국경일에 들어가 있지 않은 크리스마스와 석가탄신일도 대체공휴일 적용 대상으로 지정해 줄 것을 요청한다"고 밝혔다.

주 원내대표는 "내수 진작, 국민 휴식권 확대, 종교계의 요청 등을 고려해서 정부가 대체공휴일 지정 확대를 검토할 때가 됐다"고 덧붙였다. 이 같은 대체공휴일 확대 제안은 2023년엔 공휴일이 휴일과 겹치는 날이 많아 쉬는 날이 예년보다 적기 때문으로 보인다.

대체공휴일 확대에 정부·여당은 공감대를 이루고 있는 것으로 알려졌다. 국무회의에서 '공휴일에 관한 법률' 시행령 개정안이 의결되면 2023년 석가탄신일부터 대체공휴일이 적용될 것으로 보인다.

이 경우 **2023년 석가탄신일**(5월 27일)**의 대체공휴일은 5월 29일 월요일, 크리스마스**(12월 25일)**의 대체공휴일은 12월 26일 월요일**이 된다.

한편, **대체공휴일이 증가할수록 국민들의 국내여행에 따른 경제적 파급효과가 큰 것으로 나타났다.** 1월 4일 한국문화관광연구원이 발표한 '대체공휴일 지정이 국내관광 소비에 미치는 효과' 자료에 따르면 대체공휴일이 1일 증가할 경우 연간 국내여행 소비액이 4318억원 증가할 것으로 추정된다. 이는 코로나19 이전인 2019년 연간 총 국내여행 소비액의 1%에 해당하는 수준이다.

MB 특별사면·김경수 복권 없는 형면제...1373명 신년특사

이명박 전 대통령이 신년 특별사면으로 풀려났다. 정부는 12월 27일 국무회의에서 신년 특별사면 대상자 1373명을 최종 확정해 발표했다. 사면은 12월 28일 0시를 기해 발효됐고 이 전 대통령이 사면·복권됐다.

이 전 대통령은 자동차부품업체 다스를 통한 횡령·뇌물 등 혐의로 기소돼 2020년 10월 대법원에서 징역 17년형을 확정받고 복역했다. 이후 건강상 이유로 형 집행이 면제돼 병원과 자택을 오가며 치료를 받았다. 이번에 사면이 확정되면서 15년 남은 이 전 대통령의 형기도 면제됐다.

정부는 이번에 이 전 대통령을 포함해 정치인, 공직자들을 주로 사면했다. 재계 인사들에게 집중됐던 지난 8·15 광복절 특사와는 대조됐다. 정치인은 9명이 사면·복권됐고 공직자 66명이 사면·감형·복권됐다.

김경수 전 경남지사는 복권 없이 잔형 집행이 면제됐다. 김 전 지사는 '드루킹 여론조작' 사건으로 2021년 7월 대법원에서 징역 2년형을 확정받고 복역 중이었다. 2023년 5월이 되면 형기가 만료된다. **김 전 지사는 잔여 형만 면제되면서 2028년 5월까지 피선거권은 제한**된다.

이 밖에 전병헌 전 청와대 정무수석의 형선고가 실효, 복권됐고 신계륜 전 민주당 의원, 강운태 전 광주시장 등이 복권됐다. 최경환 전 경제부총리, 이헌수 전 국정원 기조실장, 배득식 전 기무사령관은 잔형 집행 면제와 함께 복권됐다. 원세훈 전 국정원장은 잔형 감경만 됐다.

'국정원 특활비 상납' 사건으로 수사·재판을 받은 전직 국정원장들도 특별 사면됐다. 이병호 전 국정원장은 잔형 집행 면제와 함께 복권, 남재준·이병기 전 국정원장은 복권됐다. 박근혜 정부시절 청와대 핵심 요직에 있던 김기춘 전 비서실장, 조윤선 전 정무수석, 우병우 전 민정수석도 복권됐다.

한편, 재계가 사면을 기대한 이중근 부영그룹 회장, 최지성 전 삼성전자 미래전략실장, 박찬구 금호석유화학 회장, 이호진 전 태광그룹 회장 등은 사면 대상에서 제외됐다.

➕ 특별사면(特別赦免)·일반사면(一般赦免)

사면은 국가 원수가 형사소송이나 그 밖의 형사 법규에 의하지 아니하고 형의 선고의 효과 또는 공소권을 소멸시키거나, 형의 집행을 면제시키는 것이다.

사면에는 두 종류가 있다. 먼저 ▲특별사면은 이미 형의 선고를 받은 특정인에 대하여 형의 집행을 면제하여 주는 것을 말한다. ▲일반사면은 범죄의 종류를 지정하여 이에 해당하는 모든 범죄인에 대해서 형의 선고의 효과를 전부 소멸시키거나 선고를 받지 아니한 자에 대한 공소권을 소멸시키는 것이다.

특별사면은 대통령의 고유 권한이므로 국회 동의를 거치지 않지만, 일반사면은 국회 동의를 거쳐야 한다. 또한 특별사면이 이뤄지면 남은 형의 집행이 면제되지만, 일반사면처럼 형 선고 자체가 실효되지 않으며 사면의 효과도 소급되지 않는다.

'중대선거구제' 화두 던진 尹… "진영 양극화되고 갈등 깊어져"

윤석열 대통령이 신년 정치개혁의 화두로 '중대선거구제 개편'을 꺼냈다. 윤 대통령은 1월 2일 공개된 조선일보와의 신년 인터뷰에서 "지역 특성에 따라 2명, 3명을 선출하는 방법도 고려해볼 수 있다"며 "**중대선거구제를 통해서 대표성이 좀 더 강화되는 방안을 검토**해 볼 필요가 있다"고 밝혔다. 윤 대통령이 선거제 개편에 대해 공식적으로 언급한 것은 취임 후 처음이다.

여당 혹은 야당 후보에 투표할 수밖에 없는 지금의 소선거구제가 극심한 진영 갈등을 초래하고 있다는 진단이다. 윤 대통령은 "선거제는 다양한 국민의 이해를 잘 대변할 수 있는 시스템이 돼야 하는데 소선거구제는 전부 아니면 전무로 가다보니 선거가 너무 치열해지고 진영이 양극화되고 갈등이 깊어졌다"고 진단했다.

윤 대통령이 소선거구제 문제를 화두로 던진 것은 정치 양극화와 진영 대립의 부작용에 대한 문제의식을 느낀 결과로 해석된다. 윤 대통령은 인터뷰에서 야당과의 관계에 대해 "잘 지내야 하는데 서로 간에 생각이 너무나 다르다. 대화가 참 어렵다"고 평가했다.

국회의장, '정치제도 개선자문위원회' 출범

윤 대통령과 김진표 국회의장이 개헌과 선거제도 개편 문제를 논의할 국회의장 직속 '헌법개정 및 정치제도 개선 자문위원회'가 1월 9일 출범했다. 여야 모두 내년 총선을 앞두고 선거구제 개편의 필요성을 강조하고 있는 가운데 관련 논의에 불을 지필 자문기구가 본격적으로 활동을 시작했다는 점에서 안팎의 관심이 집중됐다.

여야 의원 9명도 선거제도 개편을 위해 '초당적 정치개혁 의원모임'을 꾸렸다. 더불어민주당 전해철·정성호·김상희·민홍철 의원, 국민의힘 김상훈·이종배·조해진·이용호 의원, 정의당 심상정 의원 등 9명은 이날 국회에서 기자회견을 열어 "지역할거 구도, 정쟁의 일상화와 극단적 대결 구도, 팬덤 정치, 진영 대결의 분열적 정치, 혐오와 저주의 정치까지 이제 우리 정치는 바닥까지 내려왔다"며 "이대로는 정치도 더 이상 희망이 없고, 나라의 미래도 암담하다"고 말했다.

이들은 정치개혁 방안으로 ▲지역할거 구도 타파 ▲승자독식 구도 해소 ▲사표 현상의 최소화 ▲국민 주권의 등가성·비례성 구현 ▲수도권과 지방의 양극화 해소 등을 예로 들며 "총선을 1년여 앞둔 지금부터 논의를 시작해야 하고 가능한 모든 제도적 대안을 놓고 검토, 심의하는 백가쟁명의 과정을 거쳐야 한다"고 강조했다.

■ 중대선거구제 (中大選擧區制)

중대선거구제는 1개의 선거구에서 2인 이상의 대표를 선출하는 제도를 뜻한다. 현행 소선거구제는 1개의 선거구에서 1명의 대표만 선출하는 방식이다. 학술적으로는 2~4인을 선출하면 중선거구, 5인 이상을 선출하면 대선거구로 분류하지만, 현실정치에서는 2~6인을 선출하는 선거구가 흩어졌던 과거 일본과 같이 중선거구와 대선거구를 명확히 구분하기 어려워 통상 '중대선거구제'라 통칭한다.

중대선거구제의 장점으로는 사표 방지, 지역주의 타파, 양당제에 있어 정당내 다양성 보장 등이 꼽힌다. 그러나 단점으로는 인지도 정치·금권정치 조장, 정치신인의 진출 봉쇄, 지역구의 광역화와 유권자 동질성 훼손 등이 꼽힌다. 중대선거구제는 현행 소선거구제 지역구 2~5개를 합쳐야 하므로 필연적으로 선거구의 면적이 넓어진다. 따라서 유권자가 후보자의 면면을 속속들이 파악하기 어렵고, 선거운동기간 중에 접촉하기도 쉽지 않다. 따라서 인지도 높은 중진 정치인과, 조직을 동원하고 유지할 역량이 되는 금권 정치인에게 유리해진다.

尹 신년사 "기득권 타파"... 여야 갑론을박

윤석열 대통령이 새해 벽두부터 3대 개혁과제(노동·교육·연금) 이행을 약속하면서 '기득권 타파'의 기치를 들었다. 윤 대통령은 1월 1일 10시 용산 ■**대통령실** 브리핑룸에서 발표한 신년사 말미에

"기득권의 집착은 집요하고 기득권과의 타협은 쉽고 편한 길이지만, 우리는 결코 작은 바다에 만족한 적이 없다"고 말했다. 그러면서 "2023년 새해, 자유가 살아 숨 쉬고 기회가 활짝 열리는 더 큰 바다를 향해 나아가자"며 기득권과의 싸움을 예고했다.

여기서 '기득권'은 윤 대통령이 과거 대선 출마를 선언하거나 대선후보를 수락할 때 반복해 언급했던 '이권 카르텔'과 유사한 의미라는 것이 대통령실 관계자들의 설명이다. 윤 대통령이 3대 개혁과제의 지향점을 열거하기에 앞서 "기득권 유지와 지대 추구에 매몰된 나라에는 미래가 없다"고 선언한 것도 그런 맥락으로 보인다.

"사회적 갈등 증폭" – "꼬투리 잡기"

여야는 윤석열 대통령의 신년사를 놓고 신경전을 벌였다. 야당은 하나마나한 내용이라고 혹평한 반면 여당은 야당이 괜히 꼬투리를 잡고 있다고 반박했다.

더불어민주당 임오경 대변인은 윤 대통령이 제시한 3대 개혁에 대해 "충분한 사회적 논의 없이 정부가 일방적으로 개혁을 추진한다면 가뜩이나 어려운 경제 상황에서 사회적 갈등만 증폭될까 우려스럽다"며 "특히 대통령이 말하는 기득권이 누구인지 모르겠다. 지금 대한민국에서 가장 큰 기득권을 가진 것은 윤석열 대통령과 검찰과 정부 여당 아니냐"고 반문했다.

국민의힘은 민주당의 비판에 반박했다. 박정하 국민의힘 수석대변인은 논평에서 "그들은 윤 대통령의 신년사를 두고 꼬투리 잡기에 여념이 없다"고 비판했다. 박 수석대변인은 "민주당은 **대**

한민국의 위기를 극복하고 도약하기 위한 윤석열 정부의 비전과 해결을 위한 노력에 트집 잡기로 **일관**하며 그 어디에도 민생과 경제를 위한 협조의 모습은 보이지 않는다"고 지적했다.

■ 대통령실 (大統領室)

대통령실은 대한민국 헌법이 규정하는 헌법기관으로서의 대통령부와 관계된 행정기관이며, 지난 74년간 권력의 중심이었던 청와대를 나와 2022년 5월 10일부터 대통령이 집무를 보는 공간이기도 하다.

대통령실 로고는 대통령실 건물을 형상화한 모양으로서 한국을 상징하는 꽃인 무궁화가 새겨진 대통령실 건물을 두 봉황이 감싼 형태. 봉황 두 마리가 무궁화를 감싼 대한민국 대통령기의 상징과도 유사하다. 배색은 군청색이며, 금색 로고도 별도로 존재한다.

2023년 공무원 보수 1.7% 인상

정부는 12월 19일 제17차 공공기관운영위원회에서 2023년도 공기업·준정부기관 예산운용지침을 확정했다. 2023년도 공공기관 총인건비는 2023년도 공무원 임금인상률과 동일하게 전년 대비 1.7% 인상했다. 다만 직원 상위 1직급(직위)은 시출 효율화를 통한 ■**공공기관** 혁신에 동참하는 취지에서 인건비를 동결했다.

예년과 같이 기관 간 임금격차 해소를 위해 일부 저임금기관과 고임금기관에 대해 인상률을 차등화하기로 했다. 저임금 무기직은 처우개선을 강화한다. 특히 기관 전체 임금수준은 높지만 무기계약직 임금이 낮은 경우 추가로 임금을 인상해주는 폭을 확대한다.

공공기관 혁신가이드라인에 따라 2023년도 경상경비는 전년 대비 3% 삭감하고, 업무추진비는 전년 대비 10% 삭감해 허리띠를 졸라매고 생산성 제고 노력을 기울이도록 했다. 직무급 평가 결과 우수기관에는 총인건비를 추가 지급할 근거 규정을 마련했다. 구체적인 총인건비 등 인센티브 수준은 2022년 실적에 대한 경영평가 이후 2023년 상반기 결정한다.

공공기관 직원도 공무원에 준하는 복무규정 등을 적용한다. 공공기관 직원이 정직 처분을 받은 경우 국가공무원과 동일하게 정직 기간 중 임금 지급을 전면 금지하는 규정을 마련했다. 공공기관 해외파견직원의 유치원·초등학교 자녀 학비 지원시 공무원 수당 등에 관한 규정을 적용해 공무원과 유사한 수준으로 균형을 맞췄다.

■ 공공기관 (公共機關)

공공기관은 '공공기관의 운영에 관한 법률'에 의해 기획재정부 장관이 매년 지정하는 기관으로서 정부의 투자, 출자, 재정지원 등으로 설립해 운영되는 기관이다. 공기업, 준정부기관, 기타공공기관으로 구분된다.

공기업은 직원 50인 이상인 공공기관 중 자체 수입액이 총수입액의 2분의 1 이상인 기관 중에서 지정한다. 공기업은 다시 자산 규모가 2조원 이상이고 총수입액 중 자체 수입액이 100분의 85 이상인 시장형 공기업(한국전력공사, 한국가스공사 등)과, 시장형 공기업이 아닌 준시장형 공기업(한국관광공사, 한국철도공사 등)으로 나뉜다.

준정부기관은 공기업이 아닌 공공기관에서 지정한다. 국가재정법에 따라 기금을 관리하거나 위탁받은 기금관리형 준정부기관(국민연금공단, 근로복지공단 등)과 기금관리형 준정부기관이 아닌 위탁집행형 준정부기관(한국거래소, 한국소비자원 등)으로 나뉜다. 공기업과 준정부기관은 조직 운영, 인사 관리, 자금 운용 등 경영 전반에 대해 의사 결정을 할 때 공공기관운영위원회의 심의·의결을 받아야 한다.

기타공공기관(수출입은행, 출연연구기관, 국립대병원 등)은 수입기준을 적용하기에 적절하지 않거나 자율성을 보장해야 할 공공의 목적이 있다고 판단될 때 정부가 지정한다.

분야별
최신상식

경제
산업

주식

경제

2023 경제정책방향 발표...
'위기극복'에 방점

■ LTV (Loan To Value ratio)

LTV(주택담보대출비율)는 주택을 담보로 돈을 빌릴 때 인정되는 자산가치의 비율이다. 만약 LTV가 60%일 때 3억원짜리 주택을 담보로 돈을 빌리고자 한다면 빌릴 수 있는 최대 금액은 1억8000만원(3억원×0.6)이 된다. LTV를 낮추면 주택가격이 하락하는 경우에도 은행의 손실 발생 위험이 적어지게 되므로, 은행의 건전성을 높이는 효과가 있다.

부동산 연착륙·금융 안정 목표

2023년 1%대 경제성장률의 '역대급 경기 한파'가 예고되면서 정부의 경제정책방향이 '위기 극복'에 방점이 찍혔다. 우선 부동산 시장 연착륙을 위해 다주택자에 대한 부동산세 중과 대못을 뽑는 데 주목할 방침이다.

분양권과 주택 입주권 단기 양도세율을 2020년 수준으로 되돌리고, 한시 유예 중인 양도세 중과 배제는 1년 추가로 연장한다. 정부는 12월 21일 이런 내용을 담은 '2023년 연간 경제정책방향'을 발표했다.

또한 금융 안정 및 중소기업·수출 지원 등 중심으로 정책 금융을 45조원 확대(495조원→540조원)해 사상 최대 규모로 공급한다. 안정적 외환보유액 관리 등을 위해 **외평채**(외화 자금의 수급조절을 위해 정부가 발행하는 채권) 발행을 추진하고, 기체결 통화스왑 연장을 통해 대외안전판을 강화한다.

과도하고 징벌적인 부동산 규제를 정상화해 부동산시장 연착륙을 도모한다. **규제지역 다주택자에 대한 주택담보대출 금지규제를 해제하고, ■LTV 상한을 30%로 적용**한다. 다주택자에 대한 취득세 중과제도도 완화한다.

는 비판을 받아온 교육부 주도의 대학기본역량진단평가는 사학진흥재단의 재정진단과 대학교육협의회(대교협)·전문대교협의 기관평가인증으로 대체한다.

정부는 또한 8대 공적연금·사회보험의 장기적 지속가능성을 높이기 위해 2023년부터 구체적 대책 수립에 들어간다.

▲국민 ▲사학 ▲공무원 ▲군인연금 등 공적연금과 ▲건강 ▲장기요양 ▲고용 ▲산재보험 등 사회보험의 통합재정추계에 착수해 중장기적 로드맵을 짜나간다. 또 보험·연금별로 신고시기가 달라 비효율이 발생했던 문제를 개선하기 위해 신고시기를 일치시키는 등의 제도개선 방안도 검토한다.

한시 유예 중인 양도세 중과배제는 연장하고, 2023년 7월 발표할 세제개편안을 통해 근본적 개편안을 마련한다.

노동·교육·연금 3대 개혁 본격 착수

윤석열 대통령은 직접 언급하며 고삐를 죄고 있는 ▲노동 ▲교육 ▲연금 등 3대 개혁 추진을 다시 강조했다.

노동개혁의 골자는 ■**주 52시간제** 유연화, 직무·성과 중심의 임금체계, 노동시장 이중구조 개선 등이다. 노동시간은 현재 주 단위로 묶여있는 초과근무 시간 제약을 월, 분기, 반기, 연 단위로 확대해 '집중 노동'을 가능하게 만드는 것이 핵심이다. 선택근로시간제 정산기간도 1개월에서 3개월로 늘어난다.

교육 개혁 추진 과제로는 '대학 개혁 패키지'와 '첨단인재 양성 계획'이 담겼다. 정부는 대학 학과 간 정원조정을 완전 자율화하는 등 대학 운영 규제 전면 개편에 나선다. 대학 서열화를 조장한다

■ **주 52시간제**

주 52시간제란 주당 법정 근로시간을 기존 68시간에서 52시간(법정근로 40시간+연장근로 12시간)으로 단축한 근로제도다. 2018년 7월 1일부터 우선 종업원 300인 이상의 사업장을 대상으로 시행됐다. 2020년 1월 1일부터 50~299인 사업장에 적용됐으며 2021년 7월 1일부터 5~49인 사업장에 적용됐다.

POINT	세 줄 요약

❶ 정부는 2023년 경기 한파를 극복하기 위해 '2023년 연간 경제정책방향'을 발표했다.

❷ 과도하고 징벌적인 부동산 규제를 정상화해 부동산시장 정상화를 도모한다.

❸ 윤석열 대통령은 ▲노동 ▲교육 ▲연금 등 3대 개혁 추진을 다시 강조했다.

대구시 대형마트 의무휴업 평일 전환 추진

대구시가 2023년부터 대형마트 의무휴업일을 평일로 전환하는 방안을 추진한다. 12월 20일 대구시는 상생안 마련 후 이르면 2023년 1월, 늦어도 3월엔 대형마트 평일 휴업을 시행한다는 방침이다.

2012년 도입된 **유통산업발전법은 지자체장이 골목상권 보호와 유통 생태계의 다양성을 위해 조례에 따라 매월 이틀을 대형마트 의무휴업일로 지정할 수 있도록 하고 있다.** 서울시에서 각 자치구를 중심으로 정한 조례에 따라 6대 광역시를 포함, 대부분이 매월 둘째·넷째 주 일요일을 의무휴업일로 정했다.

다만 지자체와 상인단체 등 이해관계자 간 협의로 평일을 휴무일로 정한 곳도 있다. 현재 전국 403개 마트 가운데 100여 곳이 지역 실정 등을 감안, 이해관계자 간에 협의로 평일에 쉬고 있다.

이마트는 158개점 중 경기 과천점, 안양점, 평촌점, 하남점, 안산점, 제주점 등 45개점이, 홈플러스는 133개점 중 30개점이, 롯데마트 112개점 중 25개점이 일요일 아닌 날 쉰다. 대구시에 따

르면 현재 전국 243개 지자체 중 51곳이 대형마트 의무휴업일을 평일로 정했다.

2012년 이후 10년간 유통업계에서는 **의무휴업일 지정이 유통 환경 변화를 따라가지 못하는 구시대적 규제라는 지적**이 빈번했다. 특히 코로나19에 따라 ■**e커머스** 시장에서 '온라인 장보기'로 무게 중심이 크게 기울면서 대형마트를 대체해 전통시장을 떠올리는 소비자가 더욱 드물어졌다. 오프라인에선 규제 대상에서 빠진 대규모 식자재 마트가 몸집을 불리며 반사효과를 누리면서 규제 실효성 논란은 더 커졌다.

이번 대구시의 의무휴업 평일 전환 추진에는 지역 상인 단체의 역할이 컸던 것으로 알려졌다. 대형마트와의 상생을 통한 상권 활성화를 택한 것이다. 유통업계는 대구시의 이번 결정을 긍정적인 변화라고 평가하면서 이 같은 분위기가 타 지자체로도 확산될지에 관심을 집중하고 있다.

■ **e커머스**

e커머스는 전자상거래의 줄임말로 온라인 네트워크를 이용해 상품이나 서비스를 사고파는 것을 말한다. 상품 거래뿐만 아니라 고객 마케팅이나 광고, 정부의 제품이나 서비스 조달 등의 거래도 e커머스에 해당한다. 스마트폰 보급과 모바일 시장의 활성화로 e커머스의 비중은 갈수록 커지고 있다.

쌍용차 명칭 35년 만에 역사 속으로...KG모빌리티로 변신

쌍용자동차가 회사 이름을 KG모빌리티로 바꾼다. 1988년부터 써오던 '쌍용차'라는 사명은 35년

만에 역사 속으로 사라진다. 곽재선 쌍용차 회장은 12월 21일 서울 종로구 포시즌스호텔에서 열린 '2022 자동차인의 밤' 행사에 참석해 "주주총회를 거쳐 사명을 KG모빌리티로 바꾸겠다"고 밝혔다.

회사명 변경에 관한 논의는 이름에서 '자동차'를 빼야한다는 데서 시작했다고 한다. **국내 최대 규모의 자동차 전시회인 서울모터쇼는 2021년 서울모빌리티쇼로 명칭을 바꿨다.** 기아도 기아자동차에서 '자동차'를 뺀 기아로 변경했다.

기존 자동차 회사는 이제 자동차 회사가 아니라 모빌리티 회사로 나아가야 한다는 취지다. 쌍용차도 이런 맥락에서 회사명에 있는 '자동차'를 '모빌리티'로 바꾸기로 했다.

'쌍용'이라는 브랜드를 그대로 이어갈지도 깊게 생각했다고 한다. '쌍용'이라는 이름은 이미 팬덤층이 구축돼 있는데 이걸 포기하는 게 맞느냐는 고민이었다. 결국 '쌍용'을 빼기로 했다.

곽 회장은 "쌍용차라는 이름에는 중국이나 인도 회사의 자동차라는 아픈 이미지도 함께 씌어있다. 앞으로 쌍용차의 새로운 차는 KG라는 이름을 붙여서 나올 것이다. 이름을 바꾸더라도 쌍용차 역사는 바뀌지 않고, 같은 조건을 갖고 있을

것"이라고 설명했다.

쌍용차는 KG모빌리티로 변신한 뒤 전기차 개발에 주력할 계획이다. 토레스 전기차인 'U100'(프로젝트명)을 2023년 하반기에 출시할 예정이다. 코란도 유산을 이어받은 전기차 'KR10'(프로젝트명)과 전기 픽업트럭도 2024년에 내놓는다.

➕ 쌍용차 20여 년 우여곡절

2022년 6월 KG그룹이 최종 주인이 되기까지 쌍용자동차는 중국, 인도 등 외국계 기업에 팔리는 우여곡절을 겪었다. 쌍용차는 1998년 대우그룹에 넘어갔지만 1999년 워크아웃에 들어간 후 2004년 중국의 상하이자동차에 매각됐다. 하지만 2009년 상하이자동차가 철수하며 기업회생 절차에 들어갔고 당시 1700여 명이 정리해고되며 쌍용차 사태가 벌어졌다.

이후 쌍용차는 2011년 인도 마힌드라그룹에 들어가며 회사가 안정을 찾는 듯 했다. 소형 스포츠유틸리티차량(SUV) 티볼리가 흥행하며 2016년 흑자로 전환하기도 했다. 그러나 마힌드라그룹은 코로나19로 경영 상황이 악화되자 2020년 4월 쌍용차에서 철수했다.

결국 쌍용차는 기업회생 절차를 밟으며 다시 새 주인 찾기에 나섰다. 이때 등장한 곳이 전기버스 업체인 에디슨모터스였지만 이들은 쌍용차 인수를 구실로 주가를 조작했다는 의혹을 받았고 쌍용차 인수대금 잔금을 납입하지 못하며 투자 계약이 해제됐다.

결국 쌍용차는 공개 입찰을 통해 인수자를 확정하는 스토킹 호스 방식으로 재매각을 진행했고 2022년 KG컨소시엄이 인수예정자로 최종 선정됐다.

▌쌍용자동차 사명 변천사

연도	사명
1954	하동환자동차제작소
1967~1975	신진자동차
1975~1986	동아자동차
1988~2022	쌍용자동차
2023	KG모빌리티

주담대 대출자, 소득 60% 이상 빚 상환에 사용

주택담보대출(주담대)을 받은 사람들이 월 소득의 60% 이상을 원리금 상환에 사용하고 있는 것으로 나타났다. 정부가 ▪DSR(총부채원리금상환비율)을 40%로 규제했지만 금리가 치솟으면서 부채가 늘어난 탓이다. 또 주담대와 신용대출을 동시에 보유해 DSR이 70%를 넘어서는 등 '빚 감당이 안 되는 사람'도 늘어나고 있다.

12월 26일 한국은행(한은)의 가계부채 통계 분석 결과에 따르면 2022년 3분기 기준 **주담대 보유차주의 평균 DSR은 60.6%**다. DSR이 60%대로 돌입한 것은 3년 6개월 만이다. 정부는 애초 투기·과열지구의 9억원 초과 주택 등을 대상으로 차주별 DSR 40% 규제를 가했다. 하지만 부채 규모가 계속 커지자 2021년 7월 규제지역의 시가 6억원 초과 주담대 및 1억원 초과 신용대출 등으로 DSR 규제를 확대했다.

지난 2019년 1분기에 60.2%를 기록했던 주담대 차주 평균 DSR은 같은 해 2분기 58.9%로 떨어졌고, 2020년 1분기에는 55.2%까지 하락하기도 했다. 하지만 2021년 3분기 한은 기준금리가 인상되면서 DSR도 오르기 시작했다. DSR은 2021년 3분기 57.1%에서 4분기 57.8%, 2022년 1분기 58.7%, 2분기 59.4%, 3분기 60.6% 등으로 올랐다.

일각에선 정부가 DSR을 40% 이내로 제한하도록 규제하고 있음에도 60%를 돌파한 것을 두고 의문을 제기한다. 부동산 업계 관계자들은 "기준금리가 인상됨에 따라 발생한 결과"라고 입을 모았다. **대출액수 자체가 늘어난 것은 아니지만 이자 부담이 심화하면서 DSR 수치가 커졌다는 것**이다.

한편, 주담대와 신용대출을 모두 보유한 차주의 채무상환 부담이 한계치를 웃돌았다는 분석도 제기된다. 한은이 해당 차주들의 DSR을 분석한 결과 지난 10월 기준 70%로 오르면서다. DSR이 70%를 넘는 경우는 소득에서 최저 생계비(1인 가구 116만원)를 제외했을 때 원리금을 감당하지 못하는 대출자로 분류된다.

금융 당국은 2021년부터 DSR 70%를 초과하는 대출자가 전체 대출자의 5%, 90% 초과는 3%를 넘지 못하도록 규제해왔다. 하지만 기준금리가 가파르게 치솟으면서 해당 대출자 비중은 점차 늘어나고 있다.

▪ **DSR (Debt Service Ratio)**
DSR(총부채원리금상환비율)은 대출자(차입자)의 총 금융부채 원리금 상환액을 연소득으로 나눈 비율이다. 가계가 연소득 중 주택담보대출과 기타대출(신용대출 등)의 원금과 이자를 갚는 데 얼마를 쓰는지 보여준다. 주택담보대출, 신용대출을 비롯해 마이너스통장대출, 자동차 할부, 신용카드 미결제까지 포함한 모든 금융회사 빚을 합해 이를 기준으로 소득 대비 원리금 상환 부담을 산출하므로, 주담대 원리금 비율만 반영하는 총부채상환비율(DTI, Debt To Income) 적용 시보다 대출 규모가 줄어든다.

카드 캐피털사
평균 금리 첫 15%대

레고랜드 사태 등 자금 경색 여파로 자금 조달이 어려워진 카드·캐피털사들이 최근 신용대출 금리를 크게 올린 것으로 나타났다. 지난 12월 25일 여신금융협회가 집계한 카드·캐피털사 20곳의 11월 말 기준 신용대출 금리는 평균 15.65%로, 10월(14.91%)보다 0.74%p 증가했다. **카드·캐피털 등 여신전문금융사**(여전사) **신용대출 평균 금리가 15%대로 오른 것은 2022년 들어 처음**이다.

그동안 여전사 신용대출 금리가 기준금리 변동에 민감하게 반응하지 않았던 점을 고려하면 이례적인 상승 폭이다. 여전사 신용대출 평균 금리는 2022년 7월(13.96%)까지 13%대를 유지, 2021년 8월(13.48%)과 비교해 큰 변화가 없었다. 조달금리가 상승하긴 했지만 ■**인터넷전문은행**과의 중·저신용자 대출 경쟁이 치열해지면서 대출금리 인상보다는 마진 축소로 대응해 왔기 때문이다.

하지만 지난 10월 레고랜드 사태 이후 주요 여전사들의 사정은 달라졌다. 카드업계 1위인 신한카드는 신용평점 601~700점 고객 신용대출 금리를 9월 14.65%에서 11월 18.25%로

3.60%p나 올렸다. 701~800점도 같은 기간 13.26%→16.49%로 3%p대로 인상했다. 캐피털업계 1위인 현대캐피탈은 801~900점 고객의 대출금리를 10월 14.71%에서 11월 16.14%로, 900점 초과 고신용자 대출금리는 12.41%에서 14.60%로 각각 1~2%p대 높였다.

업계는 자금 경색 심화로 조달이 어려워지자 대형사들마저 본격적으로 신용대출 상품의 고객 구매를 의도적으로 줄이는 것으로 보고 있다. 여전사들이 채권이나 기업어음을 발행하지 못하면 대출 재원을 확보할 수 없어서다.

■ 인터넷전문은행 (direct bank)

인터넷전문은행은 점포 없이 또는 소수의 영업점만을 두고 인터넷, 모바일, 현금자동입출금기(ATM, Automatic Teller's Machine) 등 전자매체를 주된 영업채널로 활용하는 온라인 기반의 은행이다. 이는 은행서비스를 인터넷으로 제공하는 영업 방식을 뜻하는 인터넷뱅킹과는 다른 개념이다.
인터넷전문은행이 은행업을 영위하기 위해서는 금융위원회로부터 인가를 받아야 하며, 이를 위해서는 500억원 이상의 자본금, 소유 규제에 적합한 주주구성, 업무범위에 적합한 인력 및 시설 등의 요건을 갖춰야 한다.

2023년부터 집주인 동의 없이
체납세금 열람 가능

2023년부터 전세 세입자는 집주인 동의 없이도 집주인의 국세 체납액을 열람할 수 있다. 또 집이 경매나 공매로 넘어가더라도 확정일자를 받았다면 체납된 세금보다 보증금을 먼저 돌려받을 수 있다. 이런 내용을 담은 국세징수법 개정안이 12월 23일 국회 본회의를 통과했다. 시행 시기는

오는 4월 1일 이후 열람 신청분부터다.

이번에 개정된 확정안은 **세입자가 임대차 계약을 했다면 집주인의 동의를 받지 않더라도 임대차 개시일 전까지 밀린 세금을 확인할 수 있도록 규정**한다. 현재는 세입자가 집주인의 동의를 받아야 국세 미납을 열람할 수 있어 실효성이 떨어진다는 지적이 있었다. 열람 기관도 기존의 건물 소재지 관할 세무서에서 전국 세무서로 확대했다. 세입자는 임대차 계약서만 가져가면 집주인의 동의를 받지 않아도 세무서에서 체납 내역 확인이 가능하다.

계약 이전이라도 임차인이 체납 사실 등을 요청하면 임대인이 의무 제공하도록 규정한 '주택임대차보호법' 일부 개정 법률안 및 동법 시행령 일부 개정령 안은 현재 입법 예고 중이다.

또한 전세 임차인이 거주하던 집이 경·공매로 넘어갈 경우 전세금을 우선 변제하도록 국세기본법을 수정했다. 현재는 경·공매로 집이 넘어가면 국세 등 체납 세액을 우선 갚은 뒤 남은 금액에서 변제받는다. 하지만 2023년부터는 주택 임차 보증금의 확정일자보다 법정기일이 늦은 세금은 당해세 배분 예정액을 보증금에 우선 배분하도록 했다.

법적인 우선순위는 여전히 국세가 보유하지만, 배분 우선순위는 전세금에 먼저 둔다는 의미다. 아울러 납세자가 세무 공무원의 직무집행을 거부하거나 기피할 때는 5000만원까지 과태료를 매길 수 있도록 상한을 조정했다.

➕ 임대차 3법

임대차 3법이란 2020년 7월부터 전면 시행된 전월세 신고제·전월세상한제·계약갱신청구권제 등을 핵심으로 하는 부동산 임대차 관련 법안을 통칭한다. 전월세 신고제로 전월세 계약 시 실거래 신고가 의무화됐고, 전월세상한제로 재계약 시 임대료 인상률을 연 5% 이내로 제한하며, 계약갱신청구권으로 전세 계약 갱신(2년)을 임대인에게 요구할 권리를 보장하게 됐다. 하지만 이 제도는 세입자에게 세 부담을 주고, 임대료 인상 제한으로 임대 매물 감소가 우려되며, 미리 인상분을 앞당겨 받는 부작용으로 전셋값이 인상될 수 있다는 우려가 현실로 나타났다.

한은 "부동산발 금융불안 위기 단계"

한국은행이 12월 22일 발표한 '2022년 하반기 금융안정 보고서'에 따르면 **금융시스템 불안 상황을 보여주는 금융불안지수**(FSI, Financial Stress Index)가 금융시장 변동성 확대 등으로 최근 '위기 단계'에 진입했다. 위기단계 진입은 코로나19 팬데믹 이후 처음이다.

그동안 금융불안지수가 위기 단계에 들어선 때는 2008년 금융위기 때와 2020년 코로나19 팬데믹 초기 두 차례로, 이번이 세 번째다. 금융불안지수는 2022년 3월(8.6) '주의 단계'에 진입한 후 지속적으로 올라 10월 23.6으로 임계치(22)를 넘어섰다. 11월(23.0)에는 정부와 한은의 시장안정조치로 소폭 하락했다.

금융불안지수는 단계가 높을수록 그만큼 금융불안이 커졌다는 것을 뜻한다. 이 지수가 8을 넘으면 '주의 단계', 22를 넘으면 '위기 단계'로 분류된다. 이 자체로 위기 진입은 아니지만 한은이 시스템 리스크 서베이 결과 '단기 시스템 리스크 발생 가능성'이 높다는 응답 비중이 58.3%로 역대 최고를 기록하는 등 위기 경계감이 높아지고 있다.

한은은 주요국 통화긴축 강화, 글로벌 지정학적 리스크 지속 등으로 금융시장 변동성이 확대되고 신용경계감이 높아진 가운데, 우발적 신용사건이 가세해 채권 및 단기자금 시장의 자금중개기능이 일부 제약됐다고 설명했다.

한은 관계자는 "주요국 통화긴축 지속, 실물경기 둔화, 자산 가격의 급격한 조정 및 글로벌 달러유동성 축소 가능성은 당분간 주요 금융안정 리스크 요인으로 작용할 전망"이라며 "기준금리 인상으로 금융불균형이 완화됐으나, 주요국의 통화긴축 기조 지속 및 경기둔화로 인해 취약 가계·자영업자, 한계기업 등의 잠재부실이 현재화될 가능성이 커지고 있다"고 말했다.

반면, 금융시스템 내 중장기적 취약성을 보여주는 **◼금융취약성지수**(FVI)는 2021년 하반기 이후 꾸준히 하락하고 있다. 다만, 가계부채 누증, 높은 주택가격 수준 등이 주요 취약요인으로 잠재하면서 여전히 장기평균(41.0)을 상회하고 있다.

금융취약성지수는 2021년 2분기 58.5까지 치솟은 후 3분기 57.2, 4분기 53.7, 2022년 1분기 51.9, 2분기 47.4, 3분기 44.9로 하락했다. 높은 가계부채 수준, 기업신용의 가파른 증가세, 코로나19 이후 부동산금융의 증대, 비은행금융기관의 복원력 저하 등은 우리 금융시스템의 취약 요인으로 잠재하고 있는 것으로 나타났다.

◼ **금융취약성지수 (FVI, Financial. Vulnerability Index)**
금융취약성지수(FVI)는 한국은행이 중장기적 금융안정 상황을 파악하기 위하여 금융불균형 및 금융시스템 복원력 관련 지표들을 반영하여 산출하는 지수를 말한다. 금융시스템 내에 잠재하고 있는 취약성을 평가하고, 이를 통해 더욱 중장기적인 금융안정 리스크를 측정하는 데 초점을 둔 지수이다. 주요국 중앙은행 및 국제기구를 중심으로 금융취약성 관련 지수가 활용되는 국제적 흐름에 맞추어 한국은행이 개발한 지수이며, 2021년부터 한국은행에서 분기마다 산출한다.

2023년 경제성장률 1.6%· 물가상승률 3.5% 전망

정부는 2023년 한국경제가 1.6% 성장할 것으로 전망했다. 물가 상승률은 3.5%로 예상해 2022년

예상치인 5.1%에서 상당 폭 둔화할 것으로 내다봤다. 2023년 경제는 **3고**(고물가·고금리·고환율) 현상이 지속될 예정이며 글로벌 경기 둔화로 수출이 얼어붙으면서 성장률은 1%대에 머물 것이란 암울한 관측이 나온다.

기획재정부가 지난 12월 21일 발표한 '2023년 경제정책방향'에 따르면 정부는 2023년 실질 **▪국내총생산**(GDP) 성장률을 1.6%로 예상했다. 2021년 6월 '새정부 경제정책방향'에서 제시한 전망치(2.5%)보다 0.9%p 낮아졌다. 정부가 경제정책방향 등을 통해 2% 미만의 성장률을 제시한 것은 이례적이다.

수출(통관 기준)은 2023년에 4.5% 감소할 것으로 예상됐다. 전 세계 교역과 반도체 업황의 위축 등으로 2020년(-5.5%) 이후 3년 만에 감소할 것이라는 전망이다.

무역수지 적자는 연초부터 이어진 원유·가스·석탄 등 에너지 가격 상승이 주요인이지만, 문제는 한국 수출의 중심 역할을 하는 반도체, 석유화학 등 주력 수출품목의 수출 감소세가 확대하고 있다는 점이다. 2022년 12월 반도체 수출액은 85억5400만달러로 2021년 동기 대비 29.8% 줄면서 4개월 연속 감소세를 보였다.

물가 상승률은 2022년 5.1%에서 2023년 3.5%로 둔화할 것으로 내다봤다. 정부는 원자재 가격 하락, 수요 둔화 등에 따라 물가 오름세가 점차 낮아질 것으로 전망했다. 추경호 부총리 겸 기획재정부 장관은 성장률 전망치에 대해 **"상반기에 수출·민생 등 어려움이 집중되고 하반기로 갈수록 세계경제 개선 등으로 점차 회복되는 '상저하고'** 흐름을 보일 가능성이 높다"**고 내다봤다.

▪ **국내총생산 (GDP, Gross Domestic Product)**
국내총생산(GDP)은 외국인이든 내국인이든 국적을 불문하고 한 국가의 영역 내에서 가계, 기업, 정부 등 모든 경제 주체가 일정 기간 생산 활동에 참여하여 창출한 부가가치 또는 최종 생산물을 시장가격으로 평가한 합계를 말한다. 국가 사이의 자본과 서비스의 이동이 활발하게 이루어지는 개방화 시대에서는 개인이나 기업의 국적에 따른 국민총생산(GNP)보다 GDP가 한 국가에서 일어나는 경제활동을 정확히 반영하는 지표로 인정받는다.
GDP는 경제성장률 등 생산의 중심지표로 사용되며, 세계은행(IBRD)과 경제협력개발기구(OECD)의 통계조사 자료로 이용되고 있다. 우리나라 역시 1995년 4분기부터 국가의 경제 규모를 나타내는 지표로 GNP 대신 GDP를 사용하고 있다.

정부, 반도체 투자 대기업에 최대 25% 세액공제

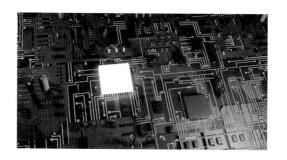

반도체 대기업의 투자세액공제율이 최대 25%까지 상향된다. 반도체·**▪이차전지** 같은 국가전략기술 시설투자 세액공제율을 현행 8%에서 15%로 올리고 투자 증가분에 대한 10%의 추가 세액공제까지 합친 것이다. 정부는 1월 중으로 조세특례제한법 개정안을 마련해 2월 임시국회에서 통과될 수 있도록 한다는 방침이다. 법 통과 시 2023년 1월 1일 투자분부터 소급적용된다.

정부는 1월 3일 '반도체 등 세제지원 강화 방안'을 내놓고 반도체 같은 국가전략기술 산업에 대해 투자 세액공제율을 높이는 한편, 투자 증가분에 대한 추가 세액공제도 2023년 한시 도입하겠다고 밝혔다. 그해 투자한 금액에 대해 적용되는 공제(당기분 공제)와 3년 평균보다 많이 투자한 금액에 적용되는 공제(증가분 공제)를 모두 늘리겠다는 것이다.

증가분 세액공제율은 모든 산업에 대해 2023년 한시로 최대 10% 적용된다. 2011년 이후 중단됐던 임시투자세액공제를 되살린 것이다. 이것까지 감안할 경우 반도체 대기업은 최대 25%, 중소기업은 최대 35%의 세액공제율이 적용된다는 게 정부의 설명이다. 기재부 측은 "반도체 설비투자 세액공제율은 당기분 15~25%에 증가분 10%를 더하면 25~35%에 달한다"며 "이는 미국(25%), 대만(5%) 보다 높은 수준"이라고 설명했다.

이로써 정부는 지난해 12월 24일 국회 본회의에서 관련법이 통과된 지 11일 만에 추가 감세 방침을 공식화했다. 반도체 세제 지원이 "충분한 수준"이라는 기존 입장을 바꿔 별도 지원안을 마련하고, 수조원에 달하는 세수를 포기하기로 한 것이다.

앞서 **국회는 올해부터 대기업의 국가전략기술 시설 투자 세액공제율을 종전 6%에서 8%로 올리는 내용의 조세특례제한법 개정안을 정부안대로 의결**했다. 이는 애초 국민의힘 반도체특위가 제시한 20%(대기업 기준)는 물론, 야당인 더불어민주당이 주장한 10%에도 미치지 못하는 수준이었다. 이후 여당과 재계의 반발이 이어지는 가운데에도 정부는 우리나라의 반도체 세제 지원이 주요국과 비교해 높은 수준이라는 입장을 고수했다.

그러나 지난 12월 30일 윤석열 대통령이 "반도체 등 국가전략산업에 대한 세제지원을 확대하는 방안을 검토하라"고 지시한 뒤 정부의 입장은 180도로 바뀌었다. 앞으로 국회 통과 가능성에 대해 추경호 경제부총리 겸 기획재정부 장관은 "국가전략기술에 대한 투자세액공제제도는 지난 문재인 정부 때 만들어졌다"며 "국가전략기술에 관한 파격적인 세제 혜택은 필요하다는 문제 인식은 공감할 것이라고 생각한다"고 말했다.

■ 이차전지 (secondary cell)

이차전지란 한 번 쓰고 버리는 일차전지와 달리 충전해서 반영구적으로 사용하는 전지다. 친환경 부품으로 주목받고 있으며, 니켈-카드뮴, 리튬이온, 니켈-수소, 리튬폴리머 등 다양한 종류가 있다. 노트북 컴퓨터와 휴대전화, 카메라 등 들고 다니는 전자기기뿐만 아니라 전기자동차의 핵심소재이며, 부가가치가 높아 반도체 및 디스플레이와 함께 21C 3대 전자부품으로 꼽힌다.

'1100억대 사기 혐의' 빗썸 이정훈, 1심 무죄

1100억원대의 사기 혐의로 재판에 넘겨진 이정훈 전 빗썸홀딩스·빗썸코리아 의장이 1심에서 무죄를 선고 받았다. 서울중앙지법 형사 34부(재판장 강규태)는 특정경제범죄가중처벌법상 사기 혐의로 불구속 기소된 이 전 의장에 대해 1월 3일 무죄를 선고했다.

재판부는 검찰이 제시한 증거만으로는 이 전 의

▲ 이정훈 전 빗썸홀딩스 의장 (자료 : 빗썸)

장이 코인 상장을 약속했다고 볼 수 없다며 이같이 판결했다. 이어 재판부는 "이 전 의장을 검찰에 고발한 김병건 BK메디컬그룹 회장의 증언을 보면 일관성이 없다"며 "김 회장은 이 전 의장으로부터 사기를 당했다는 사실을 종용하는 듯한 말도 했다"고 했다.

지난해 10월 검찰은 결심공판에서 "이 전 의장이 범행을 계속 부인하고 있고, 김 회장을 비롯한 코인 투자자들의 피해가 매우 커 중형 선고가 필요하다"며 징역 8년을 구형한 바 있다. 이 전 의장은 2018년 10월 이른바 '빗썸 코인(BXA)'을 발행, 빗썸을 상장시키겠다며 김병건 회장에게 빗썸 인수를 제안하고 계약금 명목으로 약 1120억원을 챙긴 혐의로 재판에 넘겨졌다.

당시 이정훈 전 의장은 김 회장과 빗썸의 인수와 공동경영에 대해 논의한 바 있다. 그러나 김 회장이 기한까지 인수 대금을 대납하지 못해 계약이 불발되면서 당사자들 간의 소송으로 이어지게 됐다. 당시 김 회장은 코인을 발행한 뒤 빗썸에 상장해 얻은 수익으로 인수 자금을 마련하려고 했다.

김 회장은 계약금과 중도금 약 1200억원을 납입했지만, 결국 잔금을 납입하지 못해 계약이 불발됐다. 이에 김 회장은 이 전 의장이 자신을 속이고 1100억원이 넘는 계약금을 가로챘다며 그를 검찰에 고발했다.

➕ 가상자산 (假想資産)

가상자산이란 실물 없이 온라인에서 거래되는 자산을 뜻한다. 대표적인 가상자산으로 비트코인이 있다. 비트코인은 처음 등장할 당시 눈에 보이지 않고 컴퓨터상에 표현되는 화폐라고 해서 '가상화폐', 또는 암호화 기술을 사용하는 화폐라는 의미로 '암호화폐'라고 불렸다.

각국 정부나 국제기구에서는 화폐 대신 자산이라는 용어로 통일하고 있는데, 이는 화폐의 성격이 없다는 점을 강조하기 위해서다. 2019년 G20(주요 20개국)은 정상회의 선언문에서 암호화폐를 가상자산 또는 암호자산(crypto-assets)이라고 표현했다.

이에 따라 우리 정부도 2021년 3월부터 개정된 특정 금융정보법에서 암호화폐를 가상자산이라고 규정하며, 그 뜻을 '경제적 가치를 지닌 것으로서 전자적으로 거래 또는 이전될 수 있는 전자적 증표(그에 관한 일체의 권리를 포함)'라고 명시했다.

2022년 무역적자 사상 최대 60조 육박

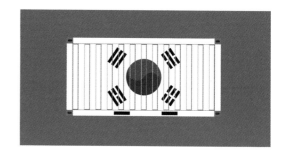

2022년 우리나라 연간 **■무역수지** 적자 규모가 역대 가장 많은 472억달러(약 60조원)를 기록했다.

올해 들어서도 무역적자가 당분간 계속될 전망이어서 우리 경제가 고물가 고금리 고환율 사태와 맞물려 1%대 '저성장 늪'에 빠질 가능성이 큰 것으로 분석된다.

산업통상자원부가 1월 1일 발표한 '2022년 12월 및 연간 수출입 동향' 자료를 보면 지난해 국내 전체 수출액은 6839억 달러로 연간 기준 역대 최대치였다. 2021년과 비교하면 6.1% 늘었다.

하지만 글로벌 에너지 위기로 수입액(7312억달러)이 전년보다 18.9% 급증하면서 지난해 연간 무역수지는 472억달러 적자를 기록했다. **연간 무역수지가 적자로 나온 것은 글로벌 금융 위기 때인 2008년**(132억6000만달러 적자) **이후 14년 만이다.** 특히 지난해 적자액은 종전 최대치였던 1996년(206억2000만달러)보다 배 이상 많았다.

12월에도 수입액(596억8000만달러)이 수출액(549억9000만달러)을 넘어서면서 무역수지가 46억9000만달러 적자로 집계됐다. 수출액은 3개월 연속 감소, 무역수지는 9개월 연속 적자 행진이다. 특히 **최대 교역국인 대중국 수출액은 지난해 6월부터 지난 12월까지 7개월 연속 감소세를** 이어갔다. 지난해 연간 기준으로도 대중국 수출액은 전년 대비 4.4% 감소했다.

수출이 지난해 하반기 이후 급격히 악화하면서 우리 경제는 올해 더 큰 침체의 길로 들어설 것이라는 우려가 나온다. 기획재정부(1.6%), 한국은행(1.7%), 경제협력개발기구(1.8%) 등 국내외 주요 기관은 올해 한국의 경제성장률 전망치를 1%대로 제시했다.

■ **무역수지 (貿易收支)**

무역수지는 일정 기간 무역으로 발생하는 상품 수출·수입 거래에 의해 발생한 해당국과 타국 간의 대금 수불액(受拂額)을 나타낸다. 무역수지의 움직임은 장기적으로는 산업의 국제경쟁력을 반영하며, 단기적으로는 경기순환 등을 반영하기 때문에 국제수지항목 중에서 가장 중요한 것으로 간주된다. 무역수지 계산방법은 국제통화기금(IMF) 방식에 따라 수출입 모두 FOB(Free On Board) 가격으로 평가하여 집계하는 것이 통상적이다. FOB 가격은 출항지의 선적도 가격을 말한다.

강남3구·용산 빼고 부동산 규제지역·분양가상한제 해제

정부가 서울 강남 3구(서초·강남·송파구)와 용산구를 제외한 수도권 전 지역의 부동산 규제지역을 해제한다. 서울 전역과 경기도 4개 지역(과천, 성남 분당·수정, 하남, 광명)만 남겨두고 규제지역을 푼 지 54일 만에 추가 해제하는 것이다. 국토교통부는 1월 3일 청와대 영빈관에서 윤석열 대통령에게 2023년도 업무계획을 보고하는 자리에서 규제지역 해제를 발표했다.

국토부는 "강남 3구와 용산구는 대기수요 등을 고려해 투기과열지구와 조정대상지역으로 유지하되 나머지 지역은 최근 시장 상황을 고려해 해제하기로 했다"고 밝혔다. 이와 동시에 기획재정부도 부동산가격안정심의위원회를 열어 서울 11개구(성동·노원·마포·양천·강서·영등포·강동·종로·중·동대문·동작)를 투기지역에서 해제했다. 그 결과 **서울 강남·서초·송파·용산구만 투기지역·투기과열지구·조정대상지역 '3중 규제' 지역**으로 남고 전 지역이 규제지역에서 벗어나게 됐다.

민간택지 **분양가상한제** 적용 지역도 강남 3구와 용산구를 빼고 전부 풀었다. 거래가 급감하고 서울을 비롯한 수도권 전반의 집값이 빠르게 하락하면서 실수요자의 주택 거래마저 어려워지자, 부동산 경착륙을 막기 위한 조치다.

윤석열 정부의 규제지역 해제는 지난해 6월, 9월, 11월에 이어 이번이 네 번째다. 6개월이 채 안 되는 기간에 전국에 퍼져 있던 규제지역이 서울 4곳으로 줄었다. 정부는 애초 노원·도봉·강북 등 서울 외곽지역을 규제지역에서 우선 해제하는 방안도 검토했다. 그러나 고금리가 유지되는 상황에서 집을 사려는 수요가 많지 않아 거래 절벽이 여전했고, 미분양 물량마저 심상치 않은 수준으로 쌓이자 해제 지역을 대폭 늘렸다.

규제지역에서 해제되면 대출, 세제, 청약, 거래 등 집을 사고파는 전 과정에 대한 규제가 완화된다. 종합부동산세·양도소득세 등 다주택자 중과세가 사라지고 주택담보대출비율(LTV) 등 대출한도가 늘어나며 청약 재당첨 기한도 10년에서 7년으로 줄어든다.

■ **분양가상한제 (分讓價上限制)**
분양가상한제란 주택을 분양할 때 택지비와 건축비에 건설업체의 적정 이윤을 보탠 분양가격을 산정하여 그 가격 이하로 분양하도록 정한 제도로, 집값 안정화의 일환이다. 1977년 분양가상한제가 도입되면서 분양가 규제가 시작되었다.
획일적인 상한가 규제로 주택공급 위축이 발생하자 1989년부터 분양가를 택지비, 건축비에 연동하는 원가연동제가 시행됐다. 1990년대 후반의 외환위기로 주택시장 경기가 침체하자 1999년 국민주택기금을 지원받는 공동주택 외에는 분양가격의 전면 자율화가 실시되었다. 2000년내 이후 부동산 경기가 과열돼 다시 공동주택의 분양가격을 규제하게 되었고, 2007년 주택법을 개정하여 분양가상한제를 전면 적용하였다.
2007년 주택법을 개정하여 민간택지에도 분양가상한제를 전면 적용했으나, 2015년 민간택지 분양가상한제는 폐지됐다. 2019년 8월 12일 정부는 민간택지 아파트에도 분양가상한제 적용하도록 했으며 2019년 10월 29일부터 시행됐다.

"1월 효과 밀어낸 R공포"... 두 달 만에 장중 2200선 깨진 증시

코스피가 두 달여 만에 2200선이 깨졌다. 1월 3일 코스피는 전날보다 0.24% 오른 2230.98로 출발했다가 기관의 매도 공세에 2180.67까지 밀렸다. 장중 2200선이 깨진 것은 지난해 10월 17일(2219.71) 이후 두 달 보름여 만이다. 오후 들어 개인과 외국인의 순매수에 힘입어 간신히 2200선을 회복했다.

연초부터 국내 증시의 변동성이 커진 건 올해 세계 경제가 침체를 겪을 수 있다는 'R(Recession : 경기 후퇴)의 공포' 영향이 크다.

불씨는 제롬 파월 미국 연방준비제도(Fed) 의장의 강력한 긴축 의지다. 여기에 완화적 통화정책을 고수하던 일본은행(BOJ)마저 12월 기준금리 인상 행렬에 동참하면서 경기 침체 우려는 더 커졌다.

1월 2일(현지시간) 월스트리트저널(WSJ)에 따르면 뱅크오브아메리카(BoA)와 UBS그룹 등 미국 월가 대형 은행 23곳 중 70%에 해당하는 16곳이 "미국이 올해 경기 침체를 겪을 것"으로 전망했다. **부동산 시장 침체와 소비 감소 등을 침체의 원인**으로 꼽았다. 미국을 포함한 세계 경기가 위축되면 수출 비중이 큰 한국 경제도 영향을 받는다.

기업의 '부진한 성적표'도 주식 시장을 짓누르는 요인이다. 증권사들은 상장사의 지난해 4분기 실적발표를 앞두고 잇따라 기업의 영업이익 **컨센서스**(consensus : 증권가 전망 평균치)를 낮췄다.

금융정보업체 에프앤가이드에 따르면 지난해 4분기 252개 상장사(코스피+코스닥)의 영업이익 합산액은 1월 2일 기준 36조3994억원으로 추정됐다. 한 달 전(38조6232억원)보다 5.8% 감소했다.

특히 혹한기에 접어든 반도체 산업의 경우 '어닝 쇼크' 우려도 있다. 시가총액 1위인 삼성전자의 지난해 4분기 영업이익 전망치(에프앤가이드 자료)는 1월 3일 기준 7조2102억원으로 1년 전보다 48% 급감했다. 순이익도 같은 기간 42% 하락한 6조2429억원으로 예상했다.

문제는 기업의 실적 부진이 올해에도 이어질 전망이라는 데 있다. 에프앤가이드에 따르면 지난 2일 기준 국내 주요 상장사(291곳)의 올해 영업이익 전망치는 206조4316억원으로 지난해(207조428억원 예상)보다 0.3% 줄 것으로 예측됐다. 올해 순이익은 155조9310억원으로 1년 전보다 3% 감소할 것으로 예상됐다.

상당수 전문가가 연초 주식시장이 강세를 보이는 '▪**1월 효과**'를 기대하기 어렵다고 밝혔다. 경기 침체 우려가 커지면서 당분간 주식시장의 변동성은 커질 수밖에 없다.

▪ 1월 효과 (January effect)

1월 효과는 1월의 주가 상승률이 다른 달에 비해 상대적으로 높은 현상을 일컫는 말로, '계절적 이례 현상'의 하나다. 주요 국가들의 분석 자료에 따르면 1월의 주가 상승률은 전체 월 평균 상승률보다 2%가량 높다. 해가 바뀌면서 막연히 주가가 상승하리라는 기대심리에 주식시장에 돈이 몰려 주가가 오르는 경우도 있으나, 경제 전문가들은 각종 정부 정책이 1월에 발표되고, 1월에 시중자금이 풍부하다는 점 등을 1월 효과의 근거로 든다.

분야별
최신상식

사회
환경

제2경인고속도로 방음터널 화재 참사...
사상자 46명

차량 45대 소실...필사의 탈출

새해를 앞둔 12월 31일 경기 과천시 제2경인고속도로 북의왕IC 인근 갈현고가교에 위치한 방음터널에서 불이나 5명이 숨지고 41명이 다치는 어처구니없는 참사가 발생했다.

이날 오후 1시 49분경 갈현고가교 부근을 달리던 폐기물 트럭에서 난 불이 방음터널에 옮겨붙으면서 사고 현장에 거대한 불기둥이 솟아올랐다. 시커먼 연기와 매캐한 냄새가 주변을 가득 메웠다. 불은 플라스틱 소재의 방음터널 벽으로 옮겨붙은 뒤 급속히 확산했고, 결국 터널 내 600m에 이르는 구간이 불길에 휩싸였다.

터널을 지나던 운전자들은 차를 버리고 터널 밖을 향해 필사의 탈출을 했다. 하지만 5명은 미처 차에서 내리지 못하면서 참변을 당했다. 사고 현장은 처참했다. 방음터널과 도로는 물론 차량 45대가 잿더미가 됐다(사진).

소방 당국은 화재 규모가 크다고 판단, 신고 접수 20여 분만인 오후 2시 11분께 대응 1단계를 발령했다. 이어 10여 분 뒤인 오후 2시 22분께 경보

재 방음터널 내 화재는 이번이 처음이 아니다. 2020년 8월에도 광교신도시 하동IC 고가도로에 설치된 방음터널에서 승용차에 난 불이 번지며 터널 200m가 불타는 사고가 있었다. 당시는 새벽 시간이라 인명피해는 없었다.

5명의 사망자가 발생한 이번 방음터널 화재와 관련해 국토교통부가 전국의 방음터널을 전수조사하기로 했다. 원희룡 국토부 장관은 "국가에서 관리하는 55개 방음터널과 지자체가 관리하는 방음터널까지 전수조사하겠다"고 밝혔다. 불이 난 방음터널과 비슷한 재질로 계획됐거나 시공 중인 방음터널 공사는 전면 중단할 방침이다.

령을 대응 2단계로 상향 조정했다. **대응 1단계는 인접 3~7개 소방서에서 31~50대의 장비를, 대응 2단계는 8~14개 소방서에서 51~80대의 장비를 동원하는 경보령**이다.

소방 당국은 펌프차 등 장비 94대와 소방관 등 인력 219명, 그리고 소방헬기를 동원해 오후 3시 18분 큰 불길을 잡았다. 이어 불이 난 지 2시간여 만인 오후 4시 12분 화재를 완전히 진화했다.

문제는 아크릴 소재...전수조사 실시

전문가들은 화재 참사가 난 갈현고기교 방음터널 벽과 천장에 설치된 **폴리메틸메타크릴레이트(PMMA, Poly Methyl MethAcrylate)가 불쏘시개 역할을 했을 것으로 추정**했다. 아크릴 소재인 PMMA는 강화유리보다 햇빛 투과율이 높은 데다, 충격에 강하고 시공도 간편해 폴리카보네이트(PC)와 함께 방음벽 소재로 널리 활용된다. 다른 재료보다 단가도 저렴하다.

문제는 화재에 취약하다는 점이다. PMMA 소

➕ 방음터널, 안전관리에 빈틈

방음터널은 주택가 인근 고속도로 소음 방지를 위해 설치가 늘고 있지만, 관련법상 시설물 안전점검 대상에서 빠져 '관리 사각지대'라는 지적이 나온다. 소방법상 방음터널은 일반 터널로 분류하지 않아 옥내 소화전 등 소방 설비를 갖추지 않아도 된다. 국토안전관리원 기준으로도 터널에 해당하지 않아 시설물 안전점검 및 정밀안전진단 대상에서도 제외된다. 특히 국토교통부는 2012년 도로건설공사 기준을 담은 도로설계편람을 개정하면서 방음시설에 '불연성 또는 준불연성 소재를 사용해야 한다'는 기존의 지침을 삭제하기도 했다.

POINT	세 줄 요약

❶ 제2경인고속도로 갈현고가교 부근에서 화재가 발생해 큰 사고가 일어났다.

❷ 전문가들은 방음터널 벽과 천장에 설치된 PMMA가 불쏘시개 역할을 했을 것으로 추정하고 있다.

❸ 정부는 불이 난 방음터널과 비슷한 재질로 계획됐거나 시공 중인 방음터널 공사는 전면 중단할 방침이다.

40만 가구 엿본 '월패드 해킹범' 경찰에 체포

▲ 월패드

아파트 거실 벽에 설치된 ▪**월패드**에 달린 카메라를 해킹해 집안을 엿보고 촬영물을 팔아넘기려던 30대 남성이 경찰에 체포됐다. 경찰이 파악한 피해 아파트 세대는 총 40만4847개 가구다. 경찰은 월패드 16개에서 촬영된 영상 213개, 사진 약 40만 장 이상을 확보했다.

경찰청 국가수사본부는 아파트에 설치된 월패드를 해킹하고 집안을 몰래 촬영한 영상을 해외 인터넷 사이트에서 판매하려던 이 모 씨를 2022년 12월 14일 정보통신망법 위반 혐의로 검거했다.

이 씨는 2021년 8월부터 11월까지 전국 638개 아파트의 월패드를 중앙관리하는 서버와 각 세대 월패드를 차례로 해킹했다. 해킹한 월패드의 권한을 얻는 방법으로 임의 조작해 집안이 촬영되는 영상물을 확보했다. 한국인터넷진흥원은 2021년 11월 해외 웹사이트에서 국내 아파트 거실 모습으로 추정되는 사진과 영상 등이 확산하는 정황을 확인한 뒤 경찰에 수사를 의뢰했다.

경찰은 이 씨가 해킹과 ▪**디도스** 공격 등 동종 전과가 2건 있었다고 설명했다. 그는 과거 한 언론에서 보안전문가로 소개돼 아파트 중앙관리 서버와 거실에 설치된 월패드 해킹 관련한 문제점을 설명한 전문가이기도 했다.

이 씨는 해박한 IT 보안지식을 바탕으로 자동화된 해킹 프로그램을 직접 제작하고 추적 우회 수법과 보안 이메일 등을 자유롭게 사용해 이 같은 범죄를 저질렀다. 그는 수사기관의 추적을 피하고자 식당이나 숙박업소 등 다중 이용시설에 설치된 무선공유기를 먼저 해킹해 경유지로 활용한 뒤 아파트 단지 서버에 침입하는 치밀함을 보였다.

이 씨는 범행을 통해 확보한 영상과 사진을 지난 11월 해외 인터넷사이트에 판매하려고 시도했다. 당시 그는 게시글에 몰래 촬영한 동영상의 일부 화면 등을 첨부하고 구매에 관심이 있으면 연락하라며 호객 행위까지 했다. 민감한 신체 부위가 촬영된 영상도 있어 경찰은 성범죄 입건 가능성도 검토 중이다.

경찰은 공동주택의 네트워크 보안을 위해서는 월패드 제조업체, 아파트 서버 관리자, 세대 내 월패드 이용자 모두 보안수칙을 준수해야 한다고 당부했다. 또 가정 내 무선공유기 이용자 및 **식당, 카페, 숙박업소 등에 설치된 무선공유기 운영자들도 관리자 계정과 와이파이 접속 비밀번호를 재설정할 것**을 주문했다.

▪ **월패드 (wall pad)**
월패드는 출입문, 전등, 난방 등 집 안의 기능을 제어할 수 있는 지능형 홈네트워크 장치다. 카메라가 달린 게 특징으로, 대체로 거실 벽에 부착돼 가정 내에서 외부 방문자를 확인하는 데 사용하며 방범·방재·조명제어 기능 등도 수행한다. 아파트 세대 간 화상 통화. 인터넷 접속. TV 수신 등의 기능을 제공하는 제품도 출시되고 있다.

■ 디도스 (DDoS, Distributed Denial of Service)

디도스(DDoS)는 여러 대의 공격자를 분산 배치해 동시 동작하게 하여 특정 사이트를 공격하는 해킹 방식 중 하나로 '분산 서비스 거부 공격'이라고 한다. 공격 목표 사이트의 컴퓨터 시스템이 감당할 수 없는 엄청난 분량의 패킷을 보내 네트워크 성능을 저하시키거나 시스템을 마비시키는 수법이다.

이태원 참사 부실 대응 박희영 용산구청장 구속

▲ 박희영 용산구청장

'이태원 참사' 당시 재난에 제대로 대응하지 못했다는 혐의를 받는 박희영 용산구청장이 구속됐다. '이태원 참사'와 관련 경찰 외 타 기관 책임자가 구속된 것은 이번이 처음이다.

서울서부지법 김유미 영장전담 부장판사는 12월 26일 박 구청장과 최원준 용산구청 재난안전과장에 대한 구속 전 피의자심문(영장실질심사)을 진행하고, 구속영장을 발부했다. 법원은 "범죄 혐의에 대한 소명이 있고 증거 인멸 우려가 있다"며 구속 사유를 밝혔다.

박 구청장은 핼러윈 기간 안전사고 예방대책 마련을 소홀히 하고 참사에 부적절하게 대처한 혐의(**■업무상과실치사상**)를 받는다. 최 과장 역시 안전조치 등 책임이 있는 주무 부처 담당자로서 '이태원 참사' 사전 조치와 사후 대응을 미흡하게 대처해 인명 피해를 키웠다는 혐의가 있다. 그는 참사 발생 사실을 알고도 귀가한 것으로 알려졌다.

박 구청장이 이날 구속됨에 따라 '이태원 참사' 수사를 맡은 경찰청 특별수사본부(특수본)의 수사도 탄력을 받게 됐다. 특수본은 이임재 전 용산경찰서장(총경)과 송병주 전 용산경찰서 112상황실장(경정)에 대한 구속영장이 한 차례 기각되자 '**■공동정범**' 법리 구성에 주력해왔다.

'과실범의 공동정범'은 다수의 과실로 인해 결과를 발생시킨 경우 공동으로 죄를 범했다고 보는 법적 용어로, 과거 삼풍백화점과 성수대교 붕괴 등 대형참사가 발생했을 당시 이를 적용해 폭넓은 처벌이 이뤄진 바 있다.

특수본은 '재난 및 안전관리기본법'(재난안전법)에 따라 지자체와 경찰, 소방 등을 '공동정범'으로 묶었다. 이어 재난의 일차적 책임은 지자체에 있다고 판단, 보강 수사를 이어온 바 있다.

이 전 서장 구속에 이어 박 구청장까지 구속되면서 '윗선'을 겨냥한 수사의 연결고리가 만들어졌다는 분석이 나온다. 특수본은 이미 입건된 김광호 서울경찰청장을 비롯해 서울시, 행안부 등에 대해서도 수사에 속도를 낼 수 있을 것으로 보인다. 특수본은 조만간 최성범 용산소방서장과 송은영 이태원역장에 대해서 구속 영장 신청을 검토하면서 수사를 확대할 방침이다.

■ 업무상과실치사상 (業務上過失致死傷)

업무상과실치사상은 업무상 과실로 인하여 사람을 사상에 이르게 한 죄이다. 과실치상이나 과실치사죄는 과실로 인하여 사람의 신체를 상하게 하거나 사망에 이르게 함으로써 성립하는 범죄를 말한다. 곧 상해나 사망의 결과에 대하여 고의가 없고 그것이 과실로 인한 것임을 요한다. 업무상과실이란 일정한 업무종사자가 당해 업무의 성질상 또는 그 업무상의 지위 때문에 특별히 요구되는 주의의무를 태만히 함으로써 결과발생을 예견하거나 회피하지 못한 경우에 해당한다. 보통 과실에 비해 불법 및 책임이 가중됨으로써 중하게 처벌된다.

■ 공동정범 (共同正犯)

공동정범은 2인 이상이 공동의 범행결의하에 실행행위를 분업적으로 역할 분담하여 행동함으로써, 전체적인 범행계획을 실현하는 것으로 실질적으로 공범이 아니라 정범이다. 공동정범이 성립하기 위해서는 주관적 요건인 공동실행의 의사와 객관적 요건으로 공동실행의 사실이 필요하다. 주관적 요건으로서의 공동실행의 의사는 2인 이상이 공동하여 범죄를 실현하는 의사를 말하는 것으로, 이에 따라 공동실행의 의사가 전혀 없는 동시범이나 어느 일방에게나 있는 편면적 공동정범은 공동정범이 아니다. 공동정범은 각자를 그 죄의 정범으로 처벌한다(형법 제30조). 공동정범의 미수는 객관적으로 범행 자체가 미수에 그쳐야 하므로 중지 미수도 공동행위자 중 1명의 중지가 아니라 범죄 자체가 기수(범죄 구성요건 성립)에 이르지 않아야 한다.

20대 빌라왕 사망...
피해 보증금만 57억

HUG 주택도시보증공사

빌라와 오피스텔 수십 채를 자기 돈 한 푼도 없이 전세를 끼고 사들인 20대 집주인이 사망하는 사건이 발생했다. 앞서 40대 집주인이 **주택 240여 채를 사들여 전세를 놓았다가 숨져** 대부분의 세입자들이 전세보증금을 떼일 위기에 처한 사실도 공개되는 등 비슷한 사례가 속출했다.

12월 27일 주택도시보증공사(HUG)와 인천 남동경찰서에 따르면 인천 미추홀구 등에 빌라, 오피스텔 약 60채를 보유한 송 모 씨(27)가 12월 12일 인천 남동구 자택에서 숨졌다. 경찰에 따르면 집에서 송 씨가 쓴 것으로 추정되는 유서가 발견됐다. 경찰은 송 씨가 경제적 어려움 등으로 극단적인 선택을 한 것으로 보고 사건을 종결했다.

송 씨 사망으로 보증금을 떼일 위기에 처한 세입자들은 이날 세종시에서 기자회견을 열고 피해 상황을 호소했다. A 씨는 2021년 1월 전월세 계약을 맺고 한 달 뒤 집주인이 송 씨로 바뀐 것을 알았다.

이후 2022년 10월 보일러 고장으로 수리를 요청하려 송 씨에게 연락했지만 전화기가 꺼져 있었고 씨가 사망했다는 사실을 뒤늦게 알게 됐다. 그는 "HUG는 상속자를 찾아야 한다는 답변만 반복해야 하는데 송 씨 가족들은 모두 연락두절"이라고 했다.

송 씨 주택 중 **전세보증금 반환보증** 보험에 가입한 주택은 46채로 전체 보증금이 57억5000만 원에 이른다. 집주인이 사망할 경우 보증보험에 가입한 세입자는 HUG로부터 대신 보증금을 받는데 어려움을 겪는다. 세입자가 집주인에게 계약 해지를 통보하는 단계부터 차질이 생기기 때문이다. 피해자들은 대부분 20~30대로 집주인이 사망한 전세사기가 조직적으로 이뤄진 정황이 짙다고 강조했다.

주택 240여 채를 매입해 전세를 놓았다가 2021년 7월 사망한 집주인 정 모 씨(43) 사례도 최근 공개됐다. 정 씨는 사망 직전인 2021년 4~7월 집중적으로 전월세 계약을 맺었다. 대부분 대리인을 통한 계약이었다.

피해자들은 정 씨 사망 직후인 지난해 8월 정 씨가 임대보증금 보증보험에 전자서명한 점을 들어 정 씨가 '바지사장'으로 전세사기에 건축주와 브로커 등이 가담했을 수 있는 것으로 보고 있다. 피해자 중 전세보증금 보증보험에 가입한 사람은 10명도 안 되는 것으로 알려졌다. 피해자들은 ▲악성임대인 보유 주택 공지 의무화 ▲피해자 전세자금 대출 연장 등 전세사기 피해 방지를 위한 정부 대책을 촉구했다.

■ 전세보증금 반환보증 (傳貰保證金返還保證)

전세보증금 반환보증이란 전세가격 하락으로 전세입자가 집주인에게 보증금을 돌려받지 못할 경우 기관에서 대신 돌려받을 수 있도록 한 주택도시보증공사(HUG)의 보증 상품이다. 수도권은 전세보증금 7억원 이하, 수도권 외부 지역은 5억원 이하이며, 보증금 반환 채권양도계약을 필수적으로 해야 가입이 가능하다. 대상 주택은 단독·다가구·연립·다세대·아파트·주거용 오피스텔 등이며 보증 한도는 보증대상 주택가격과 주택 유형별 담보인증비율을 곱한 금액에서 선순위채권을 뺀 금액이다. 다만 보증 한도는 주택가격의 90%를 초과할 수 없다.

고'로 전환한다. 다만 언제 의무를 해제할지는 구체적으로 예고하지 않았다. 확진자와 위중증자 등의 4개 지표를 제시하고, 그 중 2개 이상을 충족할 때 실내 마스크 의무를 해제한다.

코로나19 중앙재난안전대책본부(중대본)는 12월 23일 한덕수 국무총리가 주재한 회의를 열고 실내 마스크 착용 의무를 권고로 전환하되 코로나19 유행 상황 및 시설별 위험성 등을 고려해 단계적으로 조정하기로 했다고 중앙방역대책본부(방대본)가 전했다.

중대본이 제시한 실내 마스크 착용 의무 조정 추진 방안은 코로나 확진자 발생이 7차 유행 정점을 지나 안정화하고, 위중증·사망자 추세가 정점을 지나 감소세에 진입하며 의료대응 역량이 안정되게 유지될 때 조정한다는 것이다.

실내 마스크 착용 의무 조정을 위한 지표 중 첫 번째인 '환자 발생 안정화'는 2주 이상 연속 감소를 제시했다. '위중증·사망자 발생 감소'는 전주 대비 감소·주간 치명률 0.10% 이하를 언급했다. '안정적 의료대응 역량'은 4주 내 동원 가능 중환자 병상 가용능력 50% 이상이 조건이다. '고위험군 면역 획득'은 동절기 추가 접종률 고령자 50%·감염취약시설 60% 이상의 참고치를 제시했다.

실내 마스크, 확진자·위중증자 등 조건 충족해야 해제

방역 당국이 코로나19 확산을 막으려는 조치인 실내 마스크 착용 의무를 단계적으로 해제해 '권

현재 4가지 지표 중 주간 치명률(0.08%)과 중환자 병상 가용능력(68.7%)만 참고치를 넘겼다. 조건 4개 중 '1.5개'만 충족한 상태인 셈이다. 이 참고치가 방역 당국의 절대적 판단 기준은 아니다.

실내 마스크 착용 의무 1단계 조정에서는 실내 마스크를 자발적으로 착용할 수 있도록 한다. 다만 고위험군 보호를 위해 의료기관·약국, 일부 사회복지시설(요양병원 등 감염취약시설), 대중교통 내에서는 착용 의무를 유지할 방침이다.

실내 마스크 의무를 모두 해제하는 시점은 현재 '심각'인 코로나19 위기 단계가 '경계'나 '주의'로 하향될 때 또는 코로나19 법정감염병 등급이 현재 2급에서 4급으로 조정될 때다. 의무 조정 이후에도 신규 변이, 해외 상황 변화 등으로 확진자가 급증하거나 의료 대응체계 부담이 증가하면 재의무화 검토도 가능하다는 설명이다.

▌ 실내 마스크 착용 의무 조정을 위한 지표 (2022년 12월 23일 기준·자료 : 질병관리청)

평가 지표	평가 항목	참고치	최근 현황
환자 발생 안정화	주간 환자 발생	2주 이상 연속 감소	증가
위중증·사망자 발생 감소	• 주간 신규 위중증 환자 수 • 주간 치명률	전주 대비 감소 0.10% 이하	증가 0.08%
안정적 의료대응 역량	4주 내 동원 가능 중환자 병상 가동능력	50% 이상	68.7%
고위험군 면역 획득	• 고령자 동절기 추가접종률 • 감염취약시설 동절기 추가접종률	• 50% 이상 • 60% 이상	• 28.8% • 48.9%

(추가 고려사항) 신규 변이 또는 해외 상황에 따라 단기간 내 환자 발생이 급증할 우려가 없을 것

오세훈 "전장연 시위 땐 법적조치...더는 관용 없다"

▲ 전장연 지하철 투쟁

12월 26일 오세훈 서울시장은 전국장애인차별철폐연대(전장연)가 2023년 1월 지하철 시위를 재개하겠다고 발표한 데 대해 "더 이상의 관용은 없다"며 강경 대응을 예고했다. 오 시장은 이날 페이스북에 올린 글을 통해 "시위 재개 선언은 용납할 수 없다"며 "불법에 관한 한 이제 더 이상의 관용은 없다"며 이렇게 말했다.

오 시장은 "1년 넘게 지속된 지하철 운행 지연 시위에도 시민들은 사회적 약자에 대한 배려로 극도의 인내심을 보여 주셨다"라면서도 "그러나 서울시장으로서 이제 더 이상 시민의 피해와 불편을 방치할 수는 없다"고 강조했다.

오 시장은 "시위현장에서의 단호한 대처 외에도 민·형사상 대응을 포함해 필요한 모든 법적인 조치를 다 하겠다"라면서 "서울시정 운영 기조인 '약자와의 동행'이 불법까지도 용인하겠다는 뜻은 결코 아니다"라고 덧붙였다.

앞서 오 시장은 전장연 측에 국회 예산안 처리 때

까지의 시위를 중단할 것을 제안하여 전장연 측이 이를 받아들였다. 그러나 전장연은 국회 본회의를 통과한 2023년도 정부 예산에 단체가 요구한 장애인 권리 예산의 0.8%만 반영됐다며 시위를 재개한다고 밝혔다.

서울교통공사, 전장연 시위 첫 실력 저지

새해 첫 출근일인 1월 2일 전장연은 서울지하철 4호선 삼각지역에서 13시간 동안 지하철 탑승 시위를 벌였다. 서울교통공사(이하 공사)와 경찰이 이들의 탑승을 실력으로 저지하며 극심하게 대치했고 퇴근길 열차를 비롯해 지하철 4호선 13대가 삼각지역을 무정차 통과했다. 공사 측이 전장연의 지하철 탑승 시위를 실력으로 저지한 것은 이번이 처음이다.

지난 12월 19일 서울중앙지법은 공사가 전장연과 박 대표 등을 상대로 낸 손해배상 소송에서 강제조정안을 냈다. 공사가 2024년까지 19개 역사에 엘리베이터를 설치하고 전장연은 열차 운행 시위를 중단하는 조건이다. 법원은 **지하철 승하차 시위로 5분을 초과해 운행을 지연시키면 전장연이 공사에 1회당 500만원을 지급하도록 했다.**

➕ 전장연 2023년도 투쟁 예고...해결 방안 없나
전장연은 1월 3일 2023년에도 주말과 공휴일을 제외한 모든 날에 지하철 4호선에서 출근길 선전전을 진행하겠다고 선언했다. 지난 1년간 출근길 지하철 승객들의 원성이 극에 달했던 전장연 투쟁이 2023년에도 재현될 가능성이 높다. 전장연의 요구 사항은 장애인 이동권을 보장하라는 것인데 예산과 입법을 담당하는 정부와 국회가 이들의 요구를 들어주지 않기에 전장연은 똑같은 요구를 외치며 투쟁을 반복하고 있다. 전장연은 2022년 장애인 권리 예산을 1조3044억원 증액해달라고 정부와 국회에 요구했고 여야가 6653억원을 증액하기로 합의하자 지하철 투쟁을 멈출 의향을 나타내기도 했다. 그러나 기획재정부의 반대로 예산은 당초 증액요구분의 0.8% 수준인 106억원만 반영됐고 전장연은 투쟁을 재개한 것이다. 전문가들은 출근길 승객을 볼모로 잡는 전장연의 투쟁 방식에 문제가 있다고 지적하면서도 문제 해결을 위한 소통과 설득에 소극적인 정부와 서울시의 책임도 크다고 꼬집는다. 예산의 한계 내에서라도 장애인들이 대중교통을 편리하게 이용할 수 있는 조치를 고민해야 한다는 주장이 나온다.

'택시기사·연인 살해범' 31세 이기영 신상공개

▲ 택시기사·동거녀 살해범 이기영 (자료 : 경기북부경찰청)

파주에서 택시기사를 살해해 시신을 옷장에 숨기고 전 여자친구도 살해해 시신을 하천에 유기한 혐의로 구속된 이기영(31)의 신상이 공개됐다.

12월 29일 경기북부경찰청은 이날 오후 1시 경찰 내부위원 3명·외부위원 4명으로 구성된 신상정보 공개 심의위원회를 거쳐 1991년생 이기영 씨의 신상을 공개했다. 공개된 얼굴은 이 씨의 운전면허증 사진이다.

이 씨는 12월 20일 오후 11시께 고양시에서 음주운전을 해 택시와 사고를 낸 뒤 "합의금과 수리비를 많이 주겠다"며 택시기사 A 씨를 파주시 아파트로 데려와 둔기로 살해하고 시신을 옷장에 숨긴 혐의를 받고 있다.

경찰은 구속된 이기영을 조만간 검찰에 송치하기로 했다. 경기 일산동부경찰서는 살인 및 사체유기 혐의로 구속된 이기영을 오는 1월 4일 검찰에 송치했다.

경찰은 이기영의 강도살인 혐의 입증에 주력했다. 경찰은 이기영이 사건 당시 숨진 택시기사에게 합의금이나 수리비를 줄 수 있는 경제력을 갖고 있지 않았고, 이전에도 경제적으로 어려운 상황에 놓여 있던 점 등을 미뤄 돈을 빼앗기 위한 계획성이 있다고 보고 있다.

한편, 이기영이 검찰로 이송되는 과정에서 실물이 공개될지에 대해서도 관심이 쏠리고 있다. 공개된 **이기영의 사진은 과거 발급받은 운전면허증 사진으로, 실물과 전혀 다르다는 목격담이 많아 논란**이 일어난 바 있다. 이 때문에 흉악범들의 ■**머그샷** 공개를 전향적으로 검토해야 한다는 의견이 많다.

■ 머그샷 (mug shot)
머그샷은 체포된 범인을 촬영한 사진이다. 18C에 머그(mug)란 말이 얼굴의 은어로 쓰였던 데서 유래했다. 미국과 유럽 등 선진국은 언론에서 용의자의 머그샷을 공개하는 것이 일반적으로 가능한 데 비해 우리나라는 일반적으로 머그샷 공개를 하지 않고 있다.

➕ 피의자 신상공개 (被疑者 身上公開)
피의자 신상공개란 특정강력범죄의 처벌에 관한 특례법 8조의 2(피의자의 얼굴 등 공개)에 따라 해당 기준 충족 시 피의자의 얼굴 등 신상을 공개하는 것을 말한다. 2009년 강호순 연쇄살인사건 이후 흉악범의 얼굴을 공개해야 한다는 여론이 높아지면서 2010년 4월 해당 규정이 신설됐다.
신상정보 공개의 타당성 여부는 총 7명으로 구성된 신상정보 공개 심의위원회의 판단에 따라 결정된다. 위원회의 4명 이상은 각 경찰청·경찰서 소속 의사, 교수, 변호사 등 외부전문가로 위촉된다.

"부스터샷도 소용없다"... 최악 '변이' 이미 국내 유입됐다

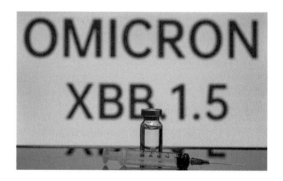

미국에서 빠르게 확산하고 있는 코로나19 ■**XBB.1.5 변이**가 국내에도 이미 유입된 것으로 나타났다. 1월 2일 질병관리청은 "XBB.1.5가 지난해 12월 8일 국내에서 첫 확인됐다"며 "지금까지 국내 6건, 해외 유입 7건 등 총 13건이 확인됐다"고 밝혔다.

재조합 변이바이러스인 XBB는 지난해 10월 초 국내에 유입된 사실이 알려졌으나 XBB.1.5의 경우 통계에 별도로 집계되지 않았다. **XBB.1.5는 오미크론의 최신 하위변이 중 하나로, 더 높은 면역 회피력을 무기로 최근 미국에서 급속히 퍼지고 있는 바이러스다.**

12월 31일 외신 등에 따르면 미국 질병통제예방센터(CDC)는 XBB.1.5 감염에 의한 발병률이 최근 1주일 새 약 2배 증가했다고 밝혔다. XBB.1.5 변이 검출률은 41%가량으로 곧 우세종화될 것으로 전망된다.

컬럼비아대학교 연구진이 최근 XBB 하위변이가 코로나19 치료제인 이부실드 뿐 아니라 개량 백신에 대한 저항력까지 갖췄다는 연구 결과를 발표하면서 우려가 더욱 커지는 상황이다.

질병청에 따르면 1월 11일 기준 우리나라에서 검출되는 변이의 69.5%는 BA.5 세부계통으로 이중 BA.5은 50.0%, BQ.1은 7.7%, BQ.1.1은 5.0%다. 그 외에는 BA.2.75가 7.9%, BA.2.75의 하위변이인 BN.1이 20.6%를 차지하고 있다. XBB.1.5를 포함한 하위 변이는 4.2%다.

■ XBB.1.5 변이

XBB.1.5 변이는 '스텔스 오미크론'으로 불린 BA.2에서 파생된 하위변이로, XBB는 2022년 8월 인도에서 처음 확인됐다. 이 가운데 XBB.1.5는 2022년 10월 미국 뉴욕에서 처음 발견되었다. 그리고 처음 발견된 지 2개월여 만에 최소 29개국으로 확산됐으며, 우리나라에는 2022년 12월 8일 그 유입이 처음 확인된 바 있다. XBB.1.5는 바이러스의 스파이크(돌기) 단백질에 14가지의 새로운 변이를 갖고 있어 면역 회피력이 더 높다는 것이 특징이다.

'비혼 선언' 직원에 축하금 지급 논란

한 이동통신사가 ■비혼을 선언한 직원에게 기본급 100%와 유급휴가 5일을 주는 제도를 시행한 이후 1월 2일 첫 대상자가 나왔다고 밝혔다. 비혼을 선언한 직원이 받는 혜택은 결혼 축하 혜택과 같으며, 지급 대상은 근속 5년 이상, 만 38세 이상으로 별도 증명이나 확인 절차는 필요 없으며, 회사 경조 게시판에 비혼 선언을 등록한 뒤 신청하면 된다.

이 같은 비혼 선언 직원 장려금 지급에 네티즌의 반응이 엇갈리고 있다. 먼저 비혼에 대해 긍정적인 반응을 보인 네티즌은 "**비혼 선언한 사람들은 이렇게라도 혜택을 받아야 기혼자들과 형평성에 맞는 것 같다.** 앞으로 회사에서도 결혼 유무에 경계 없는 평등한 복지 정책이 마련됐으면 좋겠다"라는 반응을 보였다.

비혼을 장려한다는 비판에 대해서는 "결혼 축하금 받으려고 결혼하는 사람이 있을 리가 없듯이 비혼 축하금 준다고 결혼하려다가 도로 비혼할 사람도 없다"고 일축했다.

반면 상당수 다른 네티즌은 "**현실은 인구 감소에 점점 결혼을 안 하려는 추세인데 기업에서 오히려 비혼을 장려**하고 있다"고 비판했다. 다른 네티즌은 "군이 비혼 선언을 하고 그것을 게시판에 올러야 지원을 해주냐"면서 "취지는 알겠는데 너무 구차해진다"고 지적한 네티즌도 있었다. 몇 년 이상 회사에 재직하면서도 일정 나이까지 결혼지 원금 혜택을 받지 않은 사람들에겐 결혼한 사람 들한테 주는 혜택과 유사한 혜택을 주면 된다는 대안도 나왔다.

해당 통신사에 따르면, 비혼 지원금을 받은 직원 이 추후 선언을 철회하고 결혼할 경우에는 결혼 축하금과 휴가가 제공되지 않는다. 또 비혼 선언 후에는 2년의 근속 기간을 채워야 하며, 그 전에 퇴사 등을 하게 될 경우 지원금을 회사에 반납해 야 한다.

■ 비혼 (非婚)

비혼은 혼인신고 상태에 있지 않은 것을 말한다. 기혼주의를 당연시하던 시절에는 혼인신고를 하지 않은 상태를 미혼(未婚)이라고 했다. 혹은 독신(獨身)이라는 용어도 썼다. 미혼이라는 어휘가 '혼인은 반드시 해야 하는 것이나 아직 하지 않은 상태'라는 의미를 담고 있다는 비판의식에 기반하여 비혼은 '혼인 상태가 아님'이라는 보다 주체적인 의미로 여성학계에서 사용하기 시작하다가 나중에는 일반인들도 흔히 쓰는 개념이 되었다. 비혼이 대세를 형성하면서 1인 가구가 증가하고 비혼공동체도 등장했으며 주택청약이나 의료법 등에 대한 정책 개선 요구도 활발해졌다. 또 혼인과 상관관계가 큰 연애 행위에 대해서도, 비연애 상태를 긍정하는 사회적 인식이 자리 잡았다.

이상직·文 사위로 향한 검찰 수사… "타이이스타젯 실소유 확인 중"

검찰이 이스타항공 창업주인 이상직 전 의원의 중소벤처기업진흥공단(중진공) 이사장 임명과 문 재인 전 대통령 사위 서 모 씨의 타이이스타젯 취

EASTAR JET

업 사이 대가성을 따지는 절차에 착수할 방침인 것으로 전해졌다. 검찰은 이 전 의원이 태국계 항 공사인 타이이스타젯을 실소유했는지 확인하는 단계라고 설명하지만, 이는 대가성을 밝히기 위 한 '바닥 수사'로 볼 수 있다는 게 법조계의 시선 이다.

검찰은 이스타항공 전·현직 직원들의 이메일 송· 수신 내역 등을 통해 타이이스타젯과 관련한 의미 있는 증거를 확보한 것으로 알려졌다. 검찰은 증 거물을 토대로 이 전 의원이 타이이스타젯을 자 신의 지배하에 두고 있었는지 확인하고 있다.

수사를 통해 이 전 의원의 타이이스타젯 실소유 가 확인되면 서 씨의 취업을 '뇌물'로 볼 개연성이 커진다. 이 전 의원이 2018년 3월 중진공 이사장 으로 임명된 지 4개월 뒤 서 씨가 타이이스타젯 전무이사로 채용되는 과정의 '뒷거래' 여부를 규 명하는 게 검찰의 최종 수사 방향이다.

다만 비행기 티켓을 파는 자그마한 태국 항공회 사의 전무 자리와 중진공 이사장 자리가 '등가 교 환'이 가능하냐는 부정적 시각도 있다. 이스타 항공 승무원 등 채용 비리 사건으로 구속된 이 전 의원은 묵비권을 행사하고 있는 것으로 알려 졌다.

검찰은 증거물 분석을 마치는대로 박 대표의 신 병 확보, 서 씨 소환 조사 등을 거칠 예정이다. 법 조계 관계자는 "이스타항공 횡령·배임 사건에서 볼 수 있듯, 타이이스타젯도 이상직의 지배 아래

있었던 회사로 보인다"며 "이 관계가 명확해져야 71억원대 타이이스타젯 배임 사건, 서 씨 취업의 대가성이 순차적으로 풀릴 것"이라고 말했다.

수도권 출퇴근 시간 30분대로...
GTX 2025년 하반기 전 구간 개통

▲ 2022년 12월 29일 서울 강남구 수서역에서 삼성–동탄 광역급행철도(GTX-A) 터널 공사 현장이 공개되고 있다.

정부가 올해 수도권광역급행철도(■**GTX**) 조기 구축과 지역 교통망 활성화를 본격적으로 추진한다. 미래 모빌리티 시대를 맞아 자율주행차와 UAM(도심항공교통) 상용화를 위한 지원을 강화하고, 관련 규제도 개선할 방침이다. 국토교통부는 1월 3일 청와대 영빈관에서 윤석열 대통령에게 이러한 내용이 담긴 2023년 업무계획을 보고했다.

국토부는 수도권 출퇴근 시간을 30분대로 단축하기 위해 GTX 적기 개통에 나선다. **경기 파주 운정역에서 서울 삼성역을 거쳐 화성 동탄역까지 82.1km 구간을 잇는 GTX-A**는 2024년 상반기 수서~동탄 구간부터 순차적으로 개통한다. 2024년 하반기에는 운정~서울역 구간을 개통하고, 2025년 하반기 전 구간을 개통할 예정이다. 삼성역은 2028년 연결된다.

인천과 남양주까지 수도권을 동서로 관통하는 GTX-B와 경기 양주와 수원을 연결하는 GTX-C도 조속히 착공할 방침이다. GTX-B는 내년 상반기 재정 구간부터 단계적으로 착공하고, GTX-C는 우선협상대상자와 협상을 거쳐 올해 상반기 실시협약을 체결해 하반기 착공한다. GTX 연장과 D·E·F 등 추가 노선에 대해서는 노선별 추진방안을 6월까지 수립해 국가 계획에 반영하고, 예비타당성조사를 추진한다.

■ **GTX (Great Train eXpress)**
GTX란 수도권 외곽에서 서울 도심의 주요 거점을 연결하는 수도권 광역급행철도로, 2007년 경기도가 국토교통부(당시 국토해양부)에 제안해 추진됐다. 기존 수도권 지하철이 지하 20m 내외에서 시속 30~40km로 운행되는 것에 비해 GTX는 지하 40~50m의 공간을 활용, 노선을 직선화하고 시속 100km 이상(최고 시속 200km)으로 운행하는 신개념 광역교통수단이다. GTX는 앞서 A(경기 파주 운정~화성 동탄역), B(인천 송도~경기 마석역), C노선(경기 양주~경기 수원역) 등 3개 노선이 예비타당성조사를 통과했다. GTX-D 노선은 김포 장기에서 부천종합운동장까지 건설된다.

분야별
최신상식

국제
외교

中 관광객 사실상 막는다...
美·日보다 '고강도 방역'

■ 제로 코로나 (zero corona)
제로 코로나는 코로나19 확진자 발생 시 봉쇄 조치를 하는 등 강도 높은 규제로 바이러스의 전파를 막는 정책이다. 주로 중국 등에서 시행하고 있다. 대표적으로 2022년 3월 중국 정부는 제로 코로나 정책에 따라 6월 1일까지 상하이 전체를 봉쇄했다. 이에 중국 경제가 급랭했다. 중국인들의 격렬한 반발로 2022년 12월 중국 당국은 제로 코로나 정책을 철회했으나 이후 코로나19 확진자가 폭증하고 있어 2023년 경제 상황도 낙관하기 힘들 전망이다.

PCR 검사·비자 발급 제한 등 장벽 설치

방역 당국이 12월 30일 입국 전후 코로나19 검사 의무화 등을 담은 '중국발 입국자 방역 강화 조치 방안'을 내놨다. 중국발 입국자를 대상으로 미국은 입국 전 음성 확인서 제출을, 일본은 입국 후 코로나19 검사를 각각 의무화했는데 한국은 두 가지를 모두 의무화했다.

정부가 이날 내놓은 대책에 따르면 **2023년 1월 5일부터 입국 후 유전자증폭(PCR) 검사 의무화는 물론 입국 전 48시간 이내 PCR 혹은 24시간 이내 신속항원검사(RAT) 음성 확인서를 제출해야만 중국발 한국행 비행기에 탈 수 있다.** 아울러 중국에서 들어오는 내국인은 검사 결과가 나올 때까지 자가격리, 외국인은 공항에 대기하기로 조치를 취했다.

여기에 단기 체류 외국인의 경우 검사·격리 비용을 본인이 부담하도록 하는 장벽도 세웠다. 정부는 중국발 입국자의 PCR 검사 비용과 단기 체류 외국인 중 확진자의 격리 비용을 모두 입국자가 부담하도록 했다.

단기 비자 발급 제한, 항공편 증편 제한 등 이중·삼중의 방역 조치도 더했다.

유전체(한 종의 유전정보를 저장하는 DNA 염기들의 전체, 총유전체라고도 함)' 분석을 통한 변이주 모니터링의 목적도 있다"고 전했다.

다만 일각에서는 정부의 고강도 조치가 특별한 효과를 거두지 못하고 중국 내 반한 감정만 키울 수 있다는 지적도 나온다. 과거의 경험에 비춰볼 때 특정 국가에 대한 방역 조치만으로는 바이러스 유입을 완전히 막기는 어렵다는 것이다.

1월 2일부터 31일까지 한 달간 중국 내 공관의 단기 비자 발급을 외교·공무 수행, 필수적 기업 운영, 인도적 사유 등의 목적으로만 제한했다. 당분간 중국인이 관광 목적으로 한국을 방문하기는 사실상 불가능해지는 것이다. 항공편도 일부 축소하고 추가 증편을 제한한다.

초강수 정책...중국의 영향 우려

정부가 중국 정부의 눈치를 살피지 않고 초강수 방역 조치를 시행하기로 한 것은 중국의 '▪제로 코로나' 정책 폐기가 국내 방역 상황에 심각한 악영향을 미칠 수 있다는 우려 때문이다.

지영미 질병관리청장은 "우리나라는 중국과 지리적으로 인접해 있고 인적 교류가 굉장히 많은 국가"라며 "2020년에도 중국의 영향을 가장 먼저 많이 받았다"고 배경을 설명했다.

방역 당국은 중국발 신규 변이 출몰에 대응하기 위해 입국 후 PCR 검사를 의무화했다. 방역 당국 관계자는 "입국 후 PCR 검사 의무화는 '전장

➕ 중국 보복...한국인 비자 수속 정지

중국이 한국과 일본의 중국발 입국자 방역 강화 조치에 대한 보복 조치로 한국·일본 국민에 대한 중국행 비자 발급을 1월 10일 중단했다. 이에 따라 취업 및 유학 등으로 중국에 머무는 가족을 만나거나 개인 사정으로 단기간 체류가 필요한 경우 받는 방문 비자(S2), 비즈니스와 무역 활동을 위해 중국에 체류할 수 있는 상업무역 비자(M)는 이날부터 발급이 중단됐다. 관광 비자(L) 등은 코로나19 발생 이후 현재까지 발급되지 않고 있다. 다만 취업비자(Z), 가족 동거 장기비자(Q1), 장기 유학비자(X1), 가족 방문 장기비자(S1) 등 장기 비자는 영향을 받지 않을 것으로 알려졌다.

POINT 세 줄 요약

❶ 방역 당국이 입국 전후 코로나19 검사 의무화 등을 담은 '중국발 입국자 방역 강화 조치 방안'을 내놨다.

❷ 단기 비자 발급 제한, 항공편 증편 제한 등 이중·삼중의 방역 조치도 더했다.

❸ 정부가 초강수 방역 조치를 시행하기로 한 것은 중국의 '제로 코로나' 정책 폐기가 국내 방역 상황에 심각한 악영향을 미칠 수 있다는 우려 때문이다.

중국, 1월 8일부터 입국자 시설격리 폐지

중국 국가위생건강위원회(위건위)와 국무원 합동 방역기구 등 방역 당국은 2023년 1월 8일부터 코로나19에 적용해온 최고강도의 '갑'류 감염병 방역 조치를 해제하기로 했다고 12월 26일 밝혔다.

중국은 2020년 1월 코로나19를 감염병예방법 규정상 '을'류 감염병으로 규정하면서도 방역 조치는 '갑'류에 맞춰왔는데, 2023년 1월 8일부터는 방역 조치도 '을'류 시스템에 따르겠다는 것이다.

이에 따라 출입국 관련 방역 최적화 조치로 해외 입국자들은 중국에서 지정된 호텔 등 별도의 격리시설을 거치지 않고, 일정 기간 재택 격리 또는 건강 모니터링만 하게 된다. 현재 중국 정부 규정상 해외 입국자는 5일 시설격리에 3일 자가격리 등 8일간 격리를 하게 돼 있다.

또 중국 정부는 중국에 입국하려는 이들에 대한 방역 관련 요구 사항도 간소화했다. 출발 48시간 전에 실시한 ▪PCR 검사 음성 결과가 있으면 입국할 수 있으며, 출발지 소재 중국대사관 또는 영사관에 건강 코드를 신청할 필요가 없어졌다. 또

해외에서 온 이들은 입국 후 더 이상 PCR 검사를 받지 않아도 된다. 이에 따라 입국 후 공항에서 실시하는 건강 신고와 일반적 검역 절차에서 이상이 없으면 곧바로 중국 사회에 발을 들일 수 있다고 중국 당국은 전했다.

국내 방역 대책과 관련해 중국 정부는 코로나19 감염자에 대해 격리 조치를 시행하지 않으며, 밀접 접촉자 판정도 하지 않기로 했다. 또 감염 고위험 또는 저위험 지역을 따로 지정하지 않고, 입국자 및 화물에 대해 '감염병 검역 관리 조치'도 더는 취하지 않는다.

중국은 해외 여행 회복을 위해 그간 제한해온 자국민에 대한 일반 여권 발급도 점진적으로 정상화하기로 했다. 중국 국가이민관리국은 12월 27일 홈페이지 공지를 통해 "중국 국민의 해외 관광, 친구 방문을 이유로 한 일반 여권 신청 접수 및 심사·허가를 질서 있게 회복할 것"이라고 밝혔다.

중국 정부는 코로나19의 공식 명칭을 '신형 코로나형 바이러스 폐렴'에서 '신형 코로나형 바이러스 감염'으로 변경할 것이라고 밝혔다. 당국은 명칭에서 폐렴을 뺀 이유에 대해 "(2020년) 초기 감염 사례 대부분에선 폐렴 증세가 있었지만 오미크론 변이가 주종이 된 이후 극소수 사례에서만 폐렴 증세가 있다"고 설명했다.

홍콩 사우스차이나모닝포스트는 중국 정부의 이번 결정에 대해 "지난 3년간 고수해왔던 '제로 코로나'에서 벗어나 '위드 코로나'로 전환하기 위한 마지막 단계"라고 평가했다.

■ **PCR (Polymerase Chain Reaction)**

PCR(중합효소연쇄반응)은 DNA에서 원하는 부분을 복제·증폭시키는 분자생물학 기술로서, 유전자증폭기술이라고도 한다. PCR은 사람의 게놈처럼 매우 복잡하고 양이 지극히 적은 DNA 용액에서 연구자가 원하는 특정 DNA 단편만을 선택적으로 증폭시킬 수 있다. 예를 들어 환자로부터 채취한 검체 안에 확인하고 싶은 코로나19 바이러스 유전자가 너무 적으면 유전정보를 확인하기가 어려워지는데 PCR 검사로 유전자를 다량으로 증폭해 보다 쉽게 바이러스 유전자 유무를 확인할 수 있도록 한 것이다. 이를 통해 PCR 검사는 의료, 분자생물학, 범죄수사, 생물 분류 등 DNA를 취급하는 작업 전반에서 중요한 역할을 담당하고 있다. 코로나19 팬데믹 상황에서도 PCR 검사는 진단 시간을 대폭 줄이는 데 기여했다.

미 하원 특위 '트럼프 처벌해야'... 사상 첫 전직 대통령 기소 권고

▲ 도널드 트럼프 전 미국 대통령

2021년 1월 6일 발생한 미 의사당 폭동 사태를 선동한 혐의로 도널드 트럼프 전 미국 대통령을 기소해야 한다고 미국 하원 특별위원회가 밝혔다. **미 의회가 전직 대통령에 대한 형사처벌을 권고한 것은 미 역사상 처음**이다. 2024년 대선 출마를 선언한 트럼프 전 대통령에게 악재로 작용할 전망이다.

미 하원 특위는 지난 12월 19일(현지시간) 회의를 열고 트럼프 전 대통령을 반란 선동 및 방조, 의사 집행 방해, 미국을 속이고 잘못된 결정을 내리게 한 음모 등 4개 혐의를 적용해 기소할 것을 법무부에 권고했다.

특위는 트럼프 전 대통령이 불법적인 방법을 사용해 대선 결과를 전복하려고 시도한 사실을 상세하게 설명했다. 트럼프 전 대통령이 선거 결과를 조작하기 위해 핵심 경합주 선거 관리인과 주 사법 관계자 등에 강압을 행사했고, 마이크 펜스 당시 부통령에게 최종 선거인단 투표 인증 절차를 중단하도록 압박했다고 지적했다.

특히 트럼프 전 대통령의 대선 결과 불복 움직임이 1월 6일 의회폭동 사태로 이어졌다고 지적했다. 보고서 요약본은 **"트럼프가 2020년 대선 결과를 뒤집기 위해 선거일 밤부터 1월 6일, 그리고 그 이후까지 의도적으로 거짓된 '선거 부정' 주장을 확산했다"**며 "이 같은 거짓 주장이 그의 지지자들이 1월 6일 폭력에 가담하도록 부추겼다"고 밝혔다.

특위 결정은 어디까지나 상징적 조치로 법무부가 실제로 트럼프 전 대통령을 기소하도록 강제할 수는 없다. 그럼에도 의회 차원에서 전례 없이 전직 대통령에 대한 형사처벌을 권고했다는 점에서 트럼프 전 대통령에겐 상당한 정치적 부담이 따를 전망이다.

➕ **1·6 미국 국회의사당 폭동**
1·6 미국 국회의사당 폭동은 2021년 1월 6일, 2020년 미국 대통령 선거의 부정선거 음모론을 주장하는

도널드 트럼프 당시 제45대 미국 대통령을 지지하는 폭도들이 제46대 대통령 당선인 조 바이든에 대한 연방 의회의 공식 차기 연방 대통령 인준을 막기 위해 의회의 대통령 선거 인증일에 미국 국회의사당을 무력 점거했다가 진압된 사건이다. 민주당이 비밀 관료 집단을 통해 국가를 통제한다는 딥스테이트 음모론을 신봉하는 큐어넌(Qanon) 등 극우 세력이 트럼프를 지지하며 폭동을 촉발시켰다. 미국 최상위 의사 결정 기관이 자국민에 의해 물리적 피해를 본 것은 역사상 처음 있는 일이었다.

바이든-젤렌스키 정상회담, 우크라이나 지원 재확인

조 바이든 미국 대통령과 볼로디미르 젤렌스키 우크라이나 대통령이 12월 21일(현지시간) 정상회담을 갖고 러시아의 우크라이나 침공에 맞서 양국의 결속과 미국의 지속적인 지지를 재확인했다. 또한 미국은 젤렌스키 대통령의 방미에 맞춰 우크라이나에 대한 추가 군사 지원을 발표했다.

이날 **젤렌스키 대통령은 우크라이나 전쟁 이후 처음으로 미국을 방문**해 백악관을 찾았다. 우크라이나 전쟁 300일을 맞아 이뤄진 이번 방미는 전쟁 발발 후 젤렌스키 대통령의 첫 외국 방문이기도 하다.

바이든 대통령은 질 바이든 여사와 함께 백악관 앞으로 나와 젤렌스키 대통령을 맞이했고, 그의 어깨에 손을 얹으며 친근감을 드러냈다. 공식 환영 행사 후 두 정상은 대통령 집무실에서 약 2시간 가량 우크라이나 전쟁 장기화에 대한 대책을 논의했다.

두 정상은 우크라이나에 대한 러시아의 공세를 규탄하며, 우크라이나 영토를 끝까지 지켜내겠다는 의지를 교환했다. 바이든 대통령은 "미국은 전쟁이 이어지는 한 우크라이나와 함께할 것"이라며 **우크라이나에 대한 185억달러**(약 2조3000억원) **규모의 추가 군사 지원**에 나설 것이라고 말했다. 지금까지 미국이 우크라이나에 한 지원 중 단일 지원으로는 가장 큰 규모다.

앞서 토니 블링컨 국무장관은 젤렌스키 대통령의 방미에 맞춰 이 같은 지원계획을 발표했다. 특히 이번 지원에는 처음으로 적 항공기나 미사일에 대한 장거리 요격이 가능한 패트리엇 방공 미사일이 포함됐다.

푸틴, 국방력 강화 계획 발표
푸틴 러시아 대통령은 젤렌스키 대통령의 방미 시점에 맞춰 ■**대륙간탄도미사일**(ICBM) 배치와 병력 확대 등 국방력 강화 계획을 밝혔다. 전쟁에서 물러설 뜻이 없음을 분명히 한 것이다. 그는 이날 열린 러시아 국방부 이사회 확대 회의에서 "러시아 핵전력은 전투 준비가 돼 있다"면서 "정부는 군대에 무한한 재정적 지원을 할 것"이라고 약속했다. 또한 푸틴 대통령은 차세대 ICBM인 사르트르가 조만간 실전 배치될 것이라고도 예고했다.

또한 푸틴 대통령은 자신의 최측근인 드미트리 메드베데프 러시아 국가안보회의 부의장을 베이징으로 보내 중국과의 연대 강화에 나섰다. 메드베데프 부의장은 시진핑 중국 국가주석과 만나 전략적 협력 강화에 뜻을 모았다.

■ 대륙간탄도미사일 (ICBM, Inter-Continental Ballistic Missile)

대륙간탄도미사일(ICBM)이란 핵탄두를 장착하고 한 대륙에서 다른 대륙까지 대기권 밖을 비행하여 발사되는 사정거리 6400km 이상, 로켓엔진으로 추진하는 탄도미사일을 말한다. ICBM은 핵탄두를 장착하고 있고 대부분 관성유도방식에 의해 한 대륙에서 다른 대륙까지 대기권 밖을 비행하여 적의 전략목표를 공격한다. 액체·고체 연료를 사용한 다단식(多段式) 로켓으로 1500~3500km의 고공에 쏘아 올리며 400~500km의 거리에서 레이더에 의한 제어가 가해지면 엔진의 가동이 중단되고 그 이후는 속도벡터에 의해 역학적으로 결정되는 탄도를 비행하여 목표에 도달한다. 최초의 ICBM은 1957년 소련에서 개발한 'R-7'으로, 세계 최초의 인공위성인 '스푸트니크 1호'가 이 미사일에 실려 발사된 바 있다.

미국 덮은 한 세기 만의 한파

미국이 전국을 덮친 겨울 폭풍으로 최악의 크리스마스를 맞았다. 기록적인 한파에 한 치 앞을 볼 수 없는 눈 폭풍이 겹치면서 수백 명이 고립되고 사망자가 속출했다. 일부 지역에선 체감온도가 영하 45도까지 떨어지는 등 미 곳곳에서 역대 최악으로 꼽히던 1989년 크리스마스 한파의 기록들을 갈아 치웠다. 미국 국립기상청(NWS)은 주말까지 혹한이 이어질 것이라고 전망했고 피해가 더 커질 것이란 우려가 나왔다.

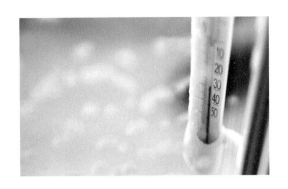

미 기상청에 따르면 12월 25일(동부 시간 0시 기준) 전체 50개 주 가운데 46개 주에 한파 주의보나 폭풍 경보 등이 발령됐다. 특히 미국 중부와 동부에서 한파 피해가 급속히 확산했다. 캐나다와 국경을 접한 노스다코타주 일부 지역은 전날 24일 섭씨 영하 30도로 기온이 떨어져 체감온도가 한때 영하 45도를 기록했다. 미네소타주와 위스콘신주 역시 이날 체감온도가 영하 30~40도까지 떨어졌다.

뉴욕은 이날 영하 13도(체감온도 영하 22도)로 **1906년 이후 116년 만에 가장 추운 크리스마스이브**를 맞이했다. 남부 지역에도 이상한파가 덮쳐 조지아주와 플로리다주는 기상 관측 이래 크리스마스이브 기준 역대 최저 기온을 기록했다. 텍사스 역시 일부 지역이 영하 10도까지 떨어졌다.

미국을 덮친 한파는 북극 주변의 차갑고 건조한 '■극 소용돌이'가 남하한 데 따른 것으로 분석된다. 여기에 북동부 지역에선 눈 폭풍과 시속 105km의 '태풍급' 강풍까지 겹쳐 가시거리가 거의 '제로'로 떨어졌다.

미국인들의 대이동 기간인 크리스마스를 덮친 한파로 인명사고도 잇따랐다. 오하이오주에선 폭설로 미끄러진 트레일러가 중앙 가드레일을 넘어 반대편 차로를 침범하면서 46중 추돌 사고가 발생해 8명이 사망했다. 또 콜로라도에선 캠핑에 나섰던 2명의 여행객이 따뜻한 곳을 찾아 헤매다 발전소 건물 밖에서 숨진 채 발견되는 등 미국 전역에서 최소 28명이 한파로 사망했다고 NBC가 보도했다.

■ 극 소용돌이 (polar vortex)
극 소용돌이(폴라보텍스)는 북극과 남극 대류권 중상부와 성층권에 위치하는 소용돌이 한랭 기류다. 극 소용돌이는 주변에 제트기류가 강하게 형성되면 내려오지 않지만 제트기류가 약해지면 남하해 한파 피해를 준다.

➕ 유럽의 겨울이 사라졌다
극지방 폭풍의 영향으로 극심한 한파가 덮친 북미와 대조적으로 프랑스 등 중서부 유럽은 10도의 '따뜻한 겨울'이 계속되고 있다. 프랑스 기상청은 12월 29일(현지시간) 수도권인 일드프랑스를 비롯해 대부분 지역의 낮 최고기온이 11도 이상을 기록할 것이라고 예보했다. 지중해 코르시카섬의 예상 낮 최고기온은 17도였다. 북미의 강추위와 프랑스의 이상고온이 서로 연결된 현상이라는 분석도 나온다. 북미를 덮친 극지방 폭풍이 수천 km의 대서양을 건너오면서 따뜻해진 한편 북아프리카의 고온을 유럽 쪽으로 끌어들여 이상고온 현상이 일어나는 것이라고 프랑스 민영방송 TF1은 설명했다.

한국, '세계에서 가장 강력한 국가' 6위

미국 시사전문지 US뉴스앤월드리포트(USNWR)가 1월 1일(현지시간) 공개한 '2022년 세계에서 가장 강력한 국가' 순위에서 한국이 85개국 가운데 6위를 차지했다.

군사·경제·외교력을 종합해 전반적인 국가 영향력을 평가한 목록에 따르면 한국은 총점 64.7점을 받아 2021년 (8위)보다 두 계단 올랐다. 반면 6위였던 일본은 2022년 8위(63.2점)를 차지하며 한국과 순위를 맞바꾸었다. 한국을 앞선 국가는 미국(100점), 중국(96.3점), 러시아(92.7점), 독일(81.6점), 영국(79.5) 등 5개국이었다.

USNWR은 "한국은 1960년대 이후 꾸준한 성장과 빈곤 감소를 경험했으며 현재는 세계 최대 경제국 중 하나"라며 "세계 최대의 ■ 국민저축과 높은 외환보유고를 보유하고 있다"고 설명했다. 이어 "최근 몇 년 동안 가계총처분가능소득이 증가했다"며 "유엔, G20, 동남아국가연합, 세계무역기구 등 많은 국제기구의 회원국이기도 하다"고 했다.

한편 국력뿐만 아니라 삶의 질, 문화적 영향력, 기업가 정신, 유산, 경제적 개방성 등 10가지 요소를 합한 전체 순위인 '2022 세계 최고의 국가'에서는 한국이 70.6점으로 20위를 기록해 2021년보다 다섯 계단 내려갔다. 해당 순위에서는 스위스, 독일, 캐나다가 각각 1, 2, 3위에 올랐다.

이밖에 우크라이나는 국가 영향력 순위에서 2021년 33위에서 2022년 14위로 순위가 대폭 뛰어올라 눈길을 끌었다. 전쟁 발발 이후 서방으로부터 전폭적인 정치적, 군사적 지원을 받은 점이 높은 점수를 받은 것으로 풀이된다. 다만

USNWR은 우크라이나에 대해 "국가 대부분이 파괴돼 재건에 수십 년이 걸릴 것"이라고 평가하며 전체 순위에서는 62위(10.3점)를 매겼다.

■ 국민저축 (國民貯蓄)
국민저축이란 한 국가 내의 총 저축량을 의미한다. 통념상의 저축과 거시경제학에서 정의하는 저축엔 차이가 있다. 일반적으로 생각하는 저축은 은행에 예·적금을 맡기거나, 여타 신용할 만한 금융회사 등에 적립 혹은 예치하는 금전을 뜻하지만 거시경제학에서의 저축은 '사용되지 않고 남은 재화'이다. 즉 효용의 증가를 위해 개인이 재화를 사용하거나(소비), 다른 재화의 생산 혹은 생산의 기회를 마련하기 위해 재화를 사용하거나(투자), 정부가 공공을 위해 재화를 사용하는(정부 지출) 것을 제외하고 남는 해당 사회의 산출량이다.
민간이 벌어들인 총소득에서 세금을 제하고 남은 가처분소득 중 소비 이후 남은 소득은 민간저축이라 하며, 정부가 거두어들인 조세수입 중 정부 지출을 제하고 남은 것을 정부저축이라고 한다. 이 둘을 합한 개념이 국민저축이다.

러 "미사일 공격 받아 63명 사망"…
이례적 피해 공개

▲ 고속기동 포병로켓시스템 하이마스

2022년 2월 러시아의 대대적인 침공으로 시작된 우크라이나 전쟁이 10개월 넘게 이어지며 소모전 양상으로 치닫고 있다. **러시아는 지난 9월 우**크라이나 영토인 자포리자·루한스크·헤르손·도네츠크 등 4곳을 합병한다고 발표했지만 이들 지역을 두고 러시아와 우크라이나가 서로 뺏고 빼앗으며 교전을 지속하고 있다. 뉴욕타임스(NYT)는 양국이 각각 10만 명의 사상자를 냈다고 추정했다.

최근에는 도네츠크 지역을 중심으로 격렬한 전투가 벌어졌다. 1월 2일(현지시간) 러시아 정부는 도네츠크주 마키이우카의 러시아군 임시 주둔지가 공격을 받아 63명이 사망했다며 이례적으로 피해를 공개했다. 우크라이나 국방부는 "실제 사망자가 400명에 달할 것"이라고 했다.

러시아 국방부에 따르면 우크라이나군은 미국이 제공한 **■ 하이마스(HIMARS)** 6발을 러시아군 주둔지에 발사했으며 이 중 2발이 러시아군에 요격됐다. 하지만 미사일이 러시아군이 탄약을 보관하던 곳에 명중하면서 피해가 커진 것으로 추정된다. NYT는 "러시아 정부가 밝힌 사망자 숫자만으로도 **이번 전쟁에서 단일 교전으로 입은 최악의 피해 중 하나**"라고 보도했다.

러시아군이 하이마스 미사일의 사정권에 탄약과 군사들을 함께 배치하는 등 실수를 반복해 피해를 자초했다는 지적도 러시아 내부에서 나오고 있다. 세르게이 미로노프 전 러시아 상원의장은 "군에 필요한 첩보와 보안을 제공하지 않은 고위 당국자에게 형사책임을 물어야 한다"고 촉구했다.

■ 하이마스 (HIMARS, High Mobility Artillery Rocket System)
하이마스는 미국이 우크라이나에 지원한 고속기동 포병로켓시스템이다. 정밀 유도 로켓 6발을 동시에 발사할 수 있는 유도 다연장 로켓시스템(GMLRS)을 트럭형 장갑차에 실은 것이다. 최대 사거리가 77km에 달해 전선에서 떨어진 러시아군 후방을 정밀 타격할 수 있다. 공격 명령이 떨어지면 2~3분 만에 발사하고, 20초 만에 재빨리 이동해 보복 공격을 피할 수 있다.

우크라이나 부대는 2022년 5월 독일의 한 군사기지에서 미국 교관에게 3주간 운용 훈련을 받은 뒤 하이마스를 실전 배치하면서 러시아-우크라이나 전쟁의 판도를 뒤집는 게임체인저가 될 것으로 기대했다. 우크라이나는 러시아군의 막대한 화력을 제거하기 위해 장거리 포병이 필요하다고 주장했다. 그러나 미국 내에서는 러시아군이 하이마스 지원을 문제 삼아 미국이나 동맹국을 향한 보복에 나설 수 있다고 우려했다.

"러시아, 에너지 강대국 입지 크게 약화할 것"

러시아가 우크라이나 침공 이후 국제사회에서 고립되며 장기적으로 큰 경제적 대가를 치를 조짐이 나타나고 있다고 12월 26일(현지시간) 미 경제매체 비즈니스인사이더가 보도했다. 비즈니스인사이더는 "러시아는 서방이 제재를 가한 초기 몇 달 동안 보여준 회복력으로 전문가들을 놀라게 했지만, 고립이 심화하면서 향후 몇 년간 경제가 위축되고 에너지 강대국 입지가 크게 약화될 것이란 징후가 커지고 있다"고 밝혔다.

러시아는 서방의 제재에 직면하자 에너지를 무기화하며 보복에 나섰다. 러시아와 독일을 잇는 주요 가스관 ■노르트스트림1 흐름을 차단하고 남은 연료 공급을 중국, 인도에 판매했다. 이를 통해 러시아는 전쟁 초기 3개월 동안 240억달러(약 30조4224억원) 넘게 벌어들였다.

하지만 UC버클리의 유리 고로드니첸코 경제학자는 러시아가 장기적으로 고립에 대한 큰 대가를 치를 것이란 징후가 나타나고 있다고 지적했다. 러시아는 실제로 우크라이나 크름반도를 합병한 2014년 고립되기 시작해 우크라이나 침공 전에도 경제적 입지가 악화된 상태였다. 국제통화기금(IMF)는 러시아의 2022년 GDP가 6% 감소할 것으로 추정하고 있다.

러시아의 고립은 특히 에너지 수출에 큰 타격을 주고 있다고 이 매체는 분석했다. 국제에너지기구에 따르면 러시아 GDP의 45%를 석유 및 가스 판매가 차지하고 있다. 그러나 장기적으로 에너지 생산을 확대하고 유지하기 위해선 서방으로부터 필요한 첨단 기술과 기계를 구입해야 하기 때문에 앞으로 큰 장애물이 될 전망이다.

■ **노르트스트림 (Nord Stream)**
노르트스트림은 유럽 발트해 아래 위치한 천연가스 파이프라인으로, 러시아에서 독일로 직접적으로 이어진다. 이 파이프라인은 러시아 비보르크에서 독일 메클렌부르크포어메른주의 루브민으로 이어지는 노르트스트림1과, 러시아 우스트-루가에서 루브민으로 이루어지는 노르트스트림2가 포함된다. 노르트스트림1은 체코 국경의 OPAL 파이프라인과 브레멘 근처의 NEL 파이프라인으로 연결된다.

룰라 집권 3기 시작... 브라질판 의회 폭동

남미 좌파 정권의 대부 루이스 이나시우 룰라 다 시우바 브라질 대통령이 78세의 나이로 1월 1일(현지시간) 집권 3기를 시작했다. 취임 축하 행사에는 30만 명 이상이 몰려 룰라의 재집권을 축제에 빗대 '룰라팔루자'라 부르며 환호했다.

20년 전 처음 당선됐을 때와 2023년 세 번째 임기를 시작한 룰라 대통령의 상황은 크게 다르다. 브라질 국내 여론이 극심하게 분열됐다. 당시 61%의 득표율로 당선된 룰라는 이번에는 고작 1.8%p 차이에 불과한 50.9% 득표율로 가까스로 정권을 잡았다.

게다가 집권 1기에는 룰라가 이끄는 노동당이 다수당이었지만, 지금은 우파 정당까지 모아야 할 판이라 자이르 보우소나루 전 대통령 지지 세력의 불법 시위도 눈감고 있는 형편이다.

'남미의 트럼프'라 불리는 군인 출신 보우소나루는 취임식에 참석하지 않고 미국 플로리다로 떠났다. 대통령이 두르는 띠를 건네지 않기 위해서란 관측이 지배적이다. 룰라 대통령은 군사독재 정권 이후 처음으로 브라질 국기 색깔의 띠를 전임 대통령에게서 건네받지 못했다.

브라질은 2000년대 원자재 붐으로 수백만 명이 가난에서 탈출했고, 그 동력으로 2014년 월드컵과 2016년 올림픽까지 개최할 수 있었다. 룰라는 원자재 가격 상승으로 손쉽게 경제정책을 실행할 수 있었지만, 현재는 저소득층의 빈곤 탈피와 함께 인플레이션도 억제해야만 한다.

빈민 가정에 생계비를 지원하는 '■**보우사 파밀리**

아'는 룰라 집권 1·2기의 성공 정책이었던 만큼 부활 가능성이 높다.

자국 산업 보호를 위한 보호주의 성향은 강화되고, 공기업 민영화는 추동력을 잃을 것으로 보인다. 과거 7년 재임 동안 아마존 열대우림의 벌목 행위를 대대적으로 감소시킨 룰라 대통령의 환경 정책도 주목된다.

한편, 룰라 대통령 취임 일주일 만에 룰라를 반대하고 보우소나루를 지지하는 극우 성향 폭도들이 브라질 의회와 대통령궁, 대법원 등 최고 헌법 기관을 습격해 점거하는 사태가 벌어졌다. 브라질 경찰은 시위로 300명가량이 체포됐다고 밝혔다.

룰라 대통령은 보우소나루 전 대통령을 배후로 지목하며 비난했다. 그는 보우소나루 대통령이 선거가 조작됐다는 음모론을 확산했다고 주장했다. 2년 전 미국 대선 후 의사당 폭동과 똑닮은 이번 사태를 두고 **도널드 트럼프 전 대통령이 전 세계 극우 세력에 영감을 주고 있다는 우려**가 나온다.

■ 보우사 파밀리아 (bolsa família)

보우사 파밀리아는 2003년 브라질 정부가 시행한 저소득층 대상의 사회복지 프로그램으로, 불평등 감소를 위한 소선부 현금 지급 제도이다. 이 제도는 가난한 사람들이 학습과 건강에 공평한 기회를 부여받도록 현금을 지급하는 '조건부 현금 이전(CCT, Conditional Cash Transfer)' 제도로, 대대로 이어지는 가난의 악순환의 고리를 끊고, 선순환을 촉진하겠다는 목표로 창설했다. 보우사 파밀리아는 '가족수당'이라는 뜻이다. 브라질은 국제사회로부터 보우사 파밀리아 프로그램을 통해 빈곤층을 줄이는 데 성공했다는 평가를 받았다.

**분야별
최신상식**

북한
안보

북무인기에 뚫린 영공
5년 만에 남측 영공 침범

자료화면

무인기 1대 서...

...학무기 운반도 가능…한...

북한 무인기 5대 남측 영공 침범

■ **사드 (THAAD, Termianl
High Altitude Area De-
fense)**

사드(THAAD)는 미국이 운용하
는 고고도미사일방어체계의 줄
임말로, 기존 패트리어트 방어
체계가 저고도에서 탄도 미사
일을 요격한다면 THAAD는 대
기권 밖의 고(高)고도에 있는 탄
도 미사일을 격추한다. 1991년
걸프전 당시 이라크의 스커드
미사일 공격에 대한 방어망 체
제의 구축 요청에 따라 개발됐
다. 요격 고도는 40.150km, 최
대 사거리는 200km다. 우리나
라는 2017년 경북 성주에 4기
가 실전 배치됐다.

방공망 구멍 숭숭

북한 무인기 5대가 12월 26일 남측 영공을 침범해 강화, 파주 등 상공을 비
행했다. 이 중 1대는 서울 북부까지 침투했다. 군은 무인기를 향해 기관포
100발을 쐈지만 격추에 실패했고, 그 사이 무인기는 북한으로 돌아가거나
남측 레이더 탐지권을 벗어났다. 북한 무인기의 남측 영공 침범은 2017년
6월 이후 약 5년 6개월 만이다.

북한 무인기의 남측 영공 침범은 2017년 6월 9일 북한 무인기가 강원도
인제 야산에서 발견된 이후 처음이다. 당시 이 무인기는 경북 성주 ■**사드**
(THAAD·고고도 미사일 방어체계) 기지까지 내려가서 일대를 촬영한 것으로 나
타났다. 이에 방공망이 구멍이 뚫린 게 아니냐는 비판을 피하기 힘들어졌다.

尹 "도저히 용납할 수 없는 사건"

윤석열 대통령은 12월 29일 대전 국방과학연구소(ADD)를 찾아 "북한 무인
기의 영공 침범은 도저히 용납할 수 없는 사건"이라며 "도발에는 반드시 혹
독한 대가가 따른다는 사실을 깨닫게 해야 한다"고 말했다. 윤 대통령은 이
날 오전 ADD를 찾은 자리에서 이같이 엄중하게 경고했다고 대통령실 이

재명 부대변인이 서면 브리핑에서 전했다.

윤 대통령은 "북한 무인기뿐 아니라 우리 영공을 침범하는 모든 비행 물체에 대한 전반적인 대응체계를 재검토해서 미비점을 신속하게 보완하라"며 "비대칭 전력을 강화하려고 하는 북한에 대응해서 우리 군의 전력증강 계획도 전반적으로 재검토할 필요가 있다"고 지적했다.

군 무인기 맞출격
한편, **군은 북한 무인기 도발 상황을 상정해 12월 29일 합동방공훈련을 시행**했다. 합동참모본부는 김승겸 합참의장 주관으로 경기도 양주시 가납리 일대에서 지상작전사령부와 각 군단, 공군작전사령부, 육군항공사령부 등이 참가한 가운데 적 소형무인기 대응 및 격멸훈련을 실시했다고 밝혔다.

이승오 합동참모본부 작전부장(소장)은 "유·무인 정찰을 **군사분계선**(MDL, Military Demarcation Line) 인근 지역과 이북 지역으로 투입해 북한 무인기의 우리 영공침범 행위에 상응한 조치를 취했고,

적 주요 군사시설을 촬영하는 등 정찰 및 작전활동을 실시했다"고 밝혔다. 북한 내륙 깊숙이 진입하는 등의 조치는 아니고 진입 거리를 상응 수준으로 맞춘 것으로 알려졌다. 이 과정에서 북한군의 대응은 없었다.

앞서 12월 27일 군 소식통에 따르면 우리 육군 군단급에서 운용하는 무인정찰기 RQ-101 '송골매' 2대가 군사분계선(MDL)을 넘어 북한 상공을 비행했다. 이는 북한 무인기가 우리 영공을 침범한 데 따른 상응조치로서 **한국 군용기가 군사 목적으로 북한 상공에 진입한 것은 1953년 정전협정 체결 후 처음**이다.

> **➕ 한국방공식별구역 (Korea Air Defense Identification Zone)**
>
> 한국방공식별구역(KADIZ)은 공군이 국가 안보의 필요성에 따라 영공의 방위를 위해 영공 외곽 공해 상공에 설정하는 공역(空域)을 말한다. 1951년 미태평양공군사령부에서 극동방위 목적으로 설정했다. 방공식별구역에 비행계획 없이 진입하는 경우에는 항공기에 설명을 요구한다. 또한 영공 침범의 위험에서부터 항공기에 군사적 예방조치(경고 사격, 경고 통신, 격추)를 하는 경우가 있다.

POINT   세 줄 요약

❶ 북한 무인기 5대가 12월 26일 남측 영공을 침범해 강화, 파주 등 상공을 비행했다.

❷ 윤석열 대통령은 "북한 무인기의 영공 침범은 도저히 용납할 수 없는 사건"이라며 엄중 경고했다.

❸ 군이 북한 무인기 도발 상황을 상정해 12월 29일 합동방공훈련을 시행했다.

北, ICBM 정상 각도 발사 위협

김여정 조선노동당 중앙위원회 부부장이 12월 18일 진행한 북한의 정찰위성 개발 시험에 대한 남쪽의 부정적 평가를 반박하고, 대륙간탄도미사일(ICBM)을 '고각'이 아닌 '정상 각도'로 시험발사할 것처럼 언급했다.

김 부부장은 12월 20일 '**조선중앙통신**'으로 발표한 실명 담화를 통해 "군사위성 개발 문제는 우리 국가의 안전과 직결된 초미의 선결과업"이라며 "정찰위성 개발 사업에서 드팀(조금의 흔들림)이 없을 것"이라고 밝혔다.

김 부부장은 남쪽 전문가들이 북한의 정찰위성을 "조악한 수준"이라고 평가한 데 대해 "입 가진 것들은 모두 우리가 하는 일이라면 첫째 의심, 둘째 시비질"이라며 "개나발(사리에 조금도 맞지 않는 허튼 소리를 얕잡아 이르는 말)들을 작작하고 자중숙고하는 것이 좋을 듯싶다"고 말했다. 김 부부장은 5074자라는 이례적으로 긴 분량의 담화를 막말로 채워 넣었다.

김 부부장은 북한이 12월 18일 쏜 게 '위성운반체'가 아닌 '준중거리탄도미사일'(MRBM)이라는 국방부의 발표를 맹비난했다. 그는 "우리는 대륙간탄도미사일을 개발한다면 대륙간탄도미사일을 쏘지 남조선 괴뢰들이 여론을 퍼뜨리는 것처럼 위성으로 위장해 장거리로케트 시험을 하지는 않는다"고 말했다.

김 부부장은 특히 대륙간탄도미사일의 핵심 기술인 대기권 재진입 기술을 확보했음을 입증할 목적의 '정상 각도' 발사를 시사하는 듯한 말을 했다. 그는 "고각발사만으로는 입증할 수 없고 실제 각도로 쏴보아야 알 수 있을 것이라고, 우리 전략무기능력을 폄훼해보자고 접어들 게 뻔할 것 같아 보인다"며 "해서 하는 말인데, 곧 해보면 될 일이고 곧 보면 알게 될 일이 아니겠는가"라고 말했다.

■ 조선중앙통신 (朝鮮中央通信)

조선중앙통신은 북한 정부의 의사를 정식으로 대변하는 북한 유일의 국영통신이다. 북조선통신사라는 명칭으로 창립되었으나 1948년 10월 12일 조선중앙통신이라는 이름으로 바뀌었다. 이 통신은 뉴스의 취재 전달이라는 통신 본연의 임무보다는 고위층의 공식 성명과 정부 당국의 발표 등 대내외적 국가 정보의 통제와 선전기관으로서의 기능을 담당하고 있다.

알펜시아 입찰 방해 대북송금 의혹 KH그룹 압수수색

검찰이 KH그룹을 둘러싼 입찰 방해, 대북 송금 의혹과 관련해 12월 27일 강제 수사에 착수했다. 서울중앙지검 강력범죄수사부(신준호

부장검사)와 수원지검 형사6부(김영남 부장검사)는 이날 오전 KH그룹 본사와 관계사, 관계자의 주거지 등 20여 곳을 합동 압수수색했다. 압수수색 대상엔 최문순 전 강원도지사의 주거지와 강원도개발공사 등도 포함됐다.

서울중앙지검은 11월 말 춘천지검이 수사하던 입찰 방해 의혹 사건을 넘겨받아 사건 기록을 검토해왔다. 강원도개발공사(GDC)는 2022년 6월 경쟁 입찰을 통해 KH그룹 산하 특수목적법인인 KH강원개발주식회사에 총 매각 대금 7115억원에 알펜시아리조트를 매각했는데, 입찰 참여 기업 두 곳 모두 KH그룹의 계열사로 드러나 담합 의혹이 제기됐다. 최 전 지사 등 도청 관계자 일부도 입찰 방해 혐의로 입건됐다.

아울러 이 과정에서 강원도와 강원도개발공사가 알펜시아리조트의 자산 가치를 의도적으로 저평가했다는 의혹도 제기됐다. 쌍방울 그룹의 대북 송금 의혹을 수사 중인 수원지검은 **KH그룹이 대북 경협 사업권을 따내기 위해 송금을 지원했을 것으로 의심**하고 이날 압수수색에서 회계 서류와 남북 교류 협력 사업 자료를 확보 중이다.

두 검찰청은 압수수색에서 확보한 자료를 분석한 뒤 참고인 조사를 거쳐 주요 관련자를 피의자 신분으로 소환해 조사할 방침이다.

배상윤 KH그룹 회장은 현재 해외에 체류 중이며 지명수배가 내려져 있다. 그는 해외 도피 중인 김성태 전 쌍방울그룹 회장과도 사업적으로 긴밀한 관계여서 검찰은 두 사람의 신병 확보에도 수사력을 모을 방침이다.

■ **압수수색 (押收搜索)**

압수수색은 증거물 또는 몰수할 것으로 예상되는 물건의 점유를 취득하여 유지하는 처분인 압수와 사람의 신체, 물건, 주거 기타의 장소에서 압수할 물건이나 사람을 발견하기 위해 이를 찾는 처분인 수색을 말한다. 많은 국가에서 압수수색을 위해 영장을 요구하고 있으며 불법적인 압수수색으로부터 보호받는 헌법적 권리를 보장받고 있다. 한국에서는 영장주의가 원칙이며, 당사자의 동의가 있을 경우 임의수사의 형태로 압수수색이 가능하다.

바이든, 한미 공동 핵연습 논의 부인...양국 정부 긴급 진화

조 바이든 미국 대통령이 1월 2일(현지시간) 한미 간 '핵 정책' 공조에 균열이 있는 것으로 해석될 수 있는 답변을 했다가 양국 정부가 황급히 진화하는 일이 벌어졌다. 결국 '용어 해석'의 차이였다는 설명이지만, 그 배경에는 ■**확장억제** 이상을 요구하는 국내 정서와, 핵확산은 막겠다는 미국의 입장 차가 깔렸다는 분석도 있다.

이날 휴가를 마치고 워싱턴DC 백악관에 복귀한 바이든 대통령에게 기자단은 "지금 한국과 공동 핵연습을 논의하고 있느냐"는 질문을 했고, 그는 "아니다(No)"라고 짧게 답했다. 이는 앞서 윤석열 대통령이 "**실효적 확장 억제를 위해 미국과 핵에 대한 공동기획, 공동연습 개념을 논의**하고 있고, 미국도 상당히 긍정적"이라고 말한 것을 부인한 것으로 해석됐다.

'핵전력 운용 공동기획 및 공동연습'은 2022년 11월 ■**한미안보협의회의(SCM)**에서 문서로 합의됐다. 여기서 '공동기획'은 미국의 핵 의사결정에 한국의 의사를 반영하는 것이고, '공동연습'은 미국의 핵 투발 전략자산을 동맹국이 재래식 수단으로 지원하는 시나리오를 훈련하는 것을 뜻한다.

하지만 백악관 대변인은 이날 "(바이든) 대통령이 말했듯 우리는 공동 핵연습을 논의하고 있지 않다. 한국은 핵 비(非)보유국이기 때문"이라고 설명했다. 즉, 바이든 대통령은 '핵연습'을 핵보유국 간 훈련으로 이해했다는 의미다.

또 백악관 대변인은 "바이든 대통령과 윤 대통령은 (캄보디아) 프놈펜 회담 이후 양국 팀에게 북한의 핵무기 사용을 포함한 여러 시나리오에 대한 효과적이며 조율된 대응을 계획하라고 지시했고 양국은 현재 작업 중"이라고 했다.

이와 별도로 바이든 행정부 고위 당국자도 "미국과 한국은 확장억제를 강화하기 위해 함께 노력하고 있다. 여기에는 북한의 핵무기 사용을 포함한 일련의 시나리오에 대한 한미 공동의 대응을 모색하는 도상연습(table-top exercise)도 포함된다"고 밝혔다.

이는 우리나라 대통령실이 1월 3일(한국시간) 서면 브리핑을 통해 "한미 양국은 북핵 대응을 위해 미국 보유 핵 전력 자산의 운용에 관한 정보 공유, 공동기획, 이에 따른 공동 실행 방안을 논의하고 있다"고 재확인한 것과 일치한다.

다만, 우리나라에서 핵공유 등 강력한 대북 방어 수단을 원하는 여론이 비등하는 가운데 바이든 행정부는 **핵확산금지조약**(NPT, Nuclear non-Proliferation Treaty) 체제를 유지해야 한다는 입장이어서 '핵연습'을 둘러싼 해석 차이가 생긴 것 아니냐는 해석도 나온다.

■ **확장억제 (extended deterrence)**

확장억제란 핵무기 없는 동맹국이 핵 공격을 받거나 위협에 노출됐을 때 미국이 본토 위협에 대응하는 핵무기 및 핵무기 투발(投發 : 내던져 폭발시킴) 수단으로 지원한다는 개념이다. 핵무기를 탑재한 폭격기와 핵 추진 잠수함 등의 전략자산을 비롯한 미사일방어망(MD) 전력 등을 포괄하는 것으로서 핵우산을 구체화한 개념이다.

■ **한미안보협의회의 (SCM, Security Consultative Meeting)**

한미안보협의회의(SCM)는 주요안보 문제를 협의하기 위해 한미 양국에서 번갈아가며 개최하는 회의이다. 1968년 북한의 청와대 기습 미수 사건(1·21사태)과 푸에블로호 납북사건 발생을 계기로 설치됐다. 초창기에는 양국 국방부 장관 간 정기적 회담이었지만 1990년대 이후 한국의 방위비 분담, 해외 파병 등 양국 군사관계의 방향을 설정하는 실질적 안보 정책 협의기구로서의 기능이 중요해졌다.

국방부, 'UFO 소동' 고체연료 우주발사체 발사장면 공개

12월 30일 군의 예고 없는 우주발사체 시험발사에 서울, 경기, 강원, 충남, 전북, 전남 등 곳곳에서 1분간 붉고 흰 연기를 내며 하늘로 솟구치는 발사체가 목격되면서 UFO나 북한 미사일로 착각한 신고가 잇따랐다. 놀란 시민들이 SNS에 목격담을 공유하며 온갖 추측이 난무했다. 최근 북한 무인기 침범이 있었던 탓에 시민의 불안감이 컸던 것으로 보인다. 경찰과 소방에도 다수의 신고가 접수됐다.

국방부는 "비행시험 전 발사경로와 관련 있는 영

▲ UFO 목격담 소동을 일으켰던 국방부의 고체 추진 우주발사체 시험발사 장면

공 및 해상안전에 대해 조치를 했으나, 군사보안상 문제로 인해 국민에게 사전에 알리지 못했다. 해상구역 안전을 확보하는 과정에서 어민들 조업지장을 최소화하고 기상상황 등을 고려해 오후 6시에 시험할 수밖에 없었다. (**황혼현상**이) 크게 보일 거라고 생각지 못했다"고 해명했다.

이번 시험에서 **2~4단 연소뿐 아니라 페어링 분리, 단 분리, 상단부 자세제어, 더미**(모의) **위성 탑재체 분리 등의 검증**이 이뤄졌다. 국방부는 향후 추가적 검증을 완료한 뒤 실제 위성을 탑재해 시험 발사하고, 2025년까지 500kg 초소형 위성을 500km 지구 저궤도에 올리겠다고 밝혔다.

■ **황혼현상 (twilight phenomena)**
황혼현상이란 로켓이 발사될 때 하늘에 다양한 빛깔의 비행운이 나타나는 것이다. 황혼현상은 일출이나 일몰 30~60분 전후에 로켓을 발사할 때 주로 발생한다. 해가 진 뒤에도 성층권 너머의 높은 고도에서는 일정 시간 햇빛이 비친다. 이 무렵 로켓이 어둠 속에서 햇빛이 비치는 지역으로 떠오르면 배기가스가 빛을 반사하고, 지상에 있는 관측자의 위치에 따라 다양한 색상의 황혼현상을 목격할 수 있다.
로켓 배기가스는 기압이 약한 고고도에서 넓게 팽창하며 대기 입자와 결합하여 수증기로 변한다. 또한, 바람이 거의 없어서 천천히 확산하므로 꽤 장시간 형체를 유지할 수 있다. 이러한 배기가스 구름은 프리즘처럼 빛을 회절시켜서 다양한 스펙트럼의 색상을 띤다. 흰색부터 시작해서 진홍색. 푸른색. 녹색이나 주황색이 될 수도 있다.
황혼현상은 일반적으로 발사 후 2~3분 이내에 발생하고, 기상 조건에 따라 구름이 분산되기 전까지 최대 30분 동안 남아있게 된다. 이 현상은 구름이 꺼있으면 보이지 않기 때문에 일반적으로 달빛이 없는 맑은 하늘에서만 관측되며, 보는 사람의 위치와 기상 조건에 따라 크기와 형태가 달라진다.

장병도 브랜드 신발 신고 파스타 먹는다

1월 11일 국방부의 연두 업무보고에서 MZ세대 장병들의 눈높이에 맞는 의식주 개선 계획이 눈길을 끌었다. 국방부는 군 장병들의 선호도를 반영해 브랜드 신발과 기능성 속옷을 올해 보급할 계획이다.

전투식량도 장병들의 입맛을 고려해 다양해진다. 현재 11개 전투식단을 올해까지 34개 식단으로 늘려 내년부터 보급할 계획이다. 야전 훈련 중에 치킨데리야키볶음밥, 핫치킨소스를 곁들인 푸실리 파스타, 갈릭·새우볶음밥 등을 메인 메뉴로 즐길 수 있게 됐다.

의료체계 개선에도 속도를 내기로 했다. **응급환자를 후송하는 닥터헬기**(의무후송전용헬기)를 2027년까지 4대 추가 도입해 11대로 늘리고 백령도와 속초에 닥터헬기 거점을 새로 설치하는 방안을 추진한다.

➕ **서해 5도**
▲백령도 ▲대청도 ▲소청도 ▲연평도 ▲우도

분야별
최신상식

문화
미디어

'뉴스공장 하차' 김어준,
유튜브 채널로 복귀

■ **슈퍼챗 (Super Chat)**
슈퍼챗은 유튜브에서 실시간 방송을 하는 동영상 창작자(크리에이터)를 시청자가 직접 후원할 수 있는 기능이다. 일정 금액과 메시지를 전달할 수 있는 아프리카TV의 수익 모델인 별풍선과 유사하다.

김어준 "3년 6개월 후에 돌아올 것"

방송인 김어준 씨(사진)가 12월 30일 TBS '김어준의 뉴스공장'에서 6년 3개월 만에 진행자 자리를 내려놓았다. 2주 전 자신이 예고한 연말 하차설을 공식화한 것이다. 김 씨는 이날 오전 방송의 본격적인 시작에 앞서 "모두에게 띄운다. 오세훈 빼고"라고 말하며 가수 전인권의 '걱정 말아요 그대'를 선곡했다.

김 씨는 "저는 (윤석열 정부 임기가 끝나는) 3년 6개월 후에 다시 돌아온다"라며 "오늘은 그 3년 6개월이 시작하는 첫날이다. 다시 돌아와서 또다시 1위를 할 것이고 그 후로 20년간 계속 1위를 할 작정"이라고 말했다. 그동안 '김어준의 뉴스공장'은 '정치적 편향성' 논란을 일으켜왔다. 서울시의회는 2022년 11월 15일 서울시의 TBS 예산 지원을 끊는 지원 폐지 조례안을 통과시켰다. 2024년 1월부터 TBS 대한 서울시 예산지원이 중단된다.

한편, 박은주 조선일보 에디터는 12월 31일 '김어준이 떠났다고?'라는 제목의 칼럼을 통해 "(김 씨는) 더 흥미로운 음모론과 맛있는 가짜뉴스로 ■**슈퍼챗**과 후원금 등 '시청자의 조공'을 받을 것이다"라며 "**익명에 숨은 전과자나**

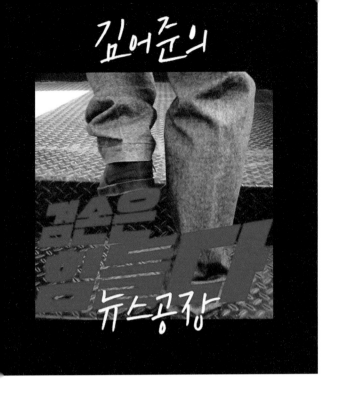

거짓말쟁이가 제보자로 둔갑하고, 유튜브, SNS 스타가 되는 세상"이라고 개탄했다.

유튜브 '뉴스공장' 첫 방송에 슈퍼챗 세계 1위

김 씨는 1월 9일 자체 유튜브 채널 '김어준의 겸손은 힘들다 뉴스공장(사진 : 화면 캡처)'을 열었다. 해당 채널은 개설 하루 만에 구독자 50만 명을 돌파했다. 1월 10일 유튜브 순위 사이트 '플레이보드'에 따르면 김 씨의 유튜브 '뉴스공장'은 방송 첫 날인 1월 9일 하루 동안 슈퍼챗으로 약 3000만원의 수익을 얻었다. 이는 그날 전 세계 유튜브 채널 중 가장 많은 슈퍼챗 수익이다.

김 씨는 방송 시작 인사말에서 "언론의, 검찰의 진짜 힘은 보도하고 기소하는 데 있는 게 아니라 보도했어야, 기소했어야 마땅한 일들을 묻어버리는 데 있다"며 "그 힘으로 기득권의 카르텔이 만들어지고 그 카르텔 위에 나쁜 권력이 구축된다"고 말했다. 이어 "그 카르텔에 균열을 내겠다. 편파적으로, 그러나 **편파에 이르는 과정은 공정할 것이다**"라고 했다.

유시민 전 노무현 재단 이사장은 새 '뉴스공장'에 첫 게스트로 출연해 이재명 더불어민주당 대표에 대한 검찰 수사가 "독보적 차기 대선주자 죽이기"라고 비판했다. 유 전 이사장은 "(윤석열 정부가) 다 같이 이재명을 죽이려 하고 있다. 뉴스공장을 죽이려는 것처럼"이라며 "정적 숙청용 수사"라고 주장했다.

➕ 가짜뉴스를 판별하는 10가지 방법 (자료 : 페이스북·폴팩트)

1. 제목 비판적으로 읽기 : 제목이 선정적이고 극단적일수록 가짜뉴스일 확률이 높다.
2. 인터넷 주소 확인 : 가짜뉴스는 유명 언론사 사이트의 디자인을 베낀 경우가 흔하다.
3. 뉴스 출처 따지기 : 육하원칙에 비춰 신뢰할 만한 인물이 구체적 시간과 장소에서 발언하거나 행동한 것인지, 해당 내용을 누가 퍼트리는지 따져라.
4. 문법적 오류 확인 : 가짜뉴스에서는 적절하지 않은 단어나 표현, 맞춤법 오류가 많다.
5. 사진을 주의 깊게 확인 : 요즘은 사진·동영상 조작이 매우 쉽게 이뤄진다.
6. 날짜 확인 : 가짜뉴스는 구체적인 날짜와 시간이 없거나 조작된 경우가 많다.
7. 주장의 근거를 따지기 : 통계나 표 내용이 의심스럽다면 인터넷 검색 출처를 확인하라.
8. 연관 보도 검색 : 특정 언론사나 사이트 한 곳에서만 주장하는 내용이라면 일단 의심
9. 풍자·해학과 구분 : 유머와 패러디를 기사로 착각하지 말 것
10. 의도적 가짜뉴스 의심 : '역시 이럴 줄 알았어'란 느낌이 드는 뉴스일수록 검색을 통해 검증해 보는 습관

POINT 세 줄 요약

❶ 방송인 김어준 씨가 TBS '김어준의 뉴스공장'에서 6년 3개월 만에 하차했다.
❷ 김 씨는 유튜브에 새 '뉴스공장' 채널을 개설했다.
❸ 새 채널은 하루 만에 구독자 50만 명을 돌파했다.

'난쏘공' 조세희 작가 별세

▲ 고(故) 조세희 작가

도시 빈민의 삶을 통해 경제 성장의 그늘에 대한 아픔을 그려 냈던 문제작 『**난장이가 쏘아올린 작은 공**』(난쏘공)의 저자 조세희 작가가 12월 25일 오후 향년 80세의 나이로 숨졌다.

1942년 경기 가평군에서 태어난 고인은 보성고와 서라벌예술대 문예창작과를 다녔고 경희대 국어국문학과를 졸업했다. 1965년 '돛대 없는 장선'이 경향신문 신춘문예에 당선돼 등단했으나, 10년 동안 소설 작품을 쓰지 않은 것으로 알려져 있다.

그러다 1975년 '문학사상'에 난장이 연작의 첫 작품인 '칼날'을 발표하면서 문단의 주목을 받기 시작했다. 그가 난장이 연작 12편을 모아서 1978년 완성한 소설이 그의 대표작 『난쏘공』이다. 『난쏘공』은 '뫼비우스의 띠', '내 그물로 오는 가시고기' 등 단편 12편을 묶어 문학과지성사에서 단행본으로 출간했다.

'난장이'는 이 시대의 힘없는 약자를 나타내는 상징이었다. 서울시 낙원구 행복동 무허가 주택(판자촌)에 사는 난장이 가족과 주변 인물들을 통해 도시 빈민과 노동자 등 사회적 약자의 냉혹한 현실을 극적으로 그려내며 문제작으로 주목받았다.

1970년대 들어 본격화한 빈부격차와 도농격차, 노사 갈등 등의 사회적 모순을 첨예하게 다뤄 당시 대학생들의 필독서로도 자리 잡았다.

이 작품은 1978년 6월 초판 1쇄를 찍은 이후 2017년 4월까지 300쇄를 찍었다. 당시 누적 발행 부수는 137만 부에 달했다. 순수 문학 작품으로는 선례가 없는 일이었다. 2000년대에는 대학수학능력시험에 출제되는 등 작품은 현재까지도 생명력을 잃지 않았다. 2022년 7월까지 320쇄를 돌파해 누적 발행 부수가 약 148만 부에 이른다.

고인은 2002년 이 작품에 대해 "재개발 지역의 세입자들과 식사를 하는 동안 철거반들이 대문과 시멘트 담을 부수고 들어오는 것을 보고 싸우다 돌아오면서 한동안 포기했던 소설을 다시 쓰기 시작했다"면서 "유신정권의 피 말리는 억압 독재가 없었다면 『난장이가 쏘아올린 공』은 태어나지 않았을 것"이라고 회고했다.

『난쏘공』이 100쇄를 찍었던 1996년 한 언론과의 인터뷰에서는 "한 작품이 100쇄를 돌파했다는 것은 작가에겐 큰 기쁨이지만 **더 이상 『난쏘공』이 필요하지 않은 시대가 왔으면 한다**"고 말했다.

■ 난장이가 쏘아올린 작은 공

『난장이가 쏘아올린 작은 공』은 조세희의 중편 소설이자 해당 소설을 포함한 연작 소설집의 제목이다. 1978년 초판 발간 이후 '산업화 과정에서 소외된 도시 하층민의 고통을 간결한 문체와 환상적 분위기로 잡아낸 명작'이라는 찬사를 들으며 필독서이자 스테디셀러로 자리 잡았다. 광주대단지사건을 소재로 했고, 상대원공단도 배경으로 나온다. 이러한 사회 비판적 요소 때문에 군사정권에서 금서로 지정했다. '문학과지성' 1976년 겨울호에 수록되었고 1979년 제13회 동인문학상을 수상하였다.

익산 미륵사지 '사리장엄구' 국보 지정

▲ 익산 미륵사지 석탑 보수정비사업 중 발견된 사리장엄구 금동사리외호(왼쪽)와 금제 사리내호 (자료 : 문화재청)

백제 시대 공예품의 정수인 전북 '익산 미륵사지 서탑 출토 사리장엄구'가 국가지정문화재 국보로 12월 27일 지정됐다. **사리장엄구는 사리를 불탑에 안치할 때 사용하는 용기나 함께 봉안되는 공양물**이다.

이날 국보로 지정된 사리장엄구는 2009년 1월 14일 익산 미륵사지 서탑 보수정비사업 중 발견된 것으로 심주석(心柱石 : 탑 구조의 중심을 이루는 기둥)의 사리공(舍利孔 : 불탑 안에 사리를 넣을 크기로 뚫은 구멍)에서 나온 유물이다.

사리장엄구는 백제 ■**무왕** 40년인 639년 절대연대를 기록한 금제사리봉영기(金製舍利奉迎記)와 금동사리외호(金銅舍利外壺), 금제사리내호(金製舍利內壺), 각종 구슬과 공양품을 담았던 청동합(靑銅盒) 등 총 9점으로 구성됐다.

금제사리봉영기에는 백제 왕후[좌평(佐平) 사택적덕(沙宅積德)의 딸]가 재물을 시주해 가람을 세

우고 기해년(己亥年, 639)에 사리를 봉안해 왕실의 안녕을 기원한다는 내용이 기록됐다. '삼국유사' 내용을 일부 부정하는 등 미륵사 창건사를 구체화하고 미륵사지 석탑 조성 연대와 주체에 대한 역사적 사실이 밝혀졌다는 점에서 주목되는 유물이다.

사리내·외호는 그릇 표면의 연판문과 당초문 등이 생동감 넘치게 표현되었고, 몸체의 허리 부분을 돌려 여닫는 독창적인 구조로 기형(器形)의 안정성과 함께 세련된 멋이 한껏 돋보인다.

사리장엄구 중 청동합은 구리와 주석 성분의 합금으로 크기가 각기 다른 6점으로 구성돼 있으며, 하나에는 '상부달솔목근(上卩達率目近)'이라는 명문이 새겨져 있어 시주자의 신분과 공양품의 품목까지 알 수 있다. 또 각종 공양물 넣어 봉안된 청동합들은 우리나라 유기 제작 역사의 기원을 밝혀 줄 중요한 자료이다.

익산 미륵사지 서탑 출토 사리장엄구는 백제 왕실에서 발원하여 제작한 것으로 석탑 사리공에서 백제 무왕 40년인 639년 봉안 당시 모습 그대로 발굴돼 고대 동아시아 사리장엄 연구에 절대적 기준이 된다.

■ 무왕 (武王, 580~641)

무왕은 백제의 제30대 국왕이다. 성은 부여(扶餘). 휘는 장(璋), 아명은 서동(薯童) 혹은 일기사덕(一耆篩德)이다. 출생지는 전라도 익산이다. 법왕의 아들이라는 설과 위덕왕의 서자라는 설이 존재한다. 재위 기간 신라에 공세를 취하는 한편 고구려와 수나라가 각축전을 벌일 때 중립 외교를 펼쳤다.

고려 시대의 승려 일연이 편찬한 '삼국유사'에서는 서동 출신 무왕과 신라 선화공주의 이야기가 나온다. 익산 미륵사지 서탑 해체 중 금동사리함 명문이 발견되기 전까지는, 일연의 삼국유사를 기반으로 미륵사 창건이 선화공주가 중심이 됐다는

설이 지배적이었다.

왕권 강화를 위해 대규모 역사(役事 : 토목·건축 공사)를 단행하였다. 630년에 백성을 징발하여 사비궁을 중수하였으며 익산에 별도를 경영하고, 장차 천도할 계획까지 세우고 있었다. 또한 정실 왕후인 사택씨(沙宅氏) 세력의 지원으로 막대한 경비와 시간을 들여 익산에 백제 최대 규모의 미륵사를 창건했다.

2024년 동아시아 문화도시, '경남 김해' 선정

▲ 경남 김해시

문화체육관광부는 '2024년 **동아시아 문화도시**'로 경남 김해시를 선정했다고 2022년 12월 27일 발표했다. 한중일 3국은 2023년에 전북 전주에서 열릴 예정인 제14회 한중일 문화장관회의에서 3국의 '2024년 동아시아 문화도시'를 공식적으로 선포한다는 계획이다.

한중일은 2012년 문화장관회의 합의에 따라 2014년부터 매년 각국의 문화적 전통을 대표하는 도시를 동아시아 문화도시로 선정하고 교류 행사를 연중 개최하고 있다. **2023년 동아시아 문화도시는 전주, 시즈오카현**(일본), **청두·메이저우시**(중국) 등 4곳이다.

김해시는 동아시아 문화도시로 선정됨에 따라 '금바다(金海), 아시아를 두드리다'라는 표어를 걸고 동아시아 국제조각대전, 동아시아 문자 특별전, 동아시아 아동극 축제, 동아시아 청소년 환경 축제 등 다양한 문화교류·협력 프로그램을 추진한다. 또 지역 문화사업과 연계해 지속 가능한 문화교류 플랫폼을 구축해 나갈 계획이다.

문체부 관계자는 "김해시는 지역 고유의 매력적인 역사와 문화자원을 풍부하게 보유하고 있다"며 "중국과 일본이 선정한 각 문화도시와의 문화교류·협력 사업을 적극적으로 지원해 동아시아 상생과 화합의 대표사례가 되고 지역발전의 성장 동력이 될 수 있도록 하겠다"고 말했다.

■ 동아시아 문화도시 (Culture City of East Asia)

동아시아 문화도시란 한중일 문화장관 회의를 통해 매년 선정되는 한중일 각 나라별 대표 문화도시다. 2012년 5월 중국 상하이에서 개최된 제4회 한중일 문화장관회의 합의사항에 따라 3국 정부가 각국의 전통문화를 대표하는 문화도시 또는 문화예술 발전을 목표로 하는 도시를 하나씩 선정해 다양한 문화예술 행사 및 3개 도시 간 교류 행사를 추진한다. 이를 통해 동아시아 지역 내 상호이해와 연대감 형성을 촉진하고 역내 문화의 글로벌 경쟁력을 강화하는 것을 목표로 하고 있다.

▌역대 동아시아 문화도시 선정 현황

연도	동아시아 문화도시
2014	광주, 요코하마, 취안저우
2015	청주, 니가타, 칭다오
2016	제주, 나라, 닝보
2017	대구, 교토, 창사
2018	부산, 가나자와, 하얼빈
2019	인천, 도쿄도 도시마구, 시안
2020	순천, 기타큐슈, 양저우 (코로나19로 순천, 기타큐슈는 2021년으로 연기)
2021	순천, 기타큐슈, 사오싱·둔황

정부, 제2의 이승기 사태 막는다

▲ 박보균 문화체육관광부 장관 (자료 : 문체부)

정부가 제2의 '이승기 사태'를 막기 위해 연예매니지먼트 협회·단체 및 업계 종사자들과 만나 노동권익 보호에 나선다. 문화체육관광부는 1월 9일 연예매니지먼트 분야 협회·단체 간담회를 열고 현장 근무환경을 개선하기 위한 의견을 수렴한다고 밝혔다.

이번 간담회는 문체부의 2023년 핵심 추진과제인 대중문화예술산업 전반의 공정성 강화와 더불어, 윤석열 정부의 국정과제인 'K-콘텐츠의 지속가능한 발전을 위한 공정한 산업 생태계 구축' 추진을 위해 마련됐다.

아울러 문체부와 고용노동부가 함께 추진 중인 연예매니지먼트 분야 현장 종사자 권익보호 방안의 후속 조치이기도 하다. 문체부와 고용부는 2022년 12월 4일 합동 보도자료를 통해 '연예매니지먼트·방송 제작 분야 종사자 권익보호 강화'에 나선다고 밝힌 바 있다.

박보균 문체부 장관은 앞서 "K-컬처의 지속적인 성장을 위해서 연예매니지먼트 업계 내 부조리한 관행의 타파와 상대적 약자들에 대한 보호가 더욱 중요해졌다"며 연예매니지먼트 분야 종사자들이 정당한 대가를 받을 수 있게 하고, 전반적인 근로환경을 개선하기 위해 관계부처, 업계와 협력하겠다"고 밝혔다.

이번 간담회에서는 2022년 고용노동부가 실시한 연예매니지먼트 분야 근로감독 결과를 설명하고, 향후 이 분야 종사자의 노동환경 개선에 대한 의견을 들었다.

문체부는 2023년 연예매니지먼트업계의 공정성 강화를 위해 추진하는 ▲2023 대중문화예술산업 실태조사 ▲'대중문화예술산업발전법' 개정 ▲대중문화예술 분야 표준계약서 제·개정 ▲대중문화예술기획업 종사자 대상 직업윤리 교육 강화 등의 방안을 안내한다. 또한 최근 문제가 된 가수 이승기 씨와 그의 전 소속사 간의 정산을 둘러싼 분쟁과 관련해 재발 방지를 위한 업계의 자정 노력을 당부할 예정이다.

문체부 측은 "연예기획사 2개소, 패션스타일리스트 10개사를 대상으로 한 근로감독 실시 결과에 따르면, ▪근로계약서 미작성, 임금명세서 미교부, ▪휴일근로 수당 미지급 등 기초 노동질서 위반 총 43건이 적발됐다"며 "문체부는 이번 간담회 결과를 현재 진행하고 있는 표준 하도급계약서 제정과 노동관계법령 교육 강화 등 정책에 반영할 계획"이라고 말했다.

■ 근로계약서 (勤勞契約書)

근로계약서는 노동자의 노동조건이 적힌 문서이다. 근로관계는 근로자와 사용자가 동등한 지위에서 자유의사에 의하여 결정한 계약에 의하여 성립하며 이러한 근로관계의 성립은 구술에 의하여 약정되기도 하지만 통상적으로 근로계약서 작성에 의하여 행하여지고 있다. 특히 급여나 근무시간 등의 세부적인 근로조건을 구두로 할 경우 고용주나 근로자가 서로 예측하지 못한 분쟁이 발생할 경우 크고 작은 법적 문제가 발생할 수 있으므로 서면으로 작성하여 계약 사항을 분명히 해야 한다. 계약서에는 계약 당사자인 사용자와 근로자의 인적사항과 근무부서, 직위, 급여조건, 근로시간 등의 꼭 필요한 내용으로 구성되어 편리하게 작성할 수 있다. 관련서식으로는 연봉계약서, 고용계약서, 이력서, 입사지원서, 자기소개서 등이 있다.

■ 휴일근로 (休日勤勞)

휴일근로란 휴일에 근로하는 것을 말한다. 근로기준법 56조에 의해 휴일근로는 통상임금의 100분의 50 이상이 휴일근로수당으로 추가 지급된다. 휴일에는 유급휴일과 무급휴일이 있으므로 무급휴일근로와 유급휴일근로와는 지급되는 임금에 차이가 있다.

▲ 2022 부산비엔날레 공식 포스터

트에는 2022년 개최된 국내외 비엔날레 중 부산비엔날레가 유일하다. 국내에서는 바라캇 컨템포러리의 김성환 작가의 전시도 포함됐다.

프리즈는 '2022 부산비엔날레'에 대해 "이번 비엔날레는 비엔날레와 같은 대형 전시가 지역의 역사와 정체성에 초점을 맞추면서도 다양한 관점을 어떻게 이끌어낼 수 있는지 그 정석을 보여준다"며 "태풍 힌남노의 영향으로 변형되었지만 여전히 작품으로서 가치를 지닌 이미래 작가의 작품 '구멍이 많은 풍경 : 영도 바다 피부'처럼 지역의 환경적, 인문적, 역사적 특색을 모두 담은 새로운 비엔날레 모델로 제시됐다"고 평했다.

프리즈, 2022 부산비엔날레 세계 10대 전시로 소개

부산시와 부산 ■**비엔날레**조직위원회가 주최한 '2022 부산비엔날레'가 영국의 현대미술 전문지 '프리즈(Frieze)'로부터 2022년도 세계 10대 전시로 소개됐다.

2022년 12월 27일 부산비엔날레조직위원회에 따르면 '프리즈'는 12월 20일 '전 세계 Top10 전시(Top 10 Shows from Across the World in 2022)'를 소개하면서 '2022 부산비엔날레'의 이름을 올렸다. 영국과 유럽, 미주권을 제외하고 소개된 리스

'프리즈'는 동시대 예술과 문화를 선도하는 플랫폼으로 '아트리뷰' 등과 더불어 세계 최대의 현대미술 전문지로 꼽힌다. 현재 런던, 뉴욕, 로스앤젤레스 그리고 한국의 서울 총 4곳에서 세계 3대 아트페어로 불리는 '프리즈' 아트 페어를 개최하고 있다.

한편, '2022 부산비엔날레'는 2022년 9월 3일부터 11월 6일까지 65일간 부산현대미술관과 부산항 제1부두, 영도 폐창고와 초량의 주택에서 개최됐다. '물결 위 우리(We, on the Rising Wave)'를 주제로 25개국 64팀 80명의 작가가 참가해 239점의 작품을 선보였다. 행사 기간 중 총 13만 8562명이 다녀갔다.

■ 비엔날레 (biennale)

비엔날레는 이탈리아어로 '2년마다'라는 뜻으로. 2년마다 열리는 국제 미술전을 말한다. 세계 3대 비엔날레로 이탈리아의 베네치아비엔날레, 브라질의 상파울루비엔날레, 미국의 휘트니비엔날레가 꼽힌다. 그중 베네치아비엔날레는 '미술계의 올림픽'으로 불리는 국제 현대미술 전시회다. 한국은 1995년 광주비엔날레를 처음 개최했다.

국제 비엔날레 행사들은 고전미술의 흐름보다는 주로 아방가르드, 추상표현주의, 팝아트 등 세계 미술계에 떠오르는 새로운 사조들을 조명하며 현대미술의 흐름이 주를 이룬다. 한편, 한국은 베네치아비엔날레에 아시아에서 일본에 이어 두 번째로 영구 국가관을 가지고 있다.

'칠곡할매글꼴' 인기 상한가... 윤 대통령 연하장에도 등장

▲ 경북 칠곡군 할머니들의 글씨체인 '칠곡할매글꼴'로 만든 윤석열 대통령 신년 연하장 (자료 : 칠곡군청)

윤석열 대통령이 신년 연하장에 '■칠곡할매글꼴'을 사용해 화제를 모았다. 칠곡할매글꼴은 뒤늦게 성인 문해(文解 : 문자 해독) 교육으로 한글을 깨친 경북 칠곡군 할머니들의 글씨를 바탕으로 2020년에 만들어진 컴퓨터 문서용 폰트(글씨체)다. 한컴오피스와 국제적으로 널리 사용되는 MS 워드, 파워포인트에 정식 글씨체로 등록됐다.

윤 대통령은 연하장을 통해 새해 인사를 전하면서 하단에 '위 서체는 76세 늦은 나이에 경북 칠곡군 한글교실에서 글씨를 배우신 권안자 어르신

의 서체로 제작되었습니다'라는 문구를 넣었다.

앞서 윤 대통령은 2년 전 검찰총장 재직 때도 자신의 SNS에서 칠곡할매글꼴을 사용했다. 당시 "어르신들의 손글씨가 문화유산이 된 것과 한글의 소중함을 함께 기리는 차원"이라고 설명한 바 있다.

칠곡할매글꼴은 각계에서 호응을 얻고 있다. 김재욱 칠곡군수는 **"칠곡할매글꼴은 정규 한글 교육을 받지 못한 마지막 세대가 남긴 문화유산으로 한글이 걸어온 역사에 큰 발자취를 남기고 새 역사를 쓴 것"**이라며 "이 글꼴을 활용해 문화관광자원과 다양한 상품을 개발할 것"이라고 말했다.

■ 칠곡할매글꼴

칠곡할매글꼴은 칠곡군이 어르신을 대상으로 운영하는 '성인 문해교실'을 통해 처음 한글을 배우고 깨친 할머니들의 글씨를 보존하기 위해 2020년 12월께 5종으로 만든 폰트다. 개인 및 기업 사용자에게 무료로 제공되는 글꼴이며 글꼴의 지식 재산권은 칠곡군에 있다. 칠곡할매글꼴은 문서 제작 프로그램인 한컴오피스와 MS오피스 프로그램에 정식 탑재돼 있다.

칠곡군은 성인문해교실에서 공부한 할머니들의 글씨 400개 중 5종을 뽑았다. 이때 선정된 분들이 김영분·권안자·이원순·이종희·추유을 할머니다. 각 할머니의 이름을 따 '칠곡할매 김영분체, 칠곡할매 권안자체, 칠곡할매 이원순체, 칠곡할매 이종희체, 칠곡할매 추유을체' 칠곡할매글꼴 5종이 탄생했다.

다누리 달 궤도 진입 성공...
새해 본격 임무 돌입

■ 다누리 (KPLO, Korean
  Pathfinder Lunar Orbit)

다누리는 2023년 1월부터 과
학임무 수행을 시작한 우리나
라 최초의 달 궤도선(탐사선)이
다. 2022년 8월 5일 미국 케이
프커내버럴 우주군기지에서 발
사돼 12월 27일 임무궤도에 성
공적으로 안착했다. 다누리 발
사 성공으로 우리나라는 7번째
달 탐사국 지위에 올랐다. 했다.
달 궤도선의 주 임무는 달 상공
을 돌면서 표면을 관측하는 것
이다. 한편, '다누리'는 과학기
술정보통신부가 명칭 공모전을
통해 선정한 이름으로 순우리
말 '달'에 '누리다'의 '누리'를 더
해 '달을 모두 누리고 오길 바
라는 마음과 한국 최초의 달 탐
사가 성공하길 기원하는 의미'
를 담고 있다.

임무궤도 진입기동 안착

우리나라 첫 달 궤도선 '**다누리**'(KPLO, Korea Pathfinder Lunar Orbiter)가 지
난 12월 27일 임무 궤도에 성공적으로 안착했다고 과학기술정보통신부와
한국항공우주연구원(이하 항우연)이 발표했다. 지난 8월 5일 미국 플로리다
주 케이프커내버럴의 우주군 기지에서 발사된 지 145일 만의 일이다.

이들 기관에 따르면 다누리는 12월 26일 오전 11시 6분께 마지막 임무궤도
진입기동을 수행했으며 이튿날 임무궤도에 성공적으로 안착한 것을 확인했
다. 임무궤도 진입기동이란 달 임무궤도에 안착시키기 위해 궤도선의 추력기
를 사용하여 속도를 줄이며 달에 점점 가까워지는 것이다.

2023년 새해 들어 다누리가 본격적으로 임무를 시작하면 우리 정부는
2032년 예정한 달 착륙과 이후 자원 개발 등 우주 개발 사업으로 나아갈 첫
발걸음을 떼게 된다. 항우연은 고해상도 카메라로 얻은 달 표면 정보를 활
용해 달 착륙선 후보지를 탐색할 계획이다. 다누리에 실린 탑재체 중 항우
연에서 개발한 고해상도 카메라는 최대해상도 2.5m로 관측폭 10km 이상
의 달 표면 관측 영상을 찍는다.

또 다누리에 실린 광시야편광카메라(한국천문연구원)와 감마선분광기(한국지질자원연구원)는 달에 매장된 자원을 탐색하는 데 쓰인다. 광시야편광카메라를 활용해 달 전역에 대한 티타늄 관찰을 수행하며 달의 우주자원 분포를 파악하고 월면의 마그마 고체화 과정을 연구할 수 있다.

감마선 분광기는 6개월 이상의 감마선 측정자료를 수집하는데, 이를 토대로 달 원소지도를 제작할 수 있다. 이 밖에도 탑재체를 활용한 달 뒷면 편광 촬영과 달의 진화 연구 등을 통해 달에 대한 새로운 과학지식을 얻을 수 있을 것으로 기대를 모은다.

선명한 지구·달 표면 사진 공개

1월 3일에는 다누리가 달 상공에서 달 지표면과 지구의 모습을 찍은 사진(사진·자료 : 한국항공우주연구원)이 공개됐다. 항우연은 12월 17일 다누리의 달 임무궤도 진입기동 이후 다누리가 촬영한 사진을 이날 공개했다.

공개된 이미지는 2차 달 궤도 진입 3일 차인 지난 12월 24일 달 상공 344km에서 촬영한 사진과 임무궤도 안착 후인 같은 달 28일 달 상공 124km에서 촬영한 사진이다. 흑백 사진 속에 둥근 지구의 윤곽과 구름, 바다 등의 모습이 선명하게 잡혔다. **달 지표의 크레이터**(달, 위성, 행성 표면에 있는 크고 작은 구멍)도 볼 수 있다.

지구가 흑백으로 촬영된 이유는 항우연이 직접 개발해 다누리에 탑재한 고해상도카메라(LUTI)가 최대해상도 2.5m, 관측 폭 10km 이상, 위치 오차 225m 이하의 성능을 가지고 있으나 컬러 촬영 기능은 없기 때문이다. 달 표면 지역 정밀 관측, 달 착륙선 후보지 선정 등 다누리의 임무에 컬러 촬영 기능이 불필요해 카메라를 설계하는 과정에서 애초에 흑백을 선택했다.

➕ 지구돋이 (earthrise)

지구돋이란 달 표면 위로 지구가 떠오르고 있는 모습으로, 최초의 유인 달 탐사 우주선 아폴로 8호의 비행 중 우주비행사 윌리엄 앤더스가 찍은 사진에 붙은 이름이다. 촬영시간은 1968년 12월 24일로 아폴로 8호는 달 표면에 착륙하지는 않았다. 이는 인류가 우주 속에서 지구를 본 최초의 모습이다.

POINT 세 줄 요약

❶ 우리나라 첫 달 궤도선 다누리가 12월 27일 임무 궤도에 안착했다.

❷ 정부는 우주 개발 사업으로 나아갈 첫 발걸음을 떼게 된다.

❸ 1월 3일 디누리가 촬영한 달 지표면 사진이 공개됐다.

'뇌 먹는 아메바'
국내 첫 감염자 사망

Cyst stage   Trophozoite stage   Flagellated stage

▲ 여러 형태의 파울러자유아메바. 왼쪽부터 피낭 단계, 영양체 단계, 편모충 단계 (자료 : 질병관리청)

일명 '뇌 먹는 아메바'로 불리는 '**파울러자유아메바**' 감염이 국내에서 처음 확인됐다. 파울러자유아메바는 감염 시 치명적인 **뇌수막염**(뇌 조직을 싸고 있는 막에 염증이 생기는 질환)을 일으켜 사망에까지 이르게 하는 병원성이 매우 높은 원충(原蟲 : 단세포 기생충)이다.

질병관리청은 12월 26일 태국에 4개월 체류한 50대 남성에게서 뇌수막염 증상이 나타나 원인 병원체 확인검사를 한 결과 파울러자유아메바 감염이 확인됐다고 밝혔다. 이 환자는 12월 10일 귀국 당일부터 증상이 시작돼 다음날인 11일 응급실로 이송됐고, 열흘 뒤인 12월 21일 사망했다.

이 아메바는 호수나 강에서 수영 등을 할 때 코로 들어와 후각신경을 따라 뇌로 이동한다. 1937년 최초 감염이 보고됐고, 이후 2018년까지 전 세계에서 총 381건의 감염 사례가 나왔다. 사람 간에는 전파되지 않는 것으로 알려졌다.

잠복기는 짧게는 2~3일, 길게는 7~15일이다. 두통, 정신 혼미, 후각 및 상기도 증상이 나타났다가 점차 심한 두통과 발열, 구토, 경부 경직 등

으로 이어져 혼수상태를 거쳐 사망할 수 있다. 감염 사례가 드물기는 하지만 증상이 빠르게 진행되고 치명적이다.

지영미 질병관리청장은 "파울러자유아메바 발생이 보고된 지역을 여행할 때는 수영 및 레저 활동을 삼가고 깨끗한 물을 사용하는 등 각별히 주의해 달라"고 권고했다.

■ 파울러자유아메바 (Naegleria fowleri)
파울러자유아메바는 이른바 '뇌 먹는 아메바'로 알려진 진핵생물이다. 수영이나 잠수를 하는 사람의 입이나 코로 들어간 파울러자유아메바는 후각신경을 따라 뇌로 이동해 뇌세포를 파괴한다. 특히 파울러자유아메바가 뇌척수액에서 증식할 경우 감염자는 짧은 시간 안에 사망한다. 파울러자유아메바는 염소 소독 등으로 제거할 수 있다. 감염 사례는 주로 염소 소독이 힘든 강이나 호수 또는 소독되지 않은 수영장 등에서 일어난다. 파울러자유아메바는 음식이나 음료 등을 통해서 전염되지 않으며 사람 사이 감염도 일어나지 않는다. 감염 사례가 가장 많은 국가는 미국으로 주로 플로리다나 텍사스 등 기후가 따뜻한 지역에서 발생한다. 베트남이나 파키스탄, 일본, 타이완 등에서도 감염 사례가 나타난 바 있다.

머스크 "후임 찾는 대로
트위터 CEO 사임"

트위터 인수 이후 경영까지 맡으면서 잇단 설화를 자초한 일론 머스크 테슬라 CEO(최고경영자)가 2022년 12월 21일(현지시간) 자신의 계정을 통해 결국 트위터 경영에서 손 떼겠다는 의사를 밝혔다.

머스크는 이날 "트위터 CEO 자리를 맡을 만큼 어리석은 사람을 발견하는 즉시 CEO 자리를 사

임하겠다"고 말했다. 후임자가 정해지면 자신은 소프트웨어 및 서버 팀을 운영할 것이란 입장도 덧붙였다. 후임자로는 페이스북 전 최고운영책임자 ▪**셰릴 샌드버그**, 머스크의 엔지니어이자 측근인 스리람 크리슈난, 트럼프 전 대통령의 사위인 재러드 쿠슈너 등이 거론된다.

앞서 머스크는 12월 18~19일 직접 트윗을 올려 '내가 트위터 수장에서 물러나야 할까'라는 설문을 진행했다. 그 결과 총 1750만2391명의 응답자 중 찬성(57.5%)이 반대(42.5%)를 누르고 과반을 차지했다.

머스크는 이 설문을 올리며 "결과에 따를 것"이라고 했으나, 막상 '물러나라'는 응답이 대세를 이루자 돌연 "우리가 여전히 트위터에 작은 '봇 (bot : 자동 프로그램)' 문제를 가지고 있을지도 모른다"며 의구심을 제기했다. AFP통신 등 해외 언론은 "머스크가 '봇'에 의해 투표가 조작됐을 수 있다는 믿음을 나타냈다"고 보도했다.

머스크는 설문 이후 유료 회원만 트위터 투표에 참여할 수 있도록 해야 한다는 트윗에 "좋은 지적"이라고 답하기도 했다. 이에 곱지 않은 눈초리가 쏟아지자 결국 그가 공개적인 사임 의사를 표명하기에 이른 것이다.

그는 2022년 트위터 인수 이후 주요 정책을 갑작스럽게 바꾸고 언론인 계정을 예고도 없이 무더기 정지해 거센 비판을 받았다. 기업들은 트위터의 주요 수익원인 광고에서 빠져나갔다. 머스크가 본업인 테슬라 경영은 뒷전이고 트위터에만 몰두한다는 시장 인식마저 커지며 테슬라 주가는 트위터 인수일인 2022년 10월 27일 225달러에서 2022년 12월 20일 138달러로 40% 가깝게 곤두박질쳤다.

▪ 셰릴 샌드버그 (Sheryl Sandberg, 1969~)

셰릴 샌드버그는 미국의 기업인이자 메타의 최고 운영 책임자(COO)이다. 2012년 6월, 페이스북 최초 여성 이사회 임원이 되었다. 하버드대학교 경제학과를 최우등으로 졸업한 후 세계은행(World Bank)에서 당시 수석 경제학자였던 래리 서머스의 연구조교로 일했다. 세계적 빈곤문제에 대하여 연구하기 위하여 인도로 갔는데 현실을 느끼고 사회공헌적인 일을 하기로 결심하였다. 이를 위해 하버드대학교 경영대학원을 최우등으로 졸업하였다.
졸업 후 맥킨지 앤 컴퍼니 경영 컨설턴트로 1년을 일한 후 래리 서머스가 재무성(Treasury Department) 차관이 되어 4년간 그의 비서로 일하면서 국내외적으로 1조4000억원의 예산을 분배하는 정책에 참여하였다. 차관비서로 일하면서 테크 버블을 경험하고 2001년 클린턴 대통령의 임기가 끝난 후 실리콘 밸리로 가 2008년까지 구글 글로벌 온라인 판매 및 운영 부회장을 역임했다. 이후 구글을 떠나 페이스북으로 옮겨 페이스북의 최고 운영책임자가 되었다.

대한민국, 초고속인터넷 세계 1위 '옛말'

대한민국 초고속 인터넷 인프라 경쟁력이 꾸준히 하락해 30위권으로 내려간 것으로 나타났다. 1월 3일 인터넷 속도 측정 사이트 '스피드 테스트'에

따르면, 2022년 11월 기준 대한민국의 초고속 인터넷 평균속도는 다운로드 기준 171.12 **■Mbps**로 34위로 집계됐다. 2019년 2위에서 2020년 4위, 2021년 7위로 내려온 뒤 큰 폭으로 순위가 떨어졌다.

초고속 인터넷 다운로드 속도가 가장 빠른 나라는 모나코(320.8Mbps)였고, 싱가포르(295.78Mbps)가 뒤를 이었다. 다만 두 나라는 인구와 국토 면적이 작은 도시 국가다. 이런 점에서 인구가 2000만 명에 육박하고 면적도 넓은 칠레(291.62Mbps)가 일정 규모 이상 국가 가운데 평균속도가 가장 빨랐다.

불과 몇 년 전까지 세계 최고 수준으로 평가받던 우리나라의 초고속 인터넷 평균속도 순위가 크게 하락한 이유는 초고속 인터넷망을 상대적으로 앞서 구축했기 때문에 **품질이 다소 떨어지는 광동축혼합망**(HFC, Hybrid Fiber Coaxial) 등을 사용해서다. 반면 후발국들은 빠른 속도를 지원하는 광케이블을 구축하면서 한국 초고속 인터넷 속도의 경쟁력이 약화된 것으로 풀이된다.

다만 업계에서는 평균속도 순위는 낮아졌지만 우리나라 이용자들이 느끼는 불편이 커진 것은 아니라고 보고 있다. 현재 유튜브 등에서 해상도 1080픽셀(p) 동영상을 원활하게 시청하려면 약5Mbps, **■UHD** 방송은 30Mbps 속도가 필요한 만큼, 평균속도 순위가 낮아졌다고 해서 이용자들이 느끼는 불편이 커진 것은 아니라는 설명이다.

하지만 가상현실 등 초고속·초저지연 전송이 필요한 콘텐츠가 증가할 것으로 예상되는 만큼 향후 인터넷 속도 차이에 따른 국가 간 콘텐츠 체감 격차가 뚜렷해질 것으로 보는 시선도 없지 않다. 한편 정부와 국내 통신사들은 스피드 테스트의 발표에 대해 '신뢰할 수 없다'며 반박하고 나섰다.

■ Mbps (Megabit per second)
Mbps는 초당 백만 비트를 전송할 수 있는 데이터 전송 속도를 나타내는 단위이다. A4용지 한 장에 한글 700자를 쓴다고 볼 때 초당 A4 크기의 서류 90장을 보낼 수 있다.

■ UHD (Ultra High Definition)
UHD는 국제전기통신연합(ITU)이 승인한 고화질 디지털 비디오 포맷으로서 화면비율 16 : 9, 화소수 829만4400, 가로세로 해상도 3840×2160의 규격에 해당하는 영상 품질을 말한다. 영상 품질 기준이다. 본래 4K는 4096x2160 해상도를 칭하지만 UHD를 4K라 칭하기도 한다. UHD는 화질은 풀(full) HD 해상도(1920 x 1080)보다 4배 선명하다.

장애 아닌 재해라더니...
KT 인터넷 접속 이상 벌써 몇 번째?

새해 첫 월요일인 1월 2일 부산·울산·창원 등 일부 지역에서 KT 유선 인터넷 접속 장애로 이용자들이 불편을 호소했다. 이날 오후 2시 30분쯤부터 인터넷 접속 지연으로 해당 지역에서 KT에

1000건 이상의 고객 문의가 접수됐고 약 30분 만에 정상 작동한 것으로 알려졌다.

1월 3일 KT는 해당 지역에서 발생한 장애는 ▪DNS 접속용 스위치 이상으로 DNS 트래픽이 증가하면서 발생한 것으로 확인됐다고 밝혔다. DNS는 이용자의 단말이 플랫폼·웹사이트 등 목적지를 찾아가는 것을 도와주는 장치다.

이와 함께 접속 장애가 발생한 서비스는 '유선 인터넷'이며 무선인터넷, IPTV, 인터넷전화 등 다른 KT 서비스에는 영향이 가지 않았다고 덧붙였다. KT에 따르면 접속 이상이 발생한 지 26분 만에 서비스가 정상화돼 일괄적인 피해보상이 이뤄질 가능성은 크지 않다.

현재 방송통신위원회 통신장애 시 손해배상 기준에 따르면 **초고속인터넷과 이동전화 통신장애 피해보상은 장애시간이 연속 2시간 이상이나 1개월 누적 6시간 초과여야 받을 수 있다.** 이 약관은 2021년 발생한 KT의 대규모 네트워크 장애 사고 이후 방통위가 이용자 피해구제 강화를 목적으로 개선한 것이다.

공교롭게도 통신장애가 발생한 날 구현모 KT 대표가 신년사를 통해 직원들에게 안전과 안정 부분을 당부했다. KT는 지난 2021년도와 2018년에도 유·무선 통신망 사고가 발생한 전력이 있다. KT의 서비스 품질 논란이 여러 해 지속되며 KT의 통신 관리와 운용에 이목이 집중되는 상황이다.

▪ DNS (Domain Name System)

DNS는 고유의 IP 주소를 해석해 인터넷 이용자들이 원하는 플랫폼이나 웹사이트 등 네트워크상에 있는 목적지를 찾아가도록 도와주는 장치다. 인터넷 이용자들은 웹사이트에 접속할 때 IP 주소 대신 외우기 쉬운 도메인 이름을 사용한다. 도메인 이름을 입력하면 도메인을 실제 네트워크상에서 사용하는 IP 주소로 바꾸고 해당 IP 주소로 접속하는 과정이 필요하다. 이러한 과정 내지 전체 시스템을 DNS라고 한다.

▌ **이용 약관상 통신장애 시 손해배상 기준 개선** (자료 : 방통위)

구분		개선 전	개선 후
초고속 인터넷	배상기준 장애시간	연속 3시간 이상 또는 1개월 누적 6시간 초과	연속 2시간 이상 또는 1개월 누적 6시간 초과
	배상기준 금액	장애시간 금액의 6배 상당	장애시간 요금의 10배 상당
이동 전화	배상기준 장애시간	연속 3시간 이상 또는 1개월 누적 6시간 초과	연속 2시간 이상 또는 1개월 누적 6시간 초과
	배상기준 금액	장애시간 요금(월정액 및 부가 사용료)의 8배 상당	장애시간 요금(월정액 및 부가 사용료)의 10배 상당

추락 경보 美 위성, 한반도 상공 지나가

과학기술정보통신부가 1월 9일 미국 지구관측 위성인 'ERBS'가 한반도 인근에 추락할 가능성이 있다고 밝혔다. 이에 과기정통부는 이날 오전 7시 경계경보를 발령하고 우주위험대책본부를

▲ 미국 지구관측위성의 추락 예상 범위 내 한반도 통과 예측 궤적
(자료 : 과기정통부)

소집해 만일의 경우를 대비했다.

ERBS는 1984년 10월 5일 챌린저 우주왕복선에서 발사된 뒤 지구 열복사 분포를 관측하고 분석하는 임무를 수행한 무게 2450kg의 위성으로 2005년 은퇴했다. 임무를 마치고도 관성에 의해 지구 궤도를 떠돌다가 18년 만에 지구 중력에 끌려 추락하게 된 것이다.

한국천문연구원은 이날 오전 4시를 기준으로 수행한 궤도 분석 결과, ERBS가 낮 12시 20분~오후 1시 20분 사이에 추락할 가능성이 높고 추락 예측 범위에 한반도가 포함돼 있다고 밝혔다.

과기정통부는 "추락 위성이 대기권 진입 시 마찰열로 연소돼 대부분 소실될 것"이라고 예측하면서도 "일부 잔해물이 넓은 범위에 걸쳐 낙하할 수 있어 주의가 요구된다"고 경고했다.

미국 항공우주국(NASA·나사) 등에 따르면 ERBS는 오후 1시 4분께 한반도에 한참 멀리 떨어진 알래스카 서남쪽 베링해 부근에 추락한 것으로 확인됐다.

결과적으로 별다른 피해 없이 위성이 추락하긴 했지만 이번 ERBS의 추락 과정에서 미 정부가 **▪궤도 파편 완화 표준 관행**(ODMSP)에서 어긋났다는 지적도 제기됐다. ODMSP는 궤도 파편을 제어하고 최소화하기 위해 제정된 원칙이다.

한국천문연구원에 따르면, 현재 지구 궤도를 도는 인공위성 중 고장이나 임무 종료로 방치된 인공위성은 무려 2964기다. 이 위성들은 궤도를 유지할 만한 속도를 내지 못해 고도가 낮아지다 300km 고도로 내려가면 수개월 내 ERBS처럼 지구로 추락한다. 궤도 파편 추락에 대응하기 위한 국제적인 공조와 함께 국내 자체 우주 산업 기술 육성이 시급한 상황이라고 전문가들은 지적했다.

▪ **궤도 파편 완화 표준 관행 (ODMSP, Orbital Debris Mitigation Standard Practices)**
궤도 파편 완화 표준 관행(ODMSP)은 우주 쓰레기나 수명이 다한 위성 등 궤도 파편이 급증하는 현상을 해결하기 위해 2001년 제정된 원칙이다.
▲정상적 위성 운영 중 방출되는 파편의 제어 ▲우발적 폭발에 의해 생성되는 파편의 최소화 ▲우발적 충돌을 최소화하기 위한 안전한 비행 운용 ▲우주 구조물의 사후 처리를 통해 수명이 긴 신규 파편의 생성을 제한하는 것 등이 주요 목표다.
미국 정부는 ODMSP를 꾸준히 업데이트해 왔다. 2019년 최종 개정된 ODMSP는 지구 궤도 내 우주 쓰레기 문제를 해소하기 위한 운영 방침을 제시하고 있다. 고도 160~2000km의 지구 저궤도 위성의 경우 임무 종료 후 25년 이내에 궤도에서 이탈해야 하며, 추락 잔해로 인한 사상자 위험을 1만 분의 1 이내로 제한해야 한다는 것이 대표적이다.
이번에 추락한 ERBS는 2005년 은퇴한 후 2023년 궤도에서 벗어나 지구에 추락한 만큼 이탈 기한은 지켰으나 사상자 위험도 기준을 충족하지 못했다는 지적이 나왔다. 앞서 NASA가 ERBS 추락 소식을 전하며 "지구상의 모든 사람들에게 피해가 갈 가능성이 (ODMSP 기준인 1만 분의 1 이내를 충족하지 못하는) 약 9400명 중 1명 수준"이라고 설명했기 때문이다. 다만 1984년에 발사된 ERBS가 2001년 처음으로 제정된 ODMSP에 따른 지침을 적용하기 어려웠을 것이란 반박도 있다.

반도체 수준 전기 전도하는
새 탄소 소재 'LOPC' 합성

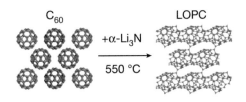

UNIST(울산과학기술원) 특훈교수인 로드니 루오프 기초과학연구원(IBS) 다차원 탄소재료 연구단 단장 연구팀이 중국 과학기술대와 공동으로 반도체와 금속 수준의 전기 전도도를 지닌 '장주기 규칙성을 갖는 다공성 탄소'(LOPC, Long-range Ordered Porous Carbon)를 합성해냈다고 1월 12일 밝혔다.

풀러렌은 그래핀처럼 원자 배열에 따라 다채로운 물리적 특성을 갖는 ■탄소 동소체 중 하나이지만 그래핀과 달리 응용 연구가 많이 이뤄지지 않았다.

응용하려면 원자 배열이나 구조를 변형시켜야 하는데 풀러렌은 지름이 0.7nm(나노미터 : 1nm는 10억 분의 1m)에 불과하고 분자 구조가 인정적이어서 화학적·물리적 변형이 어려웠다. 설사 변형에 성공하더라도 응용가치가 있는 정도로 많이 합성하기 어려웠다.

공동연구팀은 분말 형태 풀러렌을 알파리튬질소화합물과 혼합한 뒤 가열하는 방식으로 변형에 성공했다. 이를 통해 새로운 구조로 합성된 LOPC를 분석한 결과 입체 구조의 풀러렌이 그래핀과 같이 2차원 소재로 변하는 과정에서 생성

된다는 사실을 확인했다.

LOPC는 전기전도도가 낮은 풀러렌을 재료로 사용했음에도 상온에서 반도체 소자 수준의 전기전도도를 나타냈다. 15도 미만의 저온에서는 금속 수준의 전기전도도를 보였다고 연구팀은 설명했다.

이번 연구는 **커패시터**(축전기), **약물 운반체, 효율 높은 촉매 등으로 산업적 응용 가치가 큰 이상적 탄소 소재인 탄소 슈왈차이트** 합성 가능성을 확인했다는 점에서 의미가 크다고 연구팀은 설명했다. 이번 연구 결과는 이날 국제학술지인 '네이처'에 온라인 게재됐다.

■ **탄소 동소체 (炭素同素體)**
탄소 동소체는 한 가지 같은 원소(탄소)로 이루어져 있지만 원자의 배열과 구조가 달라서 다른 성질을 나타내는 물질이다. 탄소 원자만으로 이루어진 동소체에는 다이아몬드, 흑연, 풀러렌, 탄소 나노튜브(CNT) 등이 있다. 분자 결합의 안정성은 다이아몬드>풀러렌>CNT=흑연=그래핀이다.

분야별
최신상식

스포츠
엔터

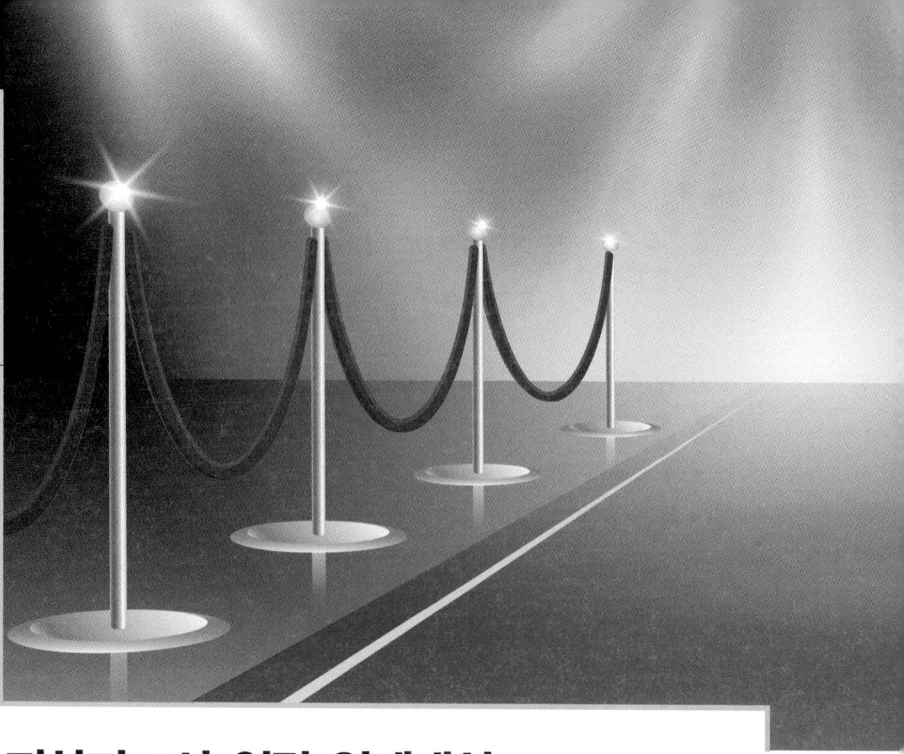

지상파 3사 연말 연예대상...
신동엽·전현무·유재석

■ **전현무 (全炫茂, 1977~)**
전현무는 아나운서 출신의 방
송인으로, 2017년, 2022년 2번
의 연예대상을 차지했다. 전현
무는 이전에는 없던 '예능 전문
아나운서'로 활약하다 2012년
프리랜서를 선언했다. 이후 승
승장구하며, 2017년 MBC 방
송연예대상에서 대상을 수상
했다. 아나운서 출신 인물 최초
대상 수상자다. 이어 2022년
MBC 방송연예대상에서 두 번
째 대상을 수상하며 아나운서
출신으로 유일하게 2개의 대상
을 차지한 예능인이 됐다.

3사 연예대상 시청률 1위는 MBC

지난 12월 17일 방송된 SBS 연예대상, 24일 KBS 연예대상에 이어 29일
MBC 방송연예대상을 끝으로 2022년 예능인들의 축제가 막을 내렸다. 지
상파 3사 연예대상 중 시청자의 가장 큰 관심을 받은 시상식은 '2022 MBC
방송연예대상'이었다. MBC 방송연예대상은 1부 5.7%, 2부 5.8%(이하 닐
슨코리아 수도권 가구 기준)를 기록하며 3사 시상식 중 가장 높은 시청률을
기록했다. SBS 연예대상은 1부 5.1%, 2부 4.9%였다. KBS 연예대상은 1부
4.9%, 2부 4.7%였다.

MBC는 예능 프로그램 '나 혼자 산다'와 '놀면 뭐하니?', '안싸우면 다행이
야' 등이 높은 화제성과 시청률을 기록하며 연예대상 수상 결과에 시청
자의 관심이 쏠렸다. 또한 공동 수상 남발 없이 납득할 만한 수상자 선정
으로 시청자들의 호평을 얻었다. MBC 대상은 많은 이들이 예상한 대로
■**전현무**에게 돌아갔다. 지난 2017년 대상 수상 이후 5년 만이다. 그는 '나
혼자 산다', '전지적 참견 시점' 등 MBC 간판 예능 프로그램을 안정적으로
이끌어 대상 수상이 유력시됐다.

유재석 통산 19번째 대상

KBS는 김숙, 신동엽, 전현무, 이경규, 김종민이 후보로 오른 가운데, '불후의 명곡' 진행을 맡고 있는 신동엽이 대상을 차지했다. 개인 통산 5번째 대상 수상이다. 신동엽은 KBS에서 2002년, 2012년에 이어 2022년에도 10년 만에 KBS 연예대상을 수상하며 10년 간격으로 3번의 'KBS 연예대상' 대상을 받는 이색적인 기록을 남겼다.

SBS에서는 신동엽, 유재석, 지석진, 김종국, 탁재훈, 이상민 등 총 6명이 대상 후보로 이름을 올린 가운데, 2010년부터 '런닝맨'을 이끌어 온 유재석에게 대상이 돌아갔다. 'SBS 연예대상' 대상은 7번째로, 2019년 이후 3년 만이었다. 통산 19번째 대상 트로피를 거머쥔 그는 "20개를 목표로 끝까지 달려보겠다"라며 꾸준한 활약을 약속했다.

2022 연예대상 주요 수상자

2022 MBC 방송연예대상	
상	수상자(프로그램)
대상	전현무(나 혼자 산다)
올해의 예능 프로그램상	나 혼자 산다
남자 최우수상	붐(안싸우면 다행이야)
여자 최우수상	안영미(라디오스타)
라디오 최우수상	정지영(오늘 아침 정지영입니다)
공로상	이경규
2022 KBS 방송연예대상	
대상	신동엽(불후의 명곡)
최고의 프로그램상	불후의 명곡
최우수상 쇼&버라이어티 부문	류수영(신상출시 편스토랑)
최우수상 쇼&버라이어티 부문	딘딘(1박 2일)
최우수상 리얼리티 부문	후지타 사유리(슈퍼맨이 돌아왔다)
최우수상 리얼리티 부문	이천수(살림남2)
공로상	송해(전국노래자랑)
2022 SBS 방송연예대상	
대상	유재석(런닝맨)
최우수상(쇼·스포츠)	이현이(골 때리는 그녀들)
최우수상(토크·리얼리티)	김준호(미운 우리 새끼)
올해의 프로그램상 (버라이어티)	런닝맨
올해의 프로그램상(쇼)	골 때리는 그녀들
올해의 프로그램상(토크)	미운 우리 새끼

POINT 세 줄 요약

❶ 연말 지상파 3사 연예대상이 발표됐다.

❷ 3사 중 MBC 방송연예대상이 가장 높은 시청률을 기록했다.

❸ MBC는 전현무, KBS는 신동엽, SBS는 유재석이 대상을 수상했다.

아바타2 글로벌 매출 1억달러 달성

'■**아바타**'의 속편 '아바타: 물의 길'(아바타2)이 불과 개봉 14일 만에 월드와이드 매출 10억달러를 돌파하며 2022년 가장 빠른 속도의 흥행을 기록했다. 미국 박스오피스 집계 사이트 박스오피스 모조에 따르면, 12월 29일 기준 '아바타2'의 전 세계 매출은 10억3000만 달러(약 1조3100억원)를 넘어섰다. 북미에서는 3억1700만달러를 모았다.

'아바타2'는 전 세계에서 가장 먼저 개봉한 한국(12월 14일 개봉)에서도 15일 연속 박스오피스 1위 자리를 흥행가도를 달리고 있다. 영화진흥위원회 영화관입장권통합전산망에 따르면 '아바타2'는 1월 9일 누적 관객수 877만 명을 넘어섰다.

'아바타2'는 '탑건: 매버릭'과 '쥬라기 월드: 도미니언'에 이어 2022년 개봉한 영화 중 매출 10억달러를 돌파한 세 번째 작품이 됐다. 미국 연예매체 버라이어티는 '아바타2'에 대해 "2022년 가장 빠른 흥행 기록을 달성한 영화"라고 평가했다. 개봉 2주 만에 10억달러 수익을 거둔 영화는 현재까지 단 6편뿐이다. 직전 기록은 2021년 개봉한 '스파이더맨: 노 웨이 홈'(10억달러 돌파에 12일

소요)이 세웠다.

'아바타2'는 2009년 혁신적인 기술력으로 신드롬을 일으키며 월드와이드 역대 흥행 1위를 13년째 지키고 있는 '아바타'의 후속편이다. **'아바타' 시리즈는 총 5부작으로 계획**됐으며, 카메론 감독이 흥행에 실패하면 3부로 이야기를 끝내겠다고 해 흥행 여부에 팬들의 관심이 쏠리는 상황이다.

'아바타2' 한 편에만 1억달러의 홍보비용과 3억 5000만달러에 달하는 제작비가 투입됐다. 손익분기점은 최소 20억달러(2조5400억원)로 추정된다. 다만, 현재 주요 시장인 러시아에서는 상영하지 않고, 중국에서는 코로나19 재유행으로 영화 시장이 저조해 '아바타2'가 손익분기점에 못 미치는 15억달러의 매출을 기록할 것이라고 전문가들은 예측하고 있다.

■ **아바타 (Avatar)**

'아바타'는 2009년에 공개된 미국의 영화이다. 제임스 카메론이 감독을 맡았다. '판도라'라는 외계 위성을 배경으로 하는 SF 영화이다. 아바타의 별칭은 Project 880이다. 대한민국을 비롯하여 전 세계 흥행 1위를 기록하였다. 또한 3D 미디어 산업의 활성화에도 크게 기여했다는 평가를 받고 있다.
문화체육관광부는 아바타의 흥행을 계기로 2013년까지 2000억원의 예산을 컴퓨터그래픽(CG) 산업에 투입하고 영화진흥위원회도 3D 영화 기술개발에 투자하기로 했던 바 있다.

양현석 '보복 협박' 1심서 무죄

소속사 그룹 멤버의 마약 의혹을 무마하려고 연습생을 불러 협박하고 진술 번복을 요구했다는 혐의를 받는 양현석 전 YG엔터테인먼트 총괄프

▲ 양현석 전 YG엔터테인먼트 총괄프로듀서

로듀서가 1심에서 무죄를 선고받았다. 12월 22일 서울중앙지법 형사 23부(재판장 조병구)는 특정범죄 가중처벌에 관한 법률위반(**보복범죄**)혐의를 받는 양 전 대표에 대해 무죄를 선고했다.

양 전 대표는 **아이콘(iKON)의 전 멤버 비아이(김한빈)의 마약 투약 의혹을 공익제보한 A 씨에게 진술 번복을 강요하고 협박한 혐의**로 기소됐다. 가수 연습생이던 A 씨는 2016년 마약 투약 혐의로 경찰 수사를 받던 중 비아이의 마약 투약 의혹을 진술했다가 번복했다. 이후 2019년 6월 국민권익위원회에 YG의 외압을 받아 진술을 바꿨다고 제보했다.

A 씨는 2022년 12월 4월 재판에 증인으로 출석해 양 전 대표가 "너 하나 죽이는 건 일도 아니다"라고 협박했다며 "진술을 번복하면 사례비를 주겠다고 했다"고 증언했다.

그러나 재판부는 "양 씨는 A 씨의 행동을 질타하는 취지로 발언했던 것으로 보인다"며 "직접적이고 구체적인 해악의 고지를 들었다는 A 씨의 표현이 지속적으로 변하고 있다"고 지적했다.

A 씨가 2017년 8월 언론과의 인터뷰에서 양 씨가 자신에게 "진술을 번복해라. 사례해 줄 테니. 너 못 뜨게 할 수 있다"고 했다가 2019년 10월엔 "너는 화류계나 연예계에 계속 있을 것 같은데 죽이는 것 일도 아니라고 말했다"는 식으로 진술이 변화되고 있다는 것이다.

재판부는 "공소사실인 보복협박으로 처벌하려면 양 씨의 행위로 인해 A 씨가 공포심으로 인해 의사의 자유가 억압된 상태에서 진술번복이 이뤄졌어야 한다"며 "검찰 증거만으로는 진술번복의 설득을 요구하거나 압박을 가한 정도에 그치지 않고 구체적이고 직접적인 해악의 고지로 협박했다고 볼 증거가 부족하다"고 밝혔다.

■ **보복범죄 (報復犯罪)**

보복범죄란 특정범죄 가중처벌 등에 관한 법률의 제5조의9 보복범죄의 가중처벌을 말한다. 자기 또는 타인의 형사사건의 수사 또는 재판과 관련하여 고소·고발 등 수사단서의 제공, 진술, 증언 또는 자료제출에 대한 보복의 목적으로 살인, 폭행, 상해, 감금, 체포, 협박을 할 경우에 형법상 범죄를 특정범죄 가중처벌 등에 관한 법률로 가중처벌하는 것이다. 국가형벌권행사에 조력한 증인 등에 대한 보복범죄를 엄벌하여 범죄 척결에 국민이 안심하고 동참할 수 있는 여건을 조성하는 게 입법 취지다.

월드컵 16강 한국, FIFA 랭킹 25위

2022 국제축구연맹(FIFA) 카타르 월드컵에서 16강에 진출한 한국이 세계랭킹 25위로 3계단 상승했다. 한국은 12월 22일(한국시간) FIFA 공식 홈페이지를 통해 발표된 2022년도 12월 FIFA 랭킹에서 1539.49점을 기록, 25위를 차지했다. 월

▲ 카타르 월드컵에서 16강에 진출한 대한민국 축구 대표팀

드컵 개막 전인 2022년 10월에는 28위였다.

한국은 카타르 월드컵 H조에서 우루과이(0-0 무), 가나(2-3 패), 포르투갈(2-1 승)을 상대로 1승 1무 1패를 기록해 조 2위로 16강에 올랐다. 2010년 남아공 대회 이후 12년 만에 16강 진출이었다. 16강전에서는 축구 강국 브라질을 만나 1-4로 패했다.

일본과 이란은 이번 월드컵 이후 랭킹을 맞바꿨다. 독일, 스페인을 연달아 제압하고 16강에 오른 일본은 4계단 상승한 20위에 올랐다. 반면 이란은 1승 2패로 조별리그에서 탈락해, 20위에서 24위로 4계단 하락했다.

한국의 FIFA 랭킹은 아시아축구연맹(AFC) 가맹국 중 일본, 이란에 이어 3번째로 높다. 다른 아시아 팀의 순위 변동도 컸다. 튀니지, 덴마크를 연파하고 16강까지 진출한 호주는 11계단 상승한 27위에 자리했다. 아르헨티나를 꺾는 이변을 연출한 사우디아라비아는 51위에 올랐다. 사상 처음으로 '월드컵 개최국 3연패' 수모를 당한 카타르는 50위에서 60위로 내려앉았다.

1986년 멕시코 대회 이후 36년 만에 월드컵 우승 쾌거를 이룬 아르헨티나는 1838.38점으로 랭킹

2위에 올랐다. 월드컵 8강에서 탈락했지만 1위를 지킨 브라질(1840.77점)과는 2.39점 차에 불과하다. 3위는 월드컵 준우승팀인 프랑스(1823.39점)였다. 조별리그에서 탈락한 벨기에는 2위에서 4위로 하락했다.

아프리카 대륙 및 아랍권 국가 최초로 4강에 오른 모로코는 무려 11계단 상승해 11위에 올랐다. 3·4위전에서 모로코를 꺾고 동메달을 목에 건 크로아티아는 12위에서 7위로 5계단 상승했다.

2022 카타르 월드컵 대회·수상 결과

대회 결과	
우승	아르헨티나
준우승	프랑스
3위	크로아티아
4위	모로코
수상	
골든볼	리오넬 메시(아르헨티나)
골든부트	킬리안 음바페(프랑스)
골든글러브	에밀리아노 마르티네스(아르헨티나)

아티스틱 스위밍, 파리 올림픽부터 남자 출전 허용

'금남(禁男)의 종목'이던 수영 ▪아티스틱 스위밍이 올림픽에서 남자 선수의 출전을 허용한다. 국제수영연맹(FINA)은 국제올림픽위원회(IOC)가 남자 아티스틱 스위밍 선수들의 올림픽 출전을 승인했다고 12월 23일 밝혔다. 2024 파리 올림픽부터는 남녀 선수가 함께 아티스틱 스위밍에서

메달 경쟁을 하는 모습을 볼 수 있게 됐다.

수영과 무용이 어우러진 **아티스틱 스위밍은 한동 안 '싱크로나이즈드 스위밍'으로 불리다가 2017년 헝가리 부다페스트 총회에서 현재의 이름으로 바 뀐 종목**이다. 여성만 참가하는 대표적인 종목 이었으나, 2015년 러시아 카잔 세계수영선수권 에서 남녀 혼성 2인조 경기인 '혼성 듀엣(Mixed Duet)' 종목이 추가되며 남자 선수의 메이저 대회 출전이 처음 허용됐다.

아티스틱 스위밍은 1984년 대회부터 올림픽 정 식 종목이었는데, 이번 IOC 결정으로 38년 만 에 올림픽 무대에서 남자 아티스틱 스위밍 선수 의 경기를 볼 수 있게 됐다. 올림픽에서는 2명이 나서는 듀엣 종목, 8명이 합을 맞추는 팀 종목 등 2개의 금메달이 걸려있는데 파리 올림픽에서 남 자 선수들은 팀 종목에만 출전할 수 있다.

2015년 세계선수권에서 크리스티나 존스와 함께 혼성 듀엣 규정종목(테크니컬 루틴) 금메달을 따 내며 아티스틱 스위밍의 첫 남성 메달리스트가 된 빌 메이(미국) 현 미국 대표팀 코치가 남자 선 수의 올림픽 출전을 위해 주도적으로 목소리를 내왔다고 FINA는 전했다.

현역 선수 중 가장 두각을 나타내는 남자 선수인 조르조 미니시니(이탈리아)는 "포용성을 향해 우 리 종목은 빠르게 진화하고 있다"면서 "IOC의 이번 결정으로 아티스틱 스위밍은 전체 올림픽 운동의 본보기가 될 것"이라며 반겼다. 대한수영 연맹에 따르면 한국의 남자 아티스틱 스위밍 선 수는 변재준(19·경희대1) 한 명뿐이다.

■ **아티스틱 스위밍 (artistic swimming)**
아티스틱 스위밍은 수영과 춤, 체조가 혼합된 종목으로, 솔로, 듀엣 또는 팀으로 이뤄진다. 이전에는 싱크로나이즈드 스위 밍(synchronised swimming)이라고 불렸으나, 2017년 국제 수영연맹이 아티스틱 스위밍으로 종목 이름을 바꿨다. 수 중 발레라고도 불린다. 1984년 이후 하계 올림픽 경기 종목 에 포함되어 있다. 최초로 기록된 경기는 1891년 독일 베를 린에서 열린 대회이며 1900년대 초 호주 출신 여자 수영 선 수 아네트 캘러먼이 최초의 수중 발레리나로 불리며 아티스 틱 스위밍을 세상에 널리 알렸다. 이후 음악과 여러 기술이 도입돼 지금과 같은 형태가 됐고 1954년 국제수영연맹 정식 종목으로 인정됐다.

BTS RM 솔로앨범 '인디고' 빌보드 200 3위 진입

방탄소년단(BTS) 리더 RM의 솔로 앨범 '인디고' 가 미국 빌보드 메인 앨범 차트 '빌보드200' 3위 에 올랐다. **국내 솔로 앨범으로는 빌보드 메인 차 트 최고 기록**이다. 직전 최고 기록은 걸그룹 트 와이스 멤버 나연의 솔로 앨범 'IM NAYEON' 이 기록한 7위였다. BTS 멤버 중에선 제이홉이 2022년 7월 발매한 '잭 인 더 박스'로 17위까지 올랐다.

▲ BTS 멤버 RM

2022년 12월 26일(현지시간) 빌보드는 차트 예고 기사에서 "RM이 방탄소년단 멤버 중 처음으로 '빌보드 200' 톱10에 든 앨범을 보유하게 됐다"고 밝혔다. RM의 앨범 '인디고'는 12월 17일 자 빌보드 200 차트 15위로 데뷔했고, 그다음 주부턴 차트 순위권에서 벗어났었다. 하지만 다시 3위까지 껑충 순위가 뛰어오른 것이다.

반등 원인은 음원만 냈던 첫 발매 때와 달리 최근 이 앨범의 실물 CD를 발매한 점이 꼽힌다. 빌보드에 따르면 이번 차트 집계에서 RM의 인디고는 총 8만3000장의 판매량을 기록했다. 이 중 실물 CD가 7만9000장, **SEA**(Streaming Equivalent Albums : 스트리밍 횟수를 앨범 판매량으로 환산)가 4000장을 차지한 것으로 나타났다. 다만 **TEA**(Track Equivalent Album : 디지털 음원 다운로드 횟수를 앨범 판매량으로 환산)는 거의 전무했다.

➕ BTS, 10년간 '빌보드 핫100' 1위곡 최다 보유

지난 10년간 미국 빌보드 차트 정상을 가장 많이 차지한 그룹 중 하나로 방탄소년단(BTS)이 꼽혔다. 빌보드는 2022년 11월 1일(현지시간) 소셜미디어를 통해 지난 10년 빌보드 메인 싱글 차트인 '핫 100' 1위에 가장 많은 곡을 올린 아티스트가 BTS라고 밝혔다.
BTS는 이 기간에 총 6곡을 '핫 100' 정상에 올렸다.

이는 드레이크(5곡), 각각 4곡인 아리아나 그란데와 테일러 스위프트를 앞서는 것이다. 또 세계적 팝스타인 저스틴 비버와 니키 미나즈의 각 3곡 기록도 뛰어 넘는다.

노래는 6곡이지만 각각의 대표곡이 핫100 차트 1위를 기록한 횟수는 더 많다. '다이너마이트(Dynamite)'는 2020년 9월 5일 한국 가수 최초 '핫 100' 1위를 기록하는 등 1위를 3회 차지했다. 같은 해 '새비지 러브(Savage Love)' 리믹스 버전과 '라이프 고즈 온(Life Goes On)'도 각각 1회 정상을 차지했다. '버터(Butter)'는 10회, '퍼미션 투 댄스(Permission to Dance)'는 1회, 콜드플레이와 협업(컬래버레이션)한 '마이 유니버스(My Universe)'도 1회를 차지했다. 차트 진입과 동시에 1위로 직행하는 것을 '핫샷'이라 하는데 BTS는 6곡 중 5곡이 핫샷을 기록했다. 유일한 제외곡은 피처링 곡인 '새비지 러브' 리믹스다.

호날두, 결국 사우디행...
2030년까지 1.5조 받는다

▲ 알 나스르로 이적한 호날두 (자료 : 알 나스르 SNS)

크리스티아누 호날두가 사우디아라비아 프로축구 알 나스르와 계약했다. 호날두와 알 나스르는 지난 12월 31일 공식 채널을 통해 계약 완료를 알렸다. 계약 기간은 2025년 6월까지다. **알 나스**

르는 사우디아라비아 수도인 리야드에 위치한 팀으로 1부 리그 우승을 9번 했고 막대한 부를 가진 구단으로 알려졌다. 호날두가 아시아 리그에서 뛰는 것은 처음이다.

양측은 구체적인 조건은 공개하지 않았다. 외신은 호날두가 매년 2억유로(약 2683억원) 상당을 수령한다고 보도했다. 보도대로라면 호날두는 현재 세계 최고 연봉 선수인 프랑스의 킬리안 음바페(파리 생제르맹)를 넘어 이 부문 1위가 된다. 호날두는 선수 은퇴 후 사우디아라비아 축구 홍보대사를 맡는 조건으로 2030년까지 총 1조5000억원을 웃도는 거액까지 받는 것으로 알려졌다.

호날두는 2021년 12년 만에 잉글랜드 프리미어리그 맨체스터 유나이티드(맨유)로 돌아왔다. 그러나 유럽축구연맹(UEFA) 챔피언스리그 진출에 실패하자 팀과 균열이 생겼고 결국 지난 11월 맨유와 계약을 해지했다. 호날두는 맨유 구단 수뇌부와 에릭 텐하흐 감독을 비난하는 인터뷰를 한 뒤 구단과 갈등을 빚으며 사실상 방출됐다.

이후 2022 국제축구연맹(FIFA) 카타르 월드컵에서도 호날두는 부진했고 무적 신세가 된 호날두를 유럽 명문 구단들은 외면했다. 이 가운데 알 나스르가 유일하게 관심을 보이면서 호날두 차기 행선지로 알 나스르가 꾸준히 언급돼왔다.

알 나스르는 호날두 영입 효과를 벌써 누리고 있다. 호날두 영입이 발표되자 사우디아라비아 리야드의 알 나스르 기념품 판매장에는 호날두 유니폼을 구입하기 위한 팬들의 행렬이 이어졌고 알 나스르 인스타그램 팔로워도 5배 이상 늘었다.

조규성·이강인 새 둥지 트나

한편, 카타르 월드컵에서 호날두와 설전을 벌여 화제가 된 한국 대표팀 공격수 조규성(전북 현대)의 해외 진출이 가시화됐다. 유럽 축구 이적 소식에 정통한 이탈리아 기자 파브리지오 로마노는 1월 11일(현지시간) 자신의 SNS에 **스코틀랜드 리그 명문 구단 셀틱**을 포함해, 미네소타 유나이티드(미국), 마인츠(독일)가 조규성에게 공식적인 영입 제의를 했다고 밝혔다.

스페인 프리메라리가에서 주가가 폭등하고 있는 이강인(마요르카)을 영입하기 위한 물밑 경쟁도 치열하다. 스페인 언론에 따르면 잉글랜드 아스톤 빌라가 이강인의 영입 제안서를 제출했다. 잉글랜드 뉴캐슬과 번리, 네덜란드 페예노르트도 이강인을 주시하고 있는 것으로 알려졌다.

2022년 세계 축구선수 수입 순위 (자료 : 포브스)

순위	이름(구단)	수입
1	킬리안 음바페(파리 생제르맹)	1억2800만달러
2	리오넬 메시(파리 생제르맹)	1억2000만달러
3	크리스티아누 호날두(맨체스터 유나이티드 →알 나스르 이적)	1억달러
4	네이마르 주니오르(파리 생제르맹)	8700만달러
5	모하메드 살라(리버풀)	5300만달러
6	엘링 홀란(맨체스터 시티)	3900만달러
7	로베르트 레반도프스키(바르셀로나)	3500만달러
8	에덴 아자르(레알 마드리드)	3100만달러
9	안드레스 이니에스타(비셀 고베)	3000만달러
10	케빈 더브라위너(맨체스터 시티)	2900만달러

분야별
최신상식

인물
용어

생활인구
生活人口

생활인구란 주민등록인구 및 외국인등록인구 외에 특정 지역에 거주하거나 체류하면서 생활을 영위하는 인구다. 2018년 서울시가 KT와 합동으로 인구 추계를 하며 만든 새로운 인구 모델이다. 구체적으로 ▲'주민등록법'에 따라 주민으로 등록한 사람 ▲**통근·통학·관광·휴양·업무·정기적 교류 등의 목적으로 특정 지역을 방문하여 체류하는 사람**으로서 대통령령으로 정하는 요건에 해당하는 사람 ▲외국인 중 대통령령으로 정하는 요건에 해당하는 사람을 말한다.

2023년부터 시행하는 '인구감소지역 지원 특별법'에 생활인구라는 개념이 포함됐다. '인구감소지역 지원 특별법'은 주민등록상 주민 외 시·군·구를 방문해 체류하는 사람을 생활인구로 포함해 필요한 시책 등을 수립·시행할 수 있도록 규정했다. 생활인구는 통신데이터를 이용해 추계한다고 행정안전부는 설명했다. 그동안 주민등록상의 등록인구를 기준으로 인구의 양적 확대에 초점을 맞춰왔지만, 교통 등의 발달에 따라 앞으로는 유동인구와 중장기 체류인구까지도 포함하는 인구관리 정책이 필요하다는 지적이 있다.

한편, 인구 감소 및 지방 소멸 위기에 몰린 지자체에서는 생활인구 개념이 새로 법에 포함됨에 따라 생활인구를 늘리기 위한 다양한 방안을 모색하고 있다.

업스킬링
upskilling

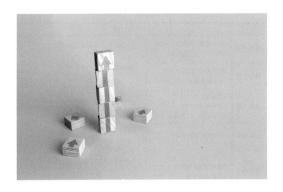

업스킬링이란 **같은 일을 더 잘하거나 더 복잡한 일을 하기 위해 뭔가를 배운다는 개념**이다. 기술의 유효기간이 점점 짧아지면서 기업에서 관심을 두는 전략 중 하나다. 기업으로서는 기존 직원 중에서 추가적 업무에 필요한 스킬과 유사한 스킬을 지닌 직원의 기술력을 향상시키는 것이 신규 직원을 채용을 하는 것보다 비용이 덜 들며 조직 적응에 대해서도 위험도가 적다고 판단한다. 또한 기존 직원들을 대상으로 재교육을 실시했을 때 고용의 안정감 혹은 직무 만족도와 관련하여 긍정적인 면이 있다고 평가받는다.

최근 실리콘밸리에서 재교육을 받는 사람들 수요가 폭발하고 있다. 특히 팬데믹 이후 그 수치가 늘었다. 이는 오늘날 기업 자산 중에서 가장 중요한 것은 당장 재무제표에는 잡히지 않지만 인재라고 보는 관점 때문이다. 뛰어난 기업들은 임직원의 업스킬링에 관심을 두고 투사를 하고 있다. 한국에서는 업스킬링 수단으로 전국 20개소의 'K디지털 플랫폼'이 운영 중이다. 디지털 융합 훈련 시설과 장비 등을 중소기업 근로자, 청년 구직자에게 제공해 디지털 분야 인재를 양성하고 있다.

카이퍼 프로젝트
Project Kuiper

▲ 아마존의 인터넷 위성을 발사할 로켓 이미지 (자료 : 아마존)

카이퍼 프로젝트는 **고도 590~630km의 지구 저궤도에 통신 위성을 발사해 고속광대역 인터넷 서비스를 제공하려는, 미국의 세계 최대 전자 상거래 업체 '아마존'의 프로젝트**다. 통신 서비스 제공이 부족한 전 세계 지역사회에 저지연-고속 광대역 인터넷 연결을 제공하는 사업이다. 아마존의 자회사 카이퍼 시스템즈를 중심으로 추진되고 있다. 아마존은 현재 일론 머스크 테슬라 CEO(최고경영자)가 설립한 우주탐사 기업 '스페이스X'가 독점하고 있는 위성 인터넷 시장을 적극적으로 공략하고자 한다.

아마존은 앞으로 10년 동안 저궤도에 총 7774대의 위성을 발사해 네트워크를 구성할 예정으로, 578대의 위성이 궤도에 안착하면 초기 서비스를 시작할 계획이다. 아마존의 카이퍼 프로젝트는 스페이스X의 독점을 막기 위한 사업으로 풀이된다. 위성 인터넷 서비스의 선두주자인 스페이스X는 이미 3100개의 위성을 궤도에 올렸으며, 이 회사의 위성 인터넷 서비스인 스타링크는 30개국 이상에서 서비스되고 있다.

폐배터리 재활용

폐배터리 재활용이란 **재사용이 불가능한 폐배터리를 분해해 니켈, 망간 등의 핵심 소재를 추출함으로써 새로운 배터리 제작에 활용하는 것이다.** 2차전지는 충전을 하면 반영구적으로 사용할 수 있지만 일정 시점이 되면 폐기해야 한다. 폐배터리 처리 방식은 재사용(reuse)과 재활용(recycling) 등으로 나뉜다.

전기차 보급 확대로 배터리 사용량이 늘며 폐배터리 재활용 시장도 급부상하고 있다. 폐배터리 재활용이 특히 중요한 이유는 양극재 원료가 되는 광물 자원이 한정되어 있어서다. 미국의 인플레이션 감축법(IRA, Inflation Reduction Act), 유럽의 원자재법(RMA, Raw Materials Act) 대응을 위해서도 폐배터리 재활용이 중요하다. IRA는 미국 또는 자유무역협정(FTA) 국가에서 생산된 부품 혹은 광물을 일정 비율 이상 사용한 전기차에만 판매보조금을 지급한다는 내용을 담았다. 국내 배터리 3사들의 배터리 원재료 및 소재에 대한 중국 의존도는 70~90%에 이르고 있어 폐배터리 재활용이 이에 대응할 수 있는 현실적 대안으로 꼽힌다.

K-MBSI
Korea Mortgage Backed Security Index

구 분	내 용	
대상자산	공사 발행 고정금리 MBS (CMO, Pass-Through)	지수 기본 산식 : $I_t = I_{t-1} \times R_t$ Where t : 산출일, I_{t-1} : 전일 지수, R_t : 1일 일수익률
대상종목	대상 자산 전체 트랜치 (후순위채 제외)	1. 총수익지수 $R_t = \dfrac{\sum_{i=1}^n (P_{i,t} + NCF_{i,t}) \times N_{i,t} + 10{,}000 \times B_{i,t}}{\sum_{i=1}^m P_{i,t-1} \times (N_{i,t} + B_{i,t})}$ Where R_t : 1일수익률, $P_{i,t}$: 종목i의 평가가격(t차1일 이자차감단가), $N_{i,t}$: 종목i의 1일 발행부수, $B_{i,t}$: 종목i의 상환발행부수, $NCF_{i,t}$: 종목i의 이자금액
산출기준	(기준일) '17.1.1. (기준지수) 100 (산출주기) 일간(휴일 포함)	
산출방식	시가총액 가중방식	2. 시장가격지수 $R_t = \dfrac{\sum_{i=1}^n P_{i,t} \times N_{i,t} + 10{,}000 \times B_{i,t}}{\sum_{i=1}^m P_{i,t-1} \times (N_{i,t} + B_{i,t})}$ Where R_t : 1일수익률, $P_{i,t}$: 종목i의 평가가격(t차1일 이자차감단가), $N_{i,t}$: 종목i의 1일 발행부수, $B_{i,t}$: 종목i의 상환발행부수
지수 리밸런싱	(리밸런싱 주기) 일간 (발행·편입) 익영업일 반영 (상환·편출) 실지급일 반영	

▲ MBS 지수(K-MBSI) 산출 방식 (자료 : 한국주택금융공사)

K-MBSI란 **주택저당증권(MBS)을 대상자산으로 산출하는 시가총액 가중방식 가격지수**로, 개별 MBS의 평가가격을 이용해 일일 수익률을 계산한 다음 MBS의 가치 변화를 지수로 표시하는 방식이다. 주택금융공사가 MBS 투자를 촉진하기 위해 개발했다. 지난 11월 23일 주택금융공사는 공사가 발행하는 MBS에 대한 지수 개발이 완료돼 유동화증권 공시포털(K-MBS)에 MBS 지수(K-MBSI)를 공표한다고 알렸다. 지수 이름은 내부 공모를 통해 K-MBSI로 확정됐다.

이 지수는 통계청 국가통계로도 승인받았다. 지수 산출 기준일은 2017년 1월 1일이며, 총수익지수 및 시장가격 지수가 대상자산별(일반 MBS 및 Pass-Through MBS)로 각각 공표된다. 주택금융공사 관계자는 "MBS 지수 제공으로 자산운용기관 등 투자자가 국공채 등 다른 채권지수와 비교하며 투자 결정 등에 활용할 수 있을 것"이라며, "MBS 투자에 대한 기반 여건 조성을 통해 MBS에 대한 투자를 촉진하는 효과가 있을 것으로 기대한다"고 말했다.

YCC
YCC, Yield Curve Control

수익률곡선 제어 정책(YCC)은 일본은행(BOJ)이 지난 2016년 9월 도입한 '장단기 금리 조작부 양적·질적 금융완화' 정책의 핵심으로, **10년 만기 국채 수익률이 대체로 0% 수준에서 움직이도록 유도하는 것이다.** 일본은행이 장단기 금리 차이를 직접 제어하겠다는 것으로 사실상 수익률곡선을 세우는 것을 목적으로 한다. 돈을 푸는 양적완화(QE)가 국채 매입을 통해 장기채권의 금리를 낮추는 것을 목표로 한다면, YCC는 중앙은행이 직접 금리를 통제한다는 점에서 국채 매입보다 효과적이라고 평가받는다.

한편, 지난 12월 20일 일본은행은 금융정책결정회의에서 YCC 10년물 금리의 변동 허용범위를 0%±0.25%에서 0%±0.50%로 확대했다. 일본의 소비자물가 상승으로 인플레이션 압력이 높아지자 일본은행이 이에 대응할 필요가 생겨 정책변화를 꾀한 것이다. 구로다 일본은행 총재는 기자회견을 통해 "YCC의 폐지를 논하기에는 너무 이르고 금번 조치는 금리인상이 아니며 필요할 경우에는 통화정책을 완화하겠다"고 발언했다. 예상치 못한 일본은행의 YCC 조정으로 일본 국채금리 및 엔화 가치가 급등했다.

ChatGPT

▲ ChatGPT 홈페이지 (화면 캡처)

ChatGPT(챗지피티)는 그림을 그리는 인공지능(AI)인 '달리2'(DALL-E2)로 잘 알려진 AI 연구재단 오픈에이아이(OpenAI)가 지난 12월 1일 공개한 **초거대 인공지능(AI) 기반 챗봇**(chat bot : 문자·음성으로 대화하는 기능이 있는 컴퓨터 프로그램 또는 인공지능)**이다.** ChatGPT는 AI 언어모델 '지피티3'(GPT-3)를 발전시킨 '지피티3.5'로 언어를 학습해 인간과 자연스러운 대화를 나누고 질문에 대한 답을 할 수 있다.

ChatGPT는 방대한 데이터 처리 능력을 바탕으로 이용자 질문이나 요청을 인식해 단순히 사전에 입력된 데이터를 보여 주는 수준을 넘어 독자 콘텐츠를 생성한다. 특정 키워드나 조건을 충족하는 소설·시·에세이를 쓰는 것은 물론 복잡한 코딩 문제를 풀 수 있다. ChatGPT는 텍스트에 대한 사람의 판단 능력을 함께 학습해 인간과 대화하는 듯한 느낌을 준다. 구글의 검색 결과를 전문가가 옆에서 설명해 주듯 핵심만 뽑아 요약해서 보여 주는 기능도 구현할 수 있다. 다만 왜곡된 정보를 포함하는 사례가 빈번해 아직 ChatGPT의 답변에 대한 신뢰도는 한계가 있다고 평가된다.

카페브러리
cafebrary

카페브러리란 '**카페**(cafe)'와 '**도서관**(library)'의 합성어로, 카페에 공부할 수 있는 도서관의 성격을 더한 공간을 말한다. 일명 카공족(카페에서 공부하는 사람들)이 늘면서 이들을 겨냥한 카페브러리가 생겨났다. 카공족은 사람들이 여유를 즐기거나 친목을 위해 방문하는 카페에서 장시간 자리를 차지하며 공부를 해 눈살을 찌푸리게 하는 존재였다. 하지만 최근에는 아예 카공족을 노려 매출 증대를 노리는 카페브러리가 등장하기 시작했다.

카페브러리는 독립된 1인용 칸막이 좌석, 스탠드 조명 등 도서관과 같은 시설을 갖추고 도서나 잡지 등을 비치하는 것은 물론 커피 외에 허기를 채울 수 있는 식사 메뉴까지 제공한다. 국내 카페 산업이 포화 상태에 이르면서 특히 대형 프랜차이즈 카페 브랜드들이 대학가 위주로 카페브러리를 적용해 새로운 고객층을 확보하고 있다. 기존 매장에 한 층을 카페브러리로 만들어 카공족들이 모여 있게 하는 방식이다.

디저트 노마드족
dessert nomad族

▲ 서울신라호텔이 성탄절을 맞아 출시한 25만원짜리 케이크 (자료 : 호텔신라)

디저트 노마드족은 '**디저트**(dessert)'와 유목민을 뜻하는 '**노마드**(nomad)'의 합성어로, 맛있고 예쁜 디저트를 위해 어디든 찾아다니는 사람들이다. 이들은 특별한 디저트라면 가격을 신경 쓰지 않고 소비하며, SNS에 인증샷을 공유하는 것이 특징이다. 스마트폰의 카메라 성능이 향상되고 SNS 활용이 일상이 되면서 맛은 기본이고 사진이 잘 나오는 특별한 비주얼을 가진 디저트들이 인기를 끌기 시작했다.

맛있는 디저트를 찾아다니는 것은 일종의 소확행(소소하지만 확실한 행복)으로, 디저트 노마드족은 가심비(가격 대비 만족)를 넘어 나심비(가격을 신경 쓰지 않는 자기만족)를 중시한다. 최근 들어 크리스마스 시즌에는 호텔 업계의 고가 케이크가 인기를 끌고 있다. 조선 팰리스 서울 강남 호텔은 25만원짜리 '화이트 트리 스페셜 케이크'를 선보였다. 이 케이크는 고가에도 품절되는 사태를 빚었다. 이 같은 고가의 디저트는 크리스마스와 같이 특별한 날을 기념하고 SNS에 올릴 만한 비주얼로 디저트 노마드족 사이에서 인기를 끌고 있다.

제국시민

Reichsbürgerbewegung

▲ 독일 프랑크푸르트 경찰이 연방정부 전복을 꾀한 혐의를 받는 인물을 체포하고 있다.

제국시민(라이히스뷔르거 운동)은 **현재의 독일 국가를 인정하지 않고, 1871년부터 1차 세계대전 패전 직전까지 존속했던 '제2제국'을 모델로 새 국가를 세우는 것을 목표로 하는 독일제국 재건 반정부 세력**이다. 네오나치(신나치주의)를 신봉하는 극우파들로 현재 2만1000명 정도 남아있는 것으로 알려졌다. 최근 국가 전복을 도모하며 구체적 준비를 해 온 극우 세력이 무더기로 검거되며 독일 사회가 충격에 빠졌다. 당국은 이 세력이 제국시민 운동과 연관된 것으로 보고 있다. 외신에 따르면 독일 경찰은 지난 12월 7일 대규모 검거 작전을 벌여 제국시민 운동과 관련돼 연방정부를 전복하러 한 25명을 체포했다.

독일 당국은 검거된 이들이 2021년 11월부터 무장한 채 독일 의회를 공격하려는 계획도 세웠다고 밝혔다. 검거된 이들 중에는 '하인리히 13세'라는 이름만 공개된 71세 남성도 포함됐다. 그는 자신은 독일 중부 지방을 다스렸던 로이스 가문의 후손이고 왕자라고 주장하며, 연방정부 전복 뒤 신질서 수립을 대비한다는 명목으로 러시아와 접촉을 시도하기도 했다.

유가 상한제

油價上限制

유가 상한제란 **유럽연합(EU)과 주요 7개국(G7), 호주 등이 러시아의 전쟁 자금 조달을 막기 위해 러시아산 원유 가격 상한액을 배럴당 60달러로 정한 것이다.** 이들 국가는 지난 12월 5일부터 러시아산 원유에 대한 가격 상한제를 시행했다. 배럴당 60달러는 현재 러시아 우랄산 원유 가격인 배럴당 70달러 선보다 10달러 정도 낮은 수준으로, 참여국들은 상한액에 넘는 가격에 수출되는 러시아 원유에 대해 보험과 운송 등 해상 서비스를 금지했다.

러시아는 유가 상한제에 반발하며 이 같은 제재가 우크라이나에서의 군사 작전에 영향을 미치지 못할 것이며 오히려 세계 에너지 시장이 불안정해질 것이라고 주장했다. 한편, 외신에 따르면 블라디미르 푸틴 러시아 대통령이 지난 12월 27일(현지시간) 러시아산 원유 가격 상한제를 도입한 국가와 기업에 대해 석유 및 석유 제품 판매를 금지하는 대통령령에 서명했다. 이번 대통령령은 2023년 2월 1일부터 7월 1일까지 5개월간 한시적으로 유지될 예정이다.

붕세권

붕세권이란 **겨울철 대표간식 '붕어빵'과 '역세권'을 합친 신조어로, 거주지 근처에 붕어빵 가게가 있는 것을 말한다.** 집을 구할 때 교통이 편리한 역세권을 선호하는 것에 빗대 집 근처에 편의 시설이 가까운 것을 표현한 신조어가 많다. 커피숍 스타벅스가 집 근처에 있으면 스세권, 편의점이 가까이 있으면 편세권이라고 말하는 식이다. 최근 붕어빵 노점을 찾기 힘들어지면서 거주지가 붕어빵 가게 근처에 있는 붕세권이 떠오르고 있다. 근처에 붕어빵 노점이 있는 곳을 알려주는 붕어빵 앱도 인기를 끌고 있다.

붕어빵 노점이 앱을 동원해 찾아야 할 만큼 희귀해진 이유는 다양하다. 먼저 각 지자체가 허가받지 않은 불법 노점을 엄격히 단속해 크게 줄었다. 코로나19 장기화로 제대로 등록 절차를 마치고 영업하는 노점 숫자도 크게 줄었다. 붕어빵 제조에 필요한 주요 식자재 가격도 급등했다. 특히 붕어빵의 주재료인 팥소 재료로 쓰이는 수입산 붉은 팥 가격은 5년 전 3000원에서 현재는 6000원으로 2배 올랐다. 이에 따라 5년 전 1000원에 3~4개였던 붕어빵이 올해는 2개에 1000원으로 약 2배 뛰었다.

뉴디맨드 전략
new demand strategy

뉴디맨드 전략이란 **경제 불황기 속에서 획기적으로 대체 불가능한 상품을 제작해 새로운 수요를 창출하는 것이다.** 불황기에도 소비자는 생각지도 못한 제품이 출시된다면 지갑을 열게 된다는 것에 착안한 용어다. 뉴디맨드 전략은 김난도 서울대 소비자학과 교수가 펴낸 『트렌드 코리아 2023』의 키워드인 래빗점프(Rabbit Jump)에서 제시됐다. 김 교수는 새로운 수요를 창출하는 방법으로 교체수요·신규수요 만들기를 제시했다. 교체수요를 만드는 방법으로 업그레이드 하기, 새로운 컨셉트를 덧입히기, 지불 방식 바꾸기가 등장한다.

또한 신규수요를 만드는 방법으로 전에 없던 혁신적인 상품, 새로운 카테고리를 만드는 상품, 세밀하게 나뉜 나만의 상품 개발을 제시했다. 그 예로 LG전자의 '스타일러 슈케이스'가 등장한다. 이는 명품 운동화나 한정판 신발 등을 최적의 습도와 온도로 보관하고 예술 작품처럼 감상할 수 있는 신발 보관·전시용 가전제품이다. 한정판 스니커즈 구매를 위해 오픈런을 불사하거나 웃돈을 얹어 구매하는 사람이 많아진 트렌드를 반영한 새로운 카테고리의 상품이다.

P-CBO
Primary-Collateralized Bond Obligation

▲ 추경호 경제부총리 겸 기획재정부 장관 (자료 : 기획재정부)

P-CBO는 채권을 기초자산으로 발행되는 자산담보부증권(ABS, Asset Backed Securities : 기업이나 은행이 보유한 자산을 근거로 발행하는 증권)을 뜻하는 CBO(Collateralized Bond Obligation) 가운데 신규(Primary) 발행 채권을 기초자산으로 발행하는 CBO를 말한다. 이는 이미 발행된 채권을 기초로 하는 S(Secondary)-CBO와 구분된다. P-CBO는 **신용도가 낮아 직접 회사채를 발행하기 어려운 기업의 자금조달을 돕기 위해 2000년에 도입됐다.**

정부는 2023년 초부터 5조원 규모의 P-CBO 프로그램을 본격적으로 가동한다고 밝혔다. 추경호 경제부총리 겸 기획재정부 장관은 지난 12월 15일 서울 은행회관에서 '비상거시경제금융회의'를 개최하고 기업들의 원활한 회사채 발행을 적극적으로 지원하겠다면서 이 같은 계획을 발표했다. 정부는 2023년에 상당수 기업이 자금 조달 위기에 처할 수 있다는 판단에 따라 P-CBO 프로그램 가동을 강조한 것으로 보인다.

고스팅
ghosting

고스팅이란 '**유령(ghost)**'이라는 단어에 '**~ing**'를 합성해 만든 말로, 일방적으로 유령처럼 연락을 끊고 사라지는 행동을 말한다. 본래 연인 사이에서 한 사람이 일방적으로 연락을 끊어버리는 경우에 사용된 말이다. 그러다 고용 시장에서 직원들이 일방적으로 연락을 두절하는 현상이 자주 발생하면서 그 의미가 확대됐다. 2016년 온라인 사전 '딕셔너리 닷컴'에 등재되며 널리 알려졌다. 2018년 미국에서 고스팅이 빈발하자 미국 연방준비제도에서 발간한 경제동향종합보고서 '베이지북'에 이 단어가 등장하기도 했다.

고용시장에서 고스팅은 이력서 제출 후 면접 약속을 잡아놓고 나타나지 않거나, 신입 직원이 입사하기로 해 놓고 입사 당일에 출근하지 않는 경우를 말한다. 기존 직원이 갑자기 출근하지 않은 채 연락이 두절되는 상황도 고스팅에 해당한다. 특히 미국에서는 코로나 팬데믹 이후 구인난이 심각해지면서 고스팅으로 골치를 앓는 기업들이 늘어났다. 국내에서도 아르바이트 시장을 중심으로 고스팅이 빠르게 확산하고 있다.

헥시트
Hexit

▲ 홍콩 보안법에 반대하는 시위 참가자가 경찰에 체포되는 모습

헥시트란 '홍콩(Hong Kong)'과 탈출을 뜻하는 '엑시트(Exit)'의 합성어로, 글로벌 기업과 금융자본이 홍콩에서 대거 빠져나가는 현상을 말한다. 2020년 6월 중국이 홍콩 내 반중국 행위를 처벌하는 '홍콩보안법'을 통과시키자, 이에 대한 보복조치로 미국은 홍콩에 부여했던 특별지위를 철폐하는 절차를 시행한다고 밝혔다. 미국이 부여했던 홍콩 특별지위는 홍콩이 아시아권을 대표하는 금융 허브로 성장할 수 있었던 기반이 됐다. 지위 철폐 이후 홍콩의 자본과 인재가 해외로 빠져나가는 헥시트 우려가 커졌다.

홍콩의 중국 반환을 앞둔 1997년보다 국가보안법이 시행된 뒤 더 많은 이들이 홍콩을 떠나고 있는 것으로 나타났다. 홍콩 정부가 2022년 8월 발표한 '2022년 6월 기준 인구'에 따르면 홍콩 인구는 전년보다 1.6% 감소했다. 홍콩이 인구를 집계한 1961년 이후 최대 감소 폭이다. 국가보안법 시행 후 홍콩을 빠져나가는 주민 행렬이 급증하며 중국이 아닌 다른 나라로 이주한 홍콩 주민은 11만3200명에 달했다.

트랜스 미디어
trans media

▲ 드라마 '미생' (자료 : tvN)

트랜스 미디어란 초월을 의미하는 '트랜스(trans)'와 '미디어(media)'의 합성어로, 미디어 간 경계선을 넘어 서로 결합·융합되는 현상을 말한다. 트랜스 미디어는 방송·신문·인터넷·모바일·도서·게임 등 미디어를 유기적으로 연결한 콘텐츠를 제공하며, 시청자와 양방향 소통이 가능해 시청자의 요구에 대응하기 용이하다. 같은 스토리의 콘텐츠가 형태만 바뀌어 제작되는 것이 아니라 같은 세계관을 공유하되 미디어별로 각각의 독립성을 갖는 것이 특징이다.

국내 트랜스미디어 스토리텔링의 대표적 예시는 '미생'이다. 2012년 윤태호 작가의 웹툰 '미생'은 6부작 웹드라마 '미생 프리퀄'로, 이후 2014년에는 tvN 드라마 '미생'으로 확장했다. 웹툰도 특별편 5부작을 새로 선보였다. 드라마 이후 이야기를 다룬 웹툰 '미생2'로 이어지기도 했다. '미생'은 원작 웹툰에서 출발해 하나의 스토리가 여러 매체에 걸쳐 새롭게 확장됐다. 최근에는 게임 시장이 커지면서 게임이 웹툰이나 영화로 확장되는 트랜스 미디어가 떠오르고 있다.

벽간 소음

벽간 소음은 **층간 소음과 달리 공동주택 같은 층에 있는 옆 세대에서 발생하는 소음을 가리킨다.** 지난 12월 26일 부동산 중개 플랫폼 직방과 호갱노노가 발표한 '2022년 아파트 시장의 주요 키워드' 자료에 따르면 2022년 아파트 시장의 주요 키워드 중 1위로 벽간 소음이 꼽혔다. 이는 직방과 호갱노노 앱 이용자가 작성한 전국 아파트 단지 리뷰를 분석한 자료다.

이 자료에 따르면 벽간 소음은 예년(2018~2021년)보다 2022년 상대적으로 언급률이 높았다. 벽간 소음과 함께 언급된 키워드는 층간 소음이었다. 아파트 층간 소음을 지적할 때 벽간 소음에 대해서도 같이 언급하는 경우가 다수였다는 뜻이다. 이어 안전진단(2.82배), 분양가(2.82배), 물난리(2.78배), 발망치(2.59배) 등이 그 뒤를 이었다. 발망치는 층간 소음 이슈와 관련한 신조어로, 위층의 층간 소음을 발망치 소리에 비유한 것이다. 이를 통해 주거환경에서 소음 문제가 가장 큰 이슈가 되고 있음을 확인할 수 있다.

이옥선
1928~2022

▲ 이옥선 할머니 영정사진 (자료 : 나눔의집)

이옥선 할머니는 일본군 위안부 피해자로 지난 12월 26일 별세했다. 향년 94세. 일본군 성노예제 문제해결을 위한 정의기억연대(정의연)는 경기도 광주 나눔의 집에 살고 계시던 이옥선 할머니가 노환으로 별세했다고 밝혔다. **이옥선 할머니의 별세로 정부에 등록된 위안부 피해자 240명 중 남은 생존자는 10명이 됐다.**

1928년 대구에서 태어난 이옥선 할머니는 16살 때 일본 공장에 취직시켜 주겠는 일본 군인에 의해 중국 만주 위안소로 끌려가 일본군 성노예제 피해를 당한 뒤 해방 직후 귀국했다. 1991년 위안부피해자임을 밝혔던 고(故) 김학순 할머니에 이어 1993년 정부에 위안부 피해사실을 알렸다. 2018년 나눔의 집(경기도 광주시 퇴촌면 원당리에 위치한 일본군 위안부 출신의 할머니들의 주거복지 시설)에 정착한 이옥선 할머니는 최근까지 수요시위 참가 등 일본군 성노예제 문제 해결 활동에 활발히 참여했다. 2013년 다른 피해자 12명과 함께 일본 정부를 상대로 손해배상 청구 소송을 제기해 7년 5개월만인 2021년 1월 서울중앙지법에서 1심 승소 판결을 받아냈다. 2009년에는 보은 군민장학회에 전 재산에 가까운 2000만원을 기부하기도 했다.

슈링크플레이션
shrinkflation

슈링크플레이션은 '줄어들다(shrink)'와 '인플레이션(inflation)'을 합친 말로, 기존 제품 가격은 동일하지만 크기와 중량을 줄여 사실상 가격 인상 효과를 내는 것을 말한다. '패키지 다운사이징(package dounsizing)'이라고도 불린다. 이는 인플레이션 상황에서 가공식품 제조업계가 가격 인상의 대안으로 자주 활용한다. 기업 입장에서는 원자재 가격이 상승할 때 가격인상과 저가의 원재료 사용, 제품 용량 축소 등으로 대응할 수 있는데 슈링크플레이션이 이중 가장 위험부담이 적은 선택지로 알려져 있다.

최근 코로나19와 전쟁의 영향으로 고물가 시대를 보내면서 전 세계 기업들이 살아남기 위한 방법의 하나로 슈링크플레이션 전략을 구사하고 있다. 크기와 중량을 줄이는 것은 소비자가 자세히 살펴보지 않는 이상 알아차리기 어려워 소비자를 기만하는 기업의 꼼수로 받아들여지기도 한다. 하지만 기업 측에서는 초유의 인플레이션으로 원자재 가격이 상승한 경우 제품의 가격을 인상하기보다 내용물을 축소해 생산 비용을 줄여 소비자 저항을 줄이는 것이 부득이한 전략이라고 주장한다.

슬로우플레이션
slowflation

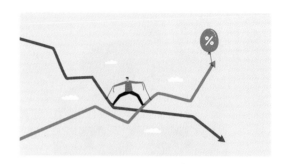

슬로우플레이션이란 느리다는 뜻의 '슬로우(slow)'와 물가상승을 의미하는 '인플레이션(inflation)'의 합성어로, 경기 회복 속도가 더뎌지는 가운데 물가만 치솟는 저성장 고물가 현상을 말한다. 경제 불황 속에서 물가상승이 동시에 발생하고 있는 상태인 스태그플레이션(stagflation)보다는 경기 침체 강도가 약할 때 사용된다. 현대경제연구원이 지난 12월 18일 발표한 '슬로우플레이션 진행 중인 국내 경제' 보고서에 따르면 국내 소비자물가 상승률이 둔화하고 있지만 슬로우플레이션 현상이 당분간 지속될 것이라는 전망이 나왔다.

초유의 고물가 시대가 오면서 6%를 넘었던 물가 정점은 지났지만 여전히 5%대를 유지하고 있는 데다 가공식품·외식물가 등은 꺾이지 않고, 원유 가격 인상 여파로 빵 등의 식품 가격이 줄인상할 예정이다. 여기에 2023년 공공요금 추가 인상 등으로 가계 상황은 더욱 빠듯해질 것으로 예상된다. 연구원은 국내 경제의 슬로우플레이션 현상이 지속될 것으로 전망되는 만큼 물가 안정을 위한 노력이 중요하다고 강조했다. 특히 글로벌 경기 침체로 국내 수출 경기가 하강하고, 고금리로 내수 부진이 나타날 수 있다고 지적했다.

신(新) 바세나르 체제
新 Wassenaar Arrangement

엘기니즘
Elginism

▲ 대영박물관

신(新) 바세나르 체제란 **미국이 러시아와 중국을 압박하기 위해 설립하려고 하는, 기존 바세나르 체제를 대체하는 새로운 수출 통제 기구를 말한다.** 바세나르 체제는 '재래식 무기와 전략 물자 및 기술'의 수출을 통제하기 위해 결성된 다국적 협의체로 지난 1996년 미국의 주도하에 결성됐다. 재래식 무기와 반도체 등 이중 용도로 사용되는 기술 등의 투명성을 높이고 책임을 강화하는 데 목적을 둔다. 미국을 비롯한 한국, 일본, 프랑스, 독일 등 자유주의 진영은 물론 러시아, 체코 등 옛 공산권 국가까지 총 42개국이 회원국으로 참여하고 있다.

미국은 현재 바세나르 체제 회원국이 아닌 중국에 대한 수출 통제를 더욱 강화하기 위해 새로운 체제가 필요하다고 보고 있다. 바세나르 체제는 만장일치로 의사결정이 이루어져 중국에 우호적인 러시아가 대중 수출 통제에 반대할 가능성이 크기 때문이다. 이에 미국은 러시아의 견제를 무력화하기 위해 우리나라를 비롯해 호주, 일본, 유럽연합(EU) 등 우방국을 중심으로 새로운 수출통제 시스템을 모색하고 있는 것으로 평가된다.

엘기니즘이란 **강대국이 약소국에 행하는 문화재 약탈행위를 의미한다.** 19C 초 오스만투르크의 영국 대사였던 토머스 브루스 엘긴 백작이 주재국 식민지였던 그리스 아테네 파르테논 신전의 대리석 부조와 조각상을 영국으로 가져간 것에서 유래했다. 엘긴 백작의 이름을 따 엘기니즘이라 부르게 됐다. 영국 정부는 약탈 논란이 일자 파르테논 신전 조각을 사들였다. 이는 대영박물관에 전시돼 '엘긴 마블(Elgin Marbles)' 컬렉션으로 불리며 대영박물관의 대표적 유물이 됐다.

오스만제국에서 독립한 이후 그리스는 엘긴 마블의 반환을 요청해왔다. 하지만 영국 정부는 자신들이 보관하지 않고 아테네에 있었다면 이 조각들은 심각하게 파손됐을 것이고, 아테네의 박물관에 전시되느니 더 많은 세계인이 볼 수 있게 자신들이 계속 전시하는 게 낫다는 핑계를 대며 반환을 거부하고 있다. 약탈을 합리화하며 핑계를 대는 이같은 행태를 '엘긴의 변명(Elgin Excuse)'이라고 한다. 우리나라 역시 일본, 프랑스 등 과거의 열강을 상대로 문화재 반환요구를 하고 있지만 여전히 많은 문화재들이 반환되지 못하고 있다.

바버라 월터스
Barbara Walters, 1929~2022

▲ 고(故) 바버라 월터스

바버라 월터스는 **미국을 대표해왔던 유명 방송인으로 '인터뷰의 여왕'이라 불린 인물이다.** 지난 12월 30일(현지시간) 93세 일기로 별세했다. 월터스는 1961년 NBC '더 투데이쇼'의 방송작가로 데뷔한 뒤 같은 프로그램에서 여성 최초로 공동진행을 맡았다. 1976년에는 ABC 방송의 'ABC 이브닝 뉴스'의 공동 앵커로 발탁됐다. 여성이 미국 전국 TV 방송에서 황금시간대인 저녁 뉴스 진행을 맡은 것은 그가 처음이었다. 이후 2014년 은퇴할 때까지 반세기 넘게 방송기자와 프로듀서, 앵커 등으로 활약했다.

고인은 '바버라 월터스 스페셜'과 ABC 간판 토크쇼 '더 뷰' 등을 진행하며 세계적으로 영향력 있는 방송인으로 자리 잡았다. 리처드 닉슨부터 버락 오바마에 이르기까지 역대 현직 미 대통령들을 모두 인터뷰했다. 또 마거릿 대처 전 영국 총리, 보리스 옐친 전 러시아 대통령, 쿠바의 피델 카스트로, 리비아의 무아마르 카다피, 이라크 사담 후세인 등 각국 정상들을 인터뷰하며 그들의 솔직한 발언을 이끌어 내 '인터뷰의 여왕'이란 별명을 얻었다.

베네딕토 16세
Benedictus XVI, 1927~2022

▲ 고(故) 베네딕토 16세

베네딕토 16세 **전 교황은 사실상 종신직으로 굳어진 가톨릭 교종**(교황) **자리를 생전에 후임자에게 물려준 인물로 지난 12월 31일 바티칸에서 선종**(善終 : 가톨릭에서 임종 때 성사를 받고 사망하는 것)**했다.** 향년 95세. 교황청은 베네딕토 16세의 생전 뜻에 따라 장례는 간소하게 치러질 것이라고 예고했다. 1927년 독일 바이에른주에서 태어난 베네딕토 16세는 1951년 사제 서품을 받았으며, 78살 때인 2005년 4월 교황으로 추대됐다. 최고령 교황이자 역사상 여덟 번째 독일인 교황으로 주목받았다.

그는 '완고한 전통주의자'란 평가를 받으며 가톨릭 신앙의 정통성을 수호해온 대표적 인물이다. 재위 8년여 만인 2013년 2월 고령 탓에 교황직을 더 수행하는 데 적합하지 않다며, 파격적으로 선위를 발표했다. 생존해 있는 동안 교황이 스스로 물러나기는 1294년 첼레스티노 5세 이래 무려 719년 만의 일이었다. 그는 가톨릭 내 보수파를 이끈 뛰어난 신학자라는 찬사와 함께 교계 최악의 사건인 사제들의 성학대 문제에 적절히 대응하지 못했다는 비판도 받았다.

펠레

Pele, 1940~2022

▲ 고(故) 펠레

펠레는 국제축구연맹(FIFA) **월드컵 사상 유일하게 우승을 3번 거머쥔 '축구 황제'로 불리는 인물이다.** 지난 12월 30일 암 투병 끝에 82세를 일기로 별세했다. 펠레의 장례가 1월 3일(현지시간) 브라질 상파울루주 산투스의 빌라 베우미루에서 엄수됐다. 산투스는 펠레가 18년간 몸담았던 프로팀 산투스FC의 연고지이며, 빌라 베우미루는 홈 경기장이다. 펠레는 월드컵 첫 출전이었던 1958 스웨덴 대회에서 수많은 역대 최연소 기록(득점·멀티골·해트트릭·우승·신인상)을 세웠다.

특히 이 대회에서 펠레는 월드컵 최초로 결승전에서 골을 넣은 10대 선수가 됐다. 그는 스웨덴 대회를 포함해 1962 칠레 월드컵과 1970 멕시코 월드컵에서 브라질 축구 대표팀의 우승을 이끌며 유일한 '월드컵 3회 우승자'에 이름을 올렸다. 또 브라질 대표팀 선수 가운데 가장 많은 77골을 기록했다. 이는 최근 브라질 대표팀 네이마르가 카타르 월드컵에서 기록한 득점과 타이 기록이다. 21년의 선수 생활 동안 1363경기에서 1281골을 터뜨리며 세계 신기록을 세웠다. FIFA는 2000년에 그를 '지난 세기 최고의 선수'로 선정했다.

비비안 웨스트우드

Vivienne Westwood, 1941~2022

▲ 고(故) 비비안 웨스트우드

비비안 웨스트우드는 '영국 패션의 대모'로 불리며 **저항적 펑크 문화를 전위적 패션으로 해석한 세계적 패션 디자이너다.** 지난 12월 29일(현지시간) 별세했다. 향년 81세. 생전 그는 '펑크의 여성 제사장', '극단의 여왕'으로 언론에 묘사됐다. 자신의 이름을 딴 브랜드 '비비안 웨스트우드'의 의상, 액세서리, 향수 등은 전 세계에서 사랑받고 있다. 1965년 패션업계에 발을 들였고 1971년 런던에서 빈티지 의류를 파는 가게를 열어 주류 문화에 대한 반항과 전복적인 메시지를 담은 패션을 선보이며 유명세를 얻었다.

비비안 웨스트우드는 당대를 풍미한 펑크 문화의 시각적인 문법을 만들어내는 데 기여했다는 평가를 받는다. 1970년대 펑크 음악에서 영감을 받은 '펑크룩' 역시 비비안 웨스트우드가 만들었다. 웨스트우드는 사회·정치적인 의견을 거침없이 밝혔고, 이를 행동으로 실천한 것으로도 유명하다. 환경운동에도 앞장서며 친환경 패션을 위해 "(옷을) 잘 골라라. 덜 사라"라고도 강조했다. 웨스트우드는 공로를 인정받아 1990년과 1991년 '올해의 영국 디자이너'를 선정됐다. 또 1992년, 2006년 엘리자베스 2세 여왕으로부터 훈장을 받기도 했다.

SNS 톡! 톡!

해야 할 건 많고, (이거 한다고 뭐가 나아질까) 미래는 여전히 불안하고 거울 속 내 표정은 (정말 노답이다) 무표정할 때! 턱 막힌 숨을 조금이나마 열어 드릴게요. "톡!톡! 너 이 얘기 들어봤니?" SNS 속 이야기로 쉬어가요.

#이_정도는_알아야 #트렌드남녀

26년 만에 극장판으로 돌아온 '더 퍼스트 슬램덩크'   ● ● ●

▲ 영화 '더 퍼스트 슬램덩크' 포스터 (자료 : NEW)

만화 '슬램덩크'가 연재 종료 이후 26년 만에 극장판 '더 퍼스트 슬램덩크'로 돌아와 1월 3일 한국에서 개봉했다. 영화의 원작은 이노우에 다케히코가 1990~1996년 일본 '주간 소년점프'에 연재한 농구 만화다. 국내에서도 한국 배경과 한국식 이름으로 옮겨 1992년부터 연재되었고 이후 애니메이션으로도 제작·방영되었다. '더 퍼스트 슬램덩크'는 개봉 첫 주 42만 관객을 돌파했다. 특히 '슬램덩크 세대'인 3040세대에서 인기가 높다.

@ 현지화 (現地化, localization)
일을 실제 진행하거나 작업하는 곳의 특성에 맞추는 것을 의미한다.

#추억여행 #왼손은_거들_뿐

해리 왕자 자서전 'Spare' 출간...왕실 사생활 폭로 논란   ● ● ●

▲ 「Spare」 표지

영국 해리 왕자의 자서전 『Spare(스페어)』가 1월 10일(현지시간) 출간되었다. 출간 첫날부터 40만 권이 판매되며 영국에서 비소설 부문 역대 1위를 기록했다. '스페어'에는 아버지 찰스 3세와 형 윌리엄 왕세자를 겨냥한 개인사 폭로나 본인의 사생활이 과할 정도로 담겨있어 화제를 일으켰다. 특히 2008년 아프가니스탄 전쟁 참전 당시 탈레반 25명을 사살한 경험을 언급한 내용이 국내외에서 논란이 되고 있다.

@ 자서전 (自敍傳)
작자 자신의 일생을 소재로 스스로 짓거나, 남에게 구술하여 쓰게 한 전기를 말한다.

#투_머치_인포메이션 #득_보다는_실

다비치 강민경, 쇼핑몰 경력직 채용 '열정 페이' 논란

・・・

▲ 다비치 강민경 (강민경 인스타그램 캡처)

가수 강민경이 운영하는 의류 쇼핑몰 '아비에무아'에서 1월 5일 올린 CS(고객서비스) 담당 경력직 채용 공고 중 연봉 2500만원을 제시한 부분이 논란이 됐다. 이는 국민연금과 건강보험료 등을 제외한 월 실수령액을 따졌을 때 최저임금 수준이기에 '열정 페이'가 아니냐는 논란을 불렀다. 강민경은 11일 개인 인스타그램과 유튜브 채널을 통해 해당 공고를 올릴 당시 착오가 있었음을 밝히고, 뒤따르는 의혹들에 대해 해명했다. 또한 차후 신입사원의 연봉을 3000만원으로 조정하고 인사 전문 담당자를 채용할 것을 밝히며 사과했다.

@ 열정 페이 (熱情pay)
청년 구직자를 고용하면서 열정을 빌미로 임금을 제대로 지급하지 않는 일을 뜻한다.

#실수를_인정하고 #개선하고_나아가기

'더 글로리' 흥행...넷플릭스 비영어권 1위

・・・

▲ '더 글로리' 포스터 (넷플릭스 인스타그램 캡처)

2022년 12월 30일 넷플릭스에서 공개된 오리지널 시리즈 '더 글로리'가 비영어 TOP 10 TV부문 1위에 올랐다. '더 글로리'는 고등학교 시절 학교폭력으로 고통받았던 한 여자가 치밀하게 준비한 복수와 그 소용돌이에 빠져드는 이들의 이야기를 그린 드라마다. '더 글로리'가 흥행하며 출연 배우나 대사, 실화를 바탕으로 한 소재 등 작품 내외로 많은 관심을 받고 있다. 이중 학교폭력 가해자 전재준(박성훈)이 않는 색약이 극 중 긴장감을 고조하는 장치로 나온다. 복수를 다짐한 문동은(송혜교)은 색약이 약점인 전재준에게 "넌 모르잖아, 알록달록한 세상"이라고 말하며 그를 자극한다.

@ 적록색약 (赤綠色弱)
색약은 색에 대한 감각이 저하되어 특정한 색을 인식하는 데 어려움을 느끼는 질환인데 적록색약은 특히 빨간색과 초록색을 구분하지 못하는 것이다.

#밤샘도_완전_가능 #학교폭력_멈춰

페이스북에서 이벤트도 참여하세요.

• 페이스북
facebook.com/
eduwillnet

• 에듀윌 도서몰
book.eduwill.net

• 시사상식 App
에듀윌 시사상식

구글 플레이스토어 or 애플 앱스토어에서 에듀윌 시사상식을 검색하세요.

* Cover Story와 분야별 **최신상식**에 나온 중요 키워드를 떠올려보세요.

01 교실, 교사 등을 갖추고 소속 학생 없이 시간제 수업을 제공하는 새로운 형태의 학교는? p.8

02 상속인이 상속으로 인해 얻은 재산의 한도 내에서 피상속인의 채무 및 유증을 변제하는 조건으로 상속을 승인하는 것은? p.11

03 이동을 편리하게 하는 데 기여하는 각종 서비스나 이동수단을 폭넓게 일컫는 말은? p.15

04 재난 등의 발생 시 의료지원을 위하여 사전 또는 사후에 조직된 의료팀은? p.21

05 한국은행이 중장기적 금융안정 상황을 파악하기 위하여 금융불균형 및 금융시스템 복원력 관련 지표들을 반영하여 산출하는 지수는? p.37

06 1월의 주가 상승률이 다른 달에 비해 상대적으로 높은 현상을 일컫는 말은? p.43

07 출입문, 전등, 난방 등 집 안의 기능을 제어할 수 있는 지능형 홈네트워크 장치는? p.46

08 체포된 범인을 촬영한 사진으로서 미국과 유럽에서 일반적으로 공개하는 것은? p.52

09 북극과 남극 대류권 중상부와 성층권에 위치하는 소용돌이 한랭 기류는? p.62

10 2003년 브라질 정부가 시행한 저소득층 대상의 사회복지 프로그램으로, 불평등 감소를 위한 조건부 현금 지급 제도는? p.65

11 소설 『난장이가 쏘아 올린 작은 공』의 저자는? p.74

12 2023년 1월부터 과학임무 수행을 시작한 우리나라 최초의 달 궤도선은? p.80

13 2022 국제축구연맹(FIFA) 카타르 월드컵에서 16강에 진출한 한국은 2022년 12월 22일 FIFA 공식 발표에서 세계랭킹 몇위를 기록했는가? p.91

14 강대국이 약소국에 행하는 문화재 약탈행위를 의미하는 말로 19C 초 오스만투르크의 영국 대사 이름에서 유래한 것은? p.97

정답 **01** 온라인 학교   **02** 한정승인   **03** 모빌리티   **04** DMAT(재난의료지원팀)   **05** 금융취약성지수(FVI)
06 1월 효과   **07** 월패드   **08** 머그샷   **09** 극 소용돌이   **10** 보우사 파밀리아   **11** 조세희   **12** 다누리
13 25위   **14.** 엘기니즘

어리석은 자는 멀리서 행복을 찾고,
현명한 자는 자신의
발치에서 행복을 키워간다.

– 제임스 오펜하임(James Oppenheim)

에듀윌, 소비자가 선택한 자격증 · 공무원 교육 '최고의 브랜드'로 선정

종합교육기업 에듀윌이 '소비자가 선택한 2022 최고의 브랜드'로 선정됐다고 1월 16일 전했다.

'소비자가 선택한 2022 최고의 브랜드'는 조선일보와 한국소비자평가위원회가 주최 및 후원하는 시상식으로, 좋은 품질과 지속 가능성을 가진 브랜드를 소비자가 직접 선택해 최고 브랜드로 선정한다. 에듀윌은 공무원·자격증 교육 부문 최고 브랜드로 선정됐다.

12월 15일 소공동 더 플라자호텔에서 진행된 시상식에는 권대호 에듀윌 대표가 직접 참석해 자리를 빛냈다. 권대호 대표는 "경쟁이 치열한 교육업계에서 공무원 및 자격증 부문 최고 브랜드로 선정되어 기쁘게 생각한다. 앞으로도 '꿈을 현실로 만드는 에듀윌'이라는 미션 달성을 위해 도전을 앞둔 모든 분들의 꿈을 실현하고자 꾸준히 노력하겠다"고 소감을 전했다.

에듀윌은 1992년 창립 이후 공무원, 자격증, 취업, 어학, 입시 분야에서 전문적인 교육 서비스를 제공해왔다. 온라인 교육 과정은 물론, 전국 50여 곳의 오프라인 직영학원까지 운영하며 수험생의 상황이나 학습 성향에 따른 맞춤 솔루션을 지원 중이다. 이를 통해 공인중개사 최다 합격자를 배출하고, 높은 공무원 합격생 증가율 및 취업 성공률을 기록하는 등의 성과를 달성하며 고객과 함께 성장하고 있다.

최근에는 에듀테크 기술 선도에 본격적으로 나서며 인공지능 학습 비서인 'Ai지니어스'를 론칭해 업계의 관심을 모았다. 인공지능 알고리즘을 통한 개별 맞춤 문제 추천, 에빙하우스 망각곡선 기반의 복습 시스템, 개별 학습 패턴에 따른 학습 관리 등으로 학습 효율성을 높이고 '단기 합격'을 지원한다.

에듀윌은 Ai지니어스를 비롯해 더 많은 고객의 꿈을 빠르게 실현시킬 고품질 학습 서비스 지원에 꾸준히 노력하며, '소비자가 선택한 최고의 브랜드'에 걸맞는 최적의 합격 파트너로서의 위상을 공고히 해나가겠다는 계획이다.

취업상식
실전TEST

취업문이 열리는 실전 문제 풀이

최근 출판된 에듀윌 자격증·공무원·취업
교재에 수록된 문제를 제공합니다.

01 제21대 국회의 비례대표 국회의원 의석수는?

① 45석
② 46석
③ 47석
④ 48석

해설 제21대 국회 의석수는 지역구 253석, 비례대표 47석으로 모두 300석이다.

국민의힘, 당원투표 100% 결선투표제 도입

국민의힘이 2022년 12월 19일 2024년 총선 공천권을 갖는 차기 당 대표를 일반 국민 여론조사 없이 당원투표 100%로 뽑는다. 현행 '7 대 3'(당원투표 70%·일반 국민 여론조사 30%)인 대표 선출 규정을 변경해 당원투표 비율을 100%로 끌어올린 것이다. 당 대표의 대표성을 높이기 위해 최다 득표자의 득표율이 50%를 넘지 않는 경우 1·2위 득표자를 대상으로 다시 투표하는 결선투표제도 도입한다.

당 대표 경선에 국민 여론조사가 도입된 것은 2004년 한나라당(국민의힘 전신) 때로, 18년 만에 선거 룰이 대폭 변경된 것이다. 특히 메이저 보수 정당이 당 대표 선거에 결선투표를 적용하는 것은 이번이 처음이다. 당 안팎에서는 '친윤'(친윤석열) 후보 간 단일화를 하지 못한 채 본선에 가는 경우를 대비해 결선투표를 도입한 게 아니냐는 해석도 나왔다.

정답 ③

02 다음 중 우리나라의 국경일이 아닌 것은?

① 제헌절
② 광복절
③ 한글날
④ 현충일

해설 우리나라의 국경일은 ▲삼일절 ▲제헌절 ▲광복절 ▲개천절 ▲한글날 등 5개다.

與, 성탄절·석가탄신일 대체휴일 제안

▲ 원내대책회의에서 발언하는 주호영 원내대표 (자료 : 국민의힘)

여당이 크리스마스(12월 25일)와 부처님오신날(음력 4월 8일)도 대체공휴일 대상에 포함하자고 정부에 공식 제안했다. 이는 정부가 시행령 개정으로 추진할 수 있는 사안으로, 주무부서인 인사혁신처는 관계부처 간 협의를 통해 검토하겠다고 밝혔다.

국민의힘 주호영 원내대표는 2022년 12월 20일 국회에서 열린 원내대책회의에서 "내수 진작, 국민 휴식권 확대, 종교계 요청 등을 고려해 정부가 대체공휴일 지정을 확대하는 것을 검토할 때가 됐다"며 이같이 밝혔다. 크리스마스와 부처님오신날을 대체공휴일로 추가 지정하기 위해서는 대통령령인 '관공서의 공휴일에 관한 규정'을 개정해야 하며 국무회의 심의·의결이 필요하다. 주무부서인 인사혁신처는 이날 언론에 "경제, 사회 분야 관련 부처 간 협의 등을 통해 (해당 규정 개정을) 검토할 예정"이라고 밝혔다.

정답 ④

03 억눌렸던 수요가 급속도로 살아나는 현상을 뜻하는 단어는?

① 립스틱 효과
② 베블런 효과
③ 펜트업 효과
④ 밴드왜건 효과

해설 펜트업 효과(pent-up effect)는 억눌렸던 수요가 급속도로 살아나는 현상을 말한다.
① 립스틱 효과 : 경기 불황기에 최저 비용으로 소비자를 만족시켜줄 수 있는 상품이 잘 판매되는 현상
② 베블런 효과 : 소비재의 가격이 상승하는데도 오히려 수요가 증가하는 현상
④ 밴드왜건 효과 : 대중적 유행에 따라 상품을 소비하는 현상

📂 "역대급 고용 한파 온다"…채용 줄이고 희망퇴직 받는 기업들

글로벌 경기 침체가 장기화 조짐을 보이면서 업황이 부진한 국내 기업들이 인력 감축과 비용 절감으로 '마른 수건 쥐어짜기'에 나섰다. 곳곳에서 심상찮은 감원 소식이 들려오고 신규 채용은 속도를 조절하려는 분위기가 다분하다. 2023년 투자계획도 최대한 보수적 관점에서 재검토하는 등 허리띠를 바짝 졸라매는 모습이다.

사람인 HR연구소가 최근 기업 390곳을 대상으로 조사한 결과 응답 기업의 36.7%가 채용 규모를 2022년보다 축소하거나 중단할 것이라고 답했다. 특히 채용을 중단 또는 축소한다는 응답은 대기업(47.8%)이 중견기업(40.6%)이나 중소기업(32.8%)보다 더 높아 대기업 중심의 신규 채용 축소 분위기가 감지되고 있다. 고용이 대표적인 경기 후행 지표인 만큼 2022년 경기 불황은 2023년 고용 시장에 더 큰 영향을 미칠 전망이다.

정답 ③

---

04 2023년 1월 기준 CPTPP(포괄적·점진적 환태평양경제동반자협정) 회원국이 아닌 나라는?

① 일본
② 호주
③ 한국
④ 캐나다

해설 2023년 1월 기준 CPTPP(포괄적·점진적 환태평양경제동반자협정)의 회원국은 ▲일본 ▲호주 ▲브루나이 ▲캐나다 ▲칠레 ▲말레이시아 ▲멕시코 ▲뉴질랜드 ▲페루 ▲싱가포르 ▲베트남 등 11개국이다.

📂 수출, 12월까지 석 달째 감소…2022년 무역적자 500억달러 육박

2022년 12월 20일까지의 전체 수출이 1년 전보다 9% 가까이 줄면서 석 달째 감소할 가능성이 커졌다. 수입액은 증가하면서 무역적자가 9개월째 이어질 것으로 예상된다. 2022년 누적 무역적자는 500억달러에 육박했다.

12월 21일 관세청에 따르면 12월 1~20일 수출액(통관 기준 잠정치)은 336억3800만달러로 2021년 같은 기간보다 8.8% 감소했다. 수출이 12월 중순까지 감소세를 이어가면서 석 달째 뒷걸음질 칠 것으로 예상된다. 주력 품목인 반도체 수출액은 1년 전보다 24.3% 줄었다. 업황의 하강 국면을 맞은 반도체 수출은 12월까지 5개월 연속 역성장할 가능성이 커졌다. 국가별로는 최대 교역국인 중국에 대한 수출이 26.6% 급감했다. 대중(對中) 수출의 감소세는 반년째 이어지고 있다.

정답 ③

05 직장보다 개인의 삶을 중시하는 태도로 정해진 시간과 업무 범위 내에서만 일하는 노동 방식을 뜻하는 신조어는?

① 워라블
② 허슬 컬처
③ 하비프러너
④ 조용한 사직

해설 조용한 사직은 직장보다 개인의 삶을 중시하는 태도로 정해진 시간과 업무 범위 내에서만 일하는 노동 방식을 뜻한다.
① 워라블 : 업무와 일상의 적절한 조화를 추구하는 생활 방식
② 허슬 컬처 : 개인의 생활보다 일을 중시하고 일에 열정적으로 임하는 생활 방식
③ 하비프러너 : 자신이 좋아하는 취미를 전문적인 사업으로 확장·발전시켜 나가는 사람

尹 정부 노동시장 개혁 본격 시동...주 52시간제·호봉제 손본다

윤석열 정부 노동시장 개혁 방향을 연구하고 있는 미래노동시장연구회(이하 연구회)가 밑그림을 내놨다. 주 52시간제를 업종, 기업 특성에 맞게 유연화하고 연공서열 중심의 임금 체계를 성과 중심으로 개편하는 것이 핵심으로, 1953년 근로기준법 제정 이후 70년간 유지돼온 노동시장의 틀을 근본적으로 바꾼다는 의미를 담고 있다.

연구회는 '주' 단위의 연장근로시간 관리 단위를 '월, 분기, 반기, 연'으로 다양화해 노사의 선택권을 넓힐 수 있도록 하자고 제안했다. 이 경우 산술적으로 주당 69시간까지 일하는 게 가능해진다. 일각에서 우려하는 '장시간 근로'가 현실화할 수 있는 셈이다. 임금체계 개편 방안은 호봉제를 직무·성과급제로 전환하자는 것이 골자다. 아울러 연구회는 임금체계 자체가 없는 중소기업과 비정규직 근로자 등을 위한 공정한 임금체계를 구축하라고 정부에 권고했다.

정답 ④

06 다음 중 헌법상 주요 공직자의 임기로 옳지 않은 것은?

① 국회의장 – 3년
② 국회의원 – 4년
③ 대법원장 – 6년
④ 헌법재판소 재판관 – 6년

재판 중 해외 도피해도 처벌 못 피한다...'시효 정지' 도입

앞으로 형사 재판 도중 처벌을 피하려고 해외로 도피해도 소용없어진다. 법무부는 처벌을 피할 목적으로 국외에 있는 경우 재판 시효를 정지하는 내용의 형사소송법 개정안을 2023년 1월 30일까지 입법예고 한다고 밝혔다. 현행법상 수사 중이거나 재판 결과가 확정된 사람은 해외로 도피할 경우 공소 시효나 형집행시효가 정지돼 처벌을 피할 수 없다.

그러나 재판 중인 피고인에 대해선 재판 시효(25년·2007년 개정 전에는 15년)가 정지된다는 규정이 없어 이를 악용한 사례가 발생해왔다. 실제 1997년 5억6000만원 상당의 사기 혐의로 기소된 한 피고인이 해외로 도피해 재판이 확정되지 못하자, 대법원은 2022년 9월 그의 재판 시효(15년)가 완성됐다고 보고 면소 판결을 내렸다. 법무부는 입법예고 기간 의견을 수렴해 최종 개정안을 확정하고 국회 통과를 추진할 계획이다.

해설 국회의장의 임기는 2년이다.

정답 ①

07 국가별 화폐로 옳지 않은 것은?

① 일본 – 엔
② 영국 – 유로
③ 중국 – 위안
④ 러시아 – 루블

해설 영국의 화폐 단위는 파운드다.

🗀 푸틴, 벨라루스 흡수 통합설에 "무의미한 일, 그런 뜻 없다"

▲ 블라디미르 푸틴 러시아 대통령

블라디미르 푸틴 러시아 대통령이 2022년 12월 19일(현지시간) 일각에서 제기되는 러시아의 벨라루스 흡수 통합설에 대해 "의미가 없다"며 부인했다. 최근 우크라이나에서 고전 중인 러시아를 돕기 위해 벨라루스가 참전할 수 있다는 전망이 제기되는 등 결국에는 러시아가 벨라루스를 흡수 통합할 것이라는 시나리오가 꾸준히 거론되고 있다. 그러나 크렘린궁은 이날 브리핑을 통해 푸틴 대통령의 벨라루스 방문이 우크라이나전 참전을 요구하기 위한 것이라는 관측을 두고 "어리석고 근거 없는 날조"라고 부인했다.

이와 별개로 푸틴 대통령은 양국 간 군사 협력 강화 의지를 밝혔다. 이를 위해 러시아가 핵무기 탑재용으로 개조된 벨라루스 공군기의 승무원에 대한 훈련을 계속할 것이라고 설명했다. 그는 또 이 같은 협력은 이번이 처음이 아니고, 미국과 북대서양조약기구(NATO·나토)가 수십 년간 유사한 훈련을 진행했다고 덧붙였다.

정답 ②

08 사용 전력의 100%를 무탄소 에너지원으로 공급하는 캠페인은?

① CCUS
② CF100
③ RE100
④ 탄소중립

해설 CF100은 탄소 배출 제로(carbon free) 100%의 줄임말로, 사용 전력의 100%를 태양력, 풍력, 수력, 지열, 원자력발전 등의 무탄소 에너지원으로 공급하는 캠페인이다.

🗀 COP15, "지구 30% 보호하자" 생물다양성협약 타결

오는 2030년까지 전 세계 바다와 육지 30%를 보호하고, 민·관이 거액의 기금을 낸다는 내용의 생물다양성 협약이 타결됐다. 2022년 12월 19일 (현지시간) 로이터통신과 뉴욕타임스(NYT)에 따르면 이날까지 캐나다 몬트리올에서 열린 제15차 생물다양성협약 당사국총회(COP15)가 이와 같은 23개 보전 목표를 담은 '쿤밍–몬트리올 글로벌 생물다양성 프레임워크'를 채택하고 막을 내렸다.

이번 총회에서 196개 참가국은 2030년까지 전 세계 육지와 해안, 해양의 30%를 보호구역으로 정해 관리한다는 일명 '30×30' 목표에 만장일치로 합의했다. 이미 황폐화한 땅과 바다의 30%를 역시 2030년까지 복원한다는 목표도 제시됐다. 세계 각국은 공공과 민간 재원을 통해 연 2000억달러(약 260조8000억원)를 조달하는 목표도 세웠다. 그중 선진국들이 2025년까지 매년 최소 200억달러(약 26조1000억원)를, 2030년까지 매년 최소 300억달러(약 39조1000억원)를 내야 한다.

정답 ②

09 2023년 1월 기준 국내 유니콘 기업이 아닌 것은?

① 쿠팡
② 컬리
③ 무신사
④ 당근마켓

해설 쿠팡은 2014년 유니콘 기업에 등재됐으나 2021년 3월 뉴욕 증시 상장으로 제외됐다.

📁 2023년 OTT 드라마 지원금 작품당 최대 15억→30억 확대 추진

2023년에 OTT(Over The Top·온라인동영상 서비스)로 시청자와 만나는 한국 드라마에 대한 정부 지원이 2022년의 2배 수준으로 확대된다. 조현래 한국콘텐츠진흥원 원장은 2022년 12월 20일 서울 중구 소재 CKL 기업지원센터에서 기자 간담회를 열고 이런 내용을 뼈대로 한 2023년도 사업 구상을 밝혔다.

이에 따라 OTT 드라마의 경우 작품당 지원금을 현행 15억에서 최대 30억으로 늘리는 방안을 추진한다. 비드라마는 작품당 지원금이 4억원 안팎(중·단편)이 될 전망이다. 한국콘텐츠진흥원(콘진원)은 2023년에 드라마 17편, 비드라마 10편 등 총 27편을 지원할 계획이다. 이와 관련, 콘진원은 OTT 분야를 중심으로 방송·영상 콘텐츠 산업 육성을 위한 사업비가 2022년 421억원에서 2023년 1108억원으로 증액될 것으로 관측했다.

정답 ①

10 매년 영국 및 영국 연방국가의 최고 소설을 선정하는 상은?

① 부커상
② 칼데콧상
③ 공쿠르상
④ 뉴베리상

해설 부커상은 매년 영국, 아일랜드, 호주 등 영국 연방국가 작가들이 영어로 쓴 영미 소설들을 대상으로 수상작을 선정해 수여하는 문학상이다.

📁 청와대서 만나는 윤동주와 이상...'문학 특별전' 개막

▲ 시인 이상(왼쪽부터)과 소설가 박태원, 시인 김소운 (자료 : 문화체육관광부)

북악산과 인왕산 일대를 중심으로 활동한 문인들의 고뇌와 열정이 담긴 작품이 청와대 춘추관에 전시됐다. 문화체육관광부는 2022년 12월 21일 국립한국문학관과 특별전시 '이상, 염상섭, 현진건, 윤동주, 청와대를 거닐다'를 개막한다고 밝혔다.

1부의 주인공은 소설가 염상섭으로, 『만세전』의 중요 판본인 신생활판 등을 만나볼 수 있었다. 2부에서는 소설가 현진건의 『술 권하는 사회』, 『운수 좋은 날』 등을 전시한다. 3, 4부는 시인 이상과 윤동주가 장식한다. 이상의 『기상도』, 윤동주의 『하늘과 바람과 별과 시』 등을 접할 수 있었다. 청와대 개방 이후 두 번째로 개최된 이번 전시는 2025년 개관 예정인 국립한국문학관이 그간 기증받고 수집해온 한국문학 자료를 소개하는 자리로 1월 16일까지 이어졌다.

정답 ①

11 사용자가 게임을 하며 획득한 재화나 아이템이 블록체인 생태계에서 실제 자산으로 활용되는 모델은?

① P2E
② F2E
③ P2W
④ P2P

해설 P2E(Play To Earn)는 사용자가 게임을 하며 획득한 재화나 아이템이 블록체인 생태계에서 실제 자산으로 활용되는 모델을 말한다.
② F2E(Fan To Earn) : 아티스트의 지식재산권(IP)에 대체불가능토큰(NFT)을 합쳐 경제적 이익을 추구하는 것
③ P2W(Play To Win) : 게임에서 이기기 위해 유료 서비스를 이용하는 구조
④ P2P(Pay To Play) : 게임의 승패에 영향을 미치는 아이템을 팔지 않지만 게임을 사야만 플레이할 수 있는 구조

📂 '확률형 아이템 규제' 개정법 개정안, 법안소위 문턱 못 넘어

게임 확률형 아이템 정보 의무화 등 내용을 골자로 한 게임법 개정안이 또 한 번 국회 문턱을 넘지 못했다. 국회 문화체육관광위원회(문체위)는 2022년 12월 20일 오후 문화예술법안심사소위원회를 열고 게임 확률형 아이템 정보 공개를 의무화하는 내용의 게임법 개정안을 심사했으나 불발됐다.

문체위는 이날 게임법 개정안 11건을 심사했다. 이 가운데 이상헌(이하 민주당), 유정주, 유동수, 전용기, 하태경(국민의힘) 의원이 발의한 확률형 아이템 규제 5건을 먼저 병합심사했다. 애초 법안 통과가 예상됐으나 더불어민주당 간사인 김윤덕 의원의 강한 반대로 계류됐다. 김 의원은 게임업계의 자율규제가 잘 이루어지고 있는 가운데, 확률형 아이템을 법으로 규제하는 것은 산업에 피해가 갈 수 있고, 해외 게임사와의 역차별을 우려해 반대했다. 문체위는 다음 법안소위를 통해 최우선으로 게임법 개정안을 재논의할 예정이라고 밝혔다.

정답 ①

12 다음 중 쿨미디어의 종류로 옳지 않은 것은?

① 사진
② 만화
③ 전화
④ TV

해설 미디어 학자 마샬 맥루언에 따르면 미디어는 정세도가 높고 참여도가 낮은 핫미디어, 정세도가 낮고 참여도가 높은 쿨미디어로 구분할 수 있다. 이는 상대적인 개념이긴 하나 맥루언은 ▲만화 ▲전화 ▲TV 등은 쿨미디어, ▲사진 ▲라디오 ▲영화 등은 핫미디어라고 구분했다.

📂 머스크 "후임자 찾는 즉시 트위터 CEO 사임할 것"

▲ 일론 머스크

일론 머스크가 후임을 찾는 대로 트위터 최고경영자(CEO) 자리에서 물러날 것이라고 밝혔다. 2022년 12월 20일(현지시간) 머스크는 트위터에서 "CEO 자리를 맡을 만큼 어리석은 사람을 발견하는 즉시 CEO 자리를 사임하겠다"라며 "그 후에는 소프트웨어 및 서버 팀을 운영할 것이다"라고 밝혔다.

머스크는 트위터 전격 인수 뒤 대규모 직원 해고, 일방적 계정 삭제 등 문제를 일으키며 구설에 올랐다. 미국 뉴욕증시에서는 머스크의 오너 리스크가 부각되며 경기 침체, 자사주 매도 등이 악재로 작용해 테슬라 주가를 연일 끌어 내렸다. 여론 악화를 감지한 머스크는 12월 19일 자신의 트위터에 "투표 결과에 따를 것"이라는 글과 함께 사임을 묻는 온라인 투표를 게시했다. 12시간 동안 진행된 투표에는 1750만 명이 참여했고, 57.5%가 그의 사임에 찬성표를 던졌다.

정답 ①

01 외부 세상보다는 자신만의 안전한 공간에 머물려는 칩거증후군을 나타내는 사람들을 무엇이라 하는가?

① 시피족
② 코쿤족
③ 여피족
④ 슬로비족

해설 누에고치라는 의미의 단어 'cocoon'에서 파생된 코쿤족은 복잡하고 위험한 외부세상으로부터 도피하여 자신만의 공간에서 안락함을 추구하려는 '나홀로족'으로, 뛰어난 업무 능력과 안정된 수입원을 가지고 있으면서 스트레스와 같은 외부 자극에 확실한 해결책을 지니고 있는 것이 특징이다.

정답 ②

02 컴퓨터에 입력된 지형과 관련된 지도 위에 지형 데이터를 분석, 수집하여 시설물 관리 및 국토 개발 수립에 사용하는 종합 정보시스템은?

① EDI
② ESS
③ GPS
④ GIS

해설 GIS란 인터넷이나 인공위성 등 다양한 매체를 통하여 지리 데이터를 수집·분석·가공하여 지형과 관련되는 모든 분야에 적용하기 위해 설계된 종합 정보 시스템을 말한다. 오늘날 토지·환경·도시·해양·군사·교통·통신·상하수도 등 광범위한 분야에서 이용되고 있으며, 고품질의 공간 정보를 통해 더 나은 공간의사결정에 도움을 주고 있다.

정답 ④

03 다음 중 대손충당금에 대한 설명으로 옳은 것은?

① 기업의 부채를 주식으로 전환한 금액
② 매출액과 소요 비용이 일치될 때의 금액
③ 기업이 재투자하기 위해 보유하고 있는 순이익의 누적액
④ 외상 매출금, 대부금 등이 회수되지 않고 손실되는 것에 대비하여 설정하는 계정

해설 대손충당금(貸損充當金)이란 외상 매출금, 받을 어음 등의 매출채권 중 기말까지 미회수액으로 남아 있는 금액에서 회수가 불가능할 것으로 추정되는 금액을 비용 처리하기 위해 설정하는 계정을 말한다.

정답 ④

04 갑신정변과 동학농민운동, 갑오개혁이 공통적으로 추진한 개혁 방안으로 옳은 것은?

① 상공업의 진흥
② 군주제의 폐지
③ 신분제의 타파
④ 토지제도의 개혁

해설 동학농민운동 폐정개혁안 12조는 노비 문서 소각을 주장했고 갑신정변 14개조 정강에서도 문벌을 폐지하고 인민평등권을 제정하자는 내용이 있다. 이러한 신분제 폐지 주장은 갑오개혁과 을미개혁을 통해 이뤄졌다. 양반과 상민의 신분적 차별이 폐지되고 노비 제도도 사라졌다.

정답 ③

05 다음 중 인플레이션 발생 시 가장 유리한 사람은?

① 채권자
② 현금 소유자
③ 실물자산 소유자
④ 수출업자

해설 인플레이션(inflation)이란 화폐의 가치는 떨어지고 물가는 계속 오르는 현상을 말한다. 따라서 인플레이션 발생 시 봉급생활자나 현금 소유자보다는 ▲현물 소유자가, 채권자보다는 ▲채무자가, 수출업자보다는 ▲수입업자가 더 유리하다.

정답 ③

06 배타적·맹목적·광신적·호전적 애국주의를 일컫는 용어는?

① 코커스
② 쇼비니즘
③ 매니페스토
④ 마키아벨리즘

해설 쇼비니즘(chauvinism)은 프랑스의 연출가 코냐르가의 「삼색모표」라는 작품에 나오는 나폴레옹 군대의 니콜라 쇼뱅이라는 병사의 이름에서 유래한다. 작품 속에서 니콜라 쇼뱅은 나폴레옹 1세를 신과 같이 맹목적으로 숭배하였다.

정답 ②

07 사회나 이웃에게 피해가 가더라도 본인이 불이익을 당하지 않는 일에는 무관심한 현상을 일컫는 용어는?

① 벨리즘
② 노비즘
③ 미이즘
④ 루키즘

해설 노비즘(nobyism)에 대한 설명이다.
① 벨리즘(beylism) : 도덕적이고 사회적인 가치가 아닌 정열과 행복을 추구하고, 대담한 행위나 관능에 진정한 행복이 있다고 보는 극단적인 행복론
③ 미이즘(meism) : 1980년대 미국의 거품 경제에서 등장한 여피(yuppie)족들의 자기중심적 사고방식과 생활
④ 루키즘(lookism) : 외모지상주의

정답 ②

08 다음 중 역대 왕들의 시문(詩文)과 친필 서화(書畵), 고명(顧命), 유교(遺敎) 등을 보관·관리하던 조선시대 왕실 도서관은?

① 성균관
② 규장각
③ 홍문관
④ 춘추관

해설 규장각(奎章閣)에 대한 설명이다.
① 성균관(成均館) : 조선 시대 유학 교육(儒學敎育)을 위해 중앙에 설치한 최고 교육기관
③ 홍문관(弘文館) : 조선 세조 때 폐지된 집현전의 후신으로 성종 때 설치된 학문 연구 기관이자 시강·언론 기관
④ 춘추관(春秋館) : 조선 시대 시정(時政)을 기록하는 일을 관장하던 관청

정답 ②

09 행정 감찰 제도에서 유래하여 현재는 언론이나 기업 등 사회 각 분야에서 시청자·소비자의 불만을 수렴하고 시정하는 제도는?

① AE 제도
② ABC 제도
③ 정보공개 제도
④ 옴부즈맨 제도

해설 옴부즈맨 제도(ombudsman system)에 대한 설명이다. 국내 방송사들도 시청자와의 대화, 시청자의 불만 조사 및 수렴, 그에 대한 제작진의 입장을 표명하는 옴부즈맨 프로그램을 제작해 방영하고 있다.

정답 ④

10 다른 경쟁 언론사보다 앞서 뉴스나 기사를 독점 입수하여 먼저 보도하는 특종 뉴스나 기사를 일컫는 말은?

① 핫 뉴스
② 패스트 뉴스
③ 발롱 데세
④ 스쿠프

11 인터넷에서 개인과 개인이 직접 연결하여 파일을 공유할 수 있 도록 해주는 시스템은?

① ISP
② P2P
③ UCC
④ PCC

12 다음 중 헌법재판소에 대한 설명으로 올바르지 않은 것은?

① 내부조직으로 재판관회의, 헌법재판소 사무처, 헌법연구관 등 이 있다.
② 법원의 제청에 의한 법률의 위헌 여부와 탄핵, 정당의 해산을 심판한다.
③ 법관 자격을 가진 자 중 선임되는 9인의 재판관으로 구성된다.
④ 헌법재판소의 장은 국회위원회를 열어 투표결과에 따라 임명 된다.

2022 광주시 공공기관 통합채용

01 심폐소생술(CPR)로 심정지 환자를 살릴 수 있는 골든타임은 최장 몇 분이라고 알려져 있는가?

① 4분
② 5분
③ 6분
④ 7분

해설 심폐소생술(CPR, Cardio-Pulmonary Resuscitation)은 심장의 기능이 정지하거나 호흡이 멈췄을 때, 심장을 대신해 심장과 뇌에 산소가 포함된 혈액을 공급해 주는 응급처치다. 심정지 발생 시 4분 사이로 적절한 조치를 받으면 특별한 조직 손상 없이 회복되지만 5~10분 사이로 조직 속 산소가 급격히 떨어지며 손상이 발생한다. 10분이 지난 상황에서는 심각하게 조직이 손상돼 현대 의학으로는 소생법이 없다.

02 다음 중 베토벤 교향곡의 별칭과 교향곡 번호의 연결이 옳지 않은 것은?

① 영웅 – 3번
② 운명 – 5번
③ 전원 – 7번
④ 합창 – 9번

해설 베토벤의 '전원'은 '교향곡 6번 F장조, 작품 번호 68'의 부제목이다.

❖ 베토벤 교향곡 작품 목록

- 교향곡 1번 C장조 Op. 21
- 교향곡 2번 D장조 Op. 36
- 교향곡 3번 E플랫장조 Op. 55 '영웅'
- 교향곡 4번 B플랫장조, Op. 60
- 교향곡 5번 C단조 Op. 67 '운명'
- 교향곡 6번 F장조 Op. 68 '전원'
- 교향곡 7번 A장조 Op. 92
- 교향곡 8번 F장조 Op. 93
- 교향곡 9번 D단조 Op. 125 '합창'

03 미국 인플레이션감축법(IRA)에 포함된 내용이 아닌 것은?

① 의료 보험 보조금 확대
② 법인세 최소 세율 15% 적용
③ 에너지 안보 및 기후 변화 대응
④ 북핵 및 미사일 대응 관련 전략 물자 통제

해설 인플레이션감축법(IRA, Inflation Reduction Act)이란 미국 조 바이든 행정부의 정책인 BBB(Build Back Better)에 포함되는 가족계획의 수정안으로서 2022년 발생한 인플레이션을 해결하고자 정부 지출을 줄이려는 취지로 제안됐다.

IRA의 주요 내용으로는 ▲에너지 안보 및 기후 변화 대응 ▲의료 보험 보조금 확대 ▲서부 주 가뭄 피해 지원 ▲약값 개혁 ▲법인세 최소 세율 15% 적용 ▲자사주 매입에 대해 1% 소비세 부과 ▲기타 세금 증세 등을 꼽는다. IRA는 특히 미국에서 생산되는 전기차에만 혜택을 주는 내용이 포함돼 한국차 기업이 피해를 보고 있다.

04 막강한 경쟁자의 존재가 다른 경쟁자들의 잠재력을 끌어올리는 효과는?

① 승수효과
② 메기효과
③ 기저효과
④ 낙인효과

해설 메기효과(Catfish effect)에 대한 설명이다. 메기 한 마리를 미꾸라지 어항에 집어넣으면 미꾸라지들이 메기를 피해 다니느라 생기를 얻기 때문에 미꾸라지를 장거리 운송할 때 수족관에 메기를 넣으면 죽지 않는다고 알려져 있다.

기업경영에서도 새로운 강력한 경쟁자가 업계의 전반적인 서비스와 품질 경쟁을 활성화시키는 사례를 찾아볼 수 있다. 2017년 인터넷전문은행이 출범한 이후 이에 자극을 받은 기존 은행들이 모바일 앱을 늘리고 각종 서비스를 도입한 바 있다.

① 승수효과 : 정부가 지출을 늘릴 경우 지출한 금액보다 많은 수요가 창출되는 현상
③ 기저효과 : 기준시점과 비교시점의 상대적인 수치에 따라 그 결과에 큰 차이가 나타나는 현상
④ 낙인효과 : 과거의 나쁜 경력이 특정인을 평가하는 데 영향을 미치고, 나쁜 사람으로 낙인이 찍힌 사람은 의식·무의식적으로 평가받은 대로 행동하게 된다는 것

05 주식 거래에서 신용융자에 대한 설명으로 옳지 않은 것은?

① 증권사가 투자사에게 돈을 빌려줘 주식을 매수하도록 하는 방식이다.
② 현금을 보증금으로 놓고 그 현금보다 많은 주식을 매매할 수 있다.
③ 신용융자로 주식을 매수했을 경우, 최대 180일까지 보유할 수 있다.
④ 계좌에 주식 매입 대금이 부족하더라도 외상으로 주식을 매수할 수 있다.

해설 ④는 미수거래에 대한 설명이다. 신용융자는 투자자가 증권사에 돈을 빌려 주식을 매수하는 방식이고 미수거래는 주식을 외상으로 사는 방식이다. 미수거래와 신용융자의 큰 차이점은 기간이다. 신용융자는 최대 180일까지 보유할 수 있지만 미수거래는 D+2일, 즉 이틀 뒤인 결제일까지 부족한 결제 대금을 계좌에 입금하지 않으면 증권사가 반대매매를 통해 계좌에 있는 주식을 강제로 판다.

06 다음 중 음주운전 방조죄로 처벌받기 위한 조건으로 보기 어려운 것은?

① 음주운전자 옆에서 동승한 자
② 음주운전할 것을 알면서도 차 열쇠를 제공한 자
③ 대리운전이 가능한 지역에서 술을 판매한 업주
④ 부하직원의 음주운전을 방치한 상사

해설 대리운전이 가능한 지역이 아니라 어려운 지역에서 술을 판매한 업주는 음주운전 방조죄로 처벌받는다.
음주운전 방조죄에 대한 처벌은 음주운전을 적극적으로 독려한 것이 입증된 경우에 3년 이하의 징역 또는 1000만원 이하의 벌금. 단순 음주운전 방조죄가 입증된 경우에 1년 6개월 이하의 징역 또는 500만원 이하의 벌금에 처해진다.

07 다음 밑줄 친 부분이 어법에 맞지 않는 것은?

① 그는 공부 계획을 꼼꼼히 세웠다.
② 그는 친구와 나란히 서 있었다.
③ 그는 속히 집으로 돌아갔다.
④ 그는 방을 깨끗히 청소했다.

해설 '깨끗히'가 아니라 '깨끗이'라고 써야 한다. 부사의 끝 음절이 분명히 '이'로 소리나는 것은 '-이'로 적고, '히'로만 소리나거나 '이'나 '히'로 소리나는 것은 '-히'로 적는다. '하다'가 붙는 어근의 끝소리가 'ㅅ'인 경우 '이'로 적는다. 'ㅅ'받침을 제외한 '-하다'가 붙는 어근 뒤에서는 '히'로 적는다.

❖ '-이 / -히'

-이	깨끗이, 괴로이, 깊숙이, 짬짬이, 헛되이
-히	꼼꼼히, 꾸준히, 극히, 급급히, 나란히, 딱히, 무던히, 속히, 엄격히, 정확히

08 한국은행이 기준금리를 인상할 때 경제 전반에 나타날 영향으로 보기 어려운 것은?

① 물가가 상승한다.
② 기업의 투자가 줄어든다.
③ 저축이 늘고 소비가 줄어든다.
④ 국내로 외국 자본이 들어온다.

해설 기준금리가 오르면 시중은행의 금리도 오른다. 금리가 오르면 기업의 투자활동이 위축되고 개인도 소비보다는 저축을 많이 하는 등 경제 전체적으로 상품을 사고자 하는 수요가 줄어들게 된다. 따라서 금리 인상은 물가를 하락시키는 요인으로 작용한다.
한편, 이자가 상품의 생산원가에 포함되기 때문에 금리 인상이 제품 가격을 올리는 요인이 될 수도 있으나 이러한 원가 상승효과보다는 수요 감소 효과가 더 크기 때문에 물가가 떨어진다는 것이 일반적인 견해다.

정답 **01** ① **02** ③ **03** ④ **04** ② **05** ④ **06** ③ **07** ④ **08** ①

2022 한국경제

※ 약술형 (01~05)

01 차이나런

02 파월 피봇

03 국민연금 모수개혁

04 탄광 속 카나리아

05 메타인지

※ 단답형 (06~09)

06 다음 나라의 화폐 이름을 쓰시오.

> • 중국:
> • 영국:
> • 프랑스:
> • 인도:
> • 러시아:

•

•

•

* _____
* _____

07 2023년 1월 기준 다음 나라의 정상 이름을 쓰시오.

* 미국:
* 일본:
* 영국:
* 독일:
* 사우디아라비아:

* _____
* _____
* _____
* _____
* _____

08 다음 단어를 한자로 쓰시오.

* 청출어람:
* 비약:
* 매매:
* 창업:
* 대출:

* _____
* _____
* _____
* _____
* _____

정답 **01** 차이나런은 중국과 뱅크런의 합성어로서 시진핑 3기 지도부 출범과 함께 나타난 중국 IT 기업에 대한 투자 기피 현상을 말한다. 시진핑의 1인 집권 체제가 강화되고 중국이 기업 규제를 강화할 것으로 전망되면서 시장이 패닉에 빠졌고 글로벌 자본이 중국에서 빠져나갔다.

02 파월 피봇은 제롬 파월 미국 연방준비제도(연준) 의장과, 축을 중심으로 방향을 전환한다는 뜻인 피봇(pivot)의 합성어로서 파월 의장이 연준 기준금리 인상(긴축) 기조로부터 기준금리 인하(완화) 기조로 방향을 전환하는 것을 의미한다. 파월 의장이 물가를 잡기 위해 2023년에도 기준금리를 올려 긴축을 진행하겠다고 지난 2022년 말 표명하면서 파월 피봇에 대한 기대감은 줄어든 상태다.

03 국민연금 모수개혁은 연금 구조 틀을 그대로 둔 채 지급률과 기여율 등 세부 변수를 일부 조정함으로써 점진적으로 개혁을 추진하는 방식을을 말한다. 국민연금 구조 자체를 뜯어고치는 구조개혁에 대응하는 말이다.

04 탄광 속 카나리아란 재앙이나 위험을 예고하는 조기 경보를 뜻하는 말이다. 과거 유럽의 광부들은 탄광 안에 들어갈 때 카나리아를 새장에 넣어 데려갔다고 한다. 호흡기가 약한 카나리아는 유해가스에 민감해 카나리아가 울지 않거나 움직임이 둔해지는 이상징후를 보이면 즉각 광부들이 대피했다는 데서 유래한 말이다. 한국 경제는 대외 의존도가 높아 한국의 수출입 통계는 세계 경제의 흐름을 미리 알 수 있는 탄광 속 카나리아로 꼽힌다.

05 메타인지는 자신의 인지 과정에 대한 인지·판단하는 능력을 가리키는 말이다. 이는 자신의 학습 능력과 이해 정도에 대해 스스로 판단하는 능력으로서 이 능력이 뛰어난 학생들은 학업성취도 또한 높다고 알려져 있다.

06 •중국:위안 •영국:파운드 •프랑스:유로 •인도:루피 •러시아:루블

07 •미국:조 바이든 •일본:기시다 후미오 •영국:리시 수낵 •독일:올라프 숄츠
•사우디아라비아:무함마드 빈 살만 (※현재 사우디아라비아 국왕은 살만 빈 압둘아지즈 알사우드이나 무함마드 빈 살만 왕세자가 국정을 다스리는 사우디의 실질적 정상이다.)

08 •청출어람:靑出於藍 •비약:飛躍 •매매:賣買 •창업:創業 •대출:貸出

09 〈보기〉의 빈칸에 들어갈 말을 쓰시오.

---- 보기 ----

대한민국 헌법

제1조 대한민국의 (㉠)은 국민에게 있고 모든 (㉡)은 국민으로부터 나온다

제4조 대한민국은 통일을 지향하며, (㉢) 기본 질서에 입각한 평화적 통일정책을 수립하고 이를 추진한다.

제5조 대한민국은 (㉣)의 유지에 노력하고 침략적 전쟁을 부인한다.

제6조 헌법에 의하여 체결·공포된 조약과 일반적으로 승인된 국제법규는 (㉤)과 같은 효력을 가진다.

㉠ :   ㉡ :

㉢ :   ㉣ :

㉤ :

㉠ _____

㉡ _____

㉢ _____

㉣ _____

㉤ _____

2022 전주MBC

※ 단답형 (01~04)

01 노동자들의 쟁의 행위에 대한 사측의 과도한 손해배상소송 제기 및 노동자 개인에 대한 청구를 제한하고 가압류 집행 남용을 금지하는 내용 등을 골자로 하는 법의 별칭은?

_____

_____

02 독일 나치의 동성애자 탄압을 상징하는 표식으로서, 홀로코스트 당시 강제 수용된 남성 동성애자들에게 의무적으로 장착된 삼각형 배지의 이름은?

_____

_____

03 공연장, 혹은 공연장 외의 다양한 공간에서 무대와 객석의 경계를 허물고 관객으로 하여금 공연에 능동적으로 참여하거나, 감각적으로 몰입할 수 있도록 공연의 환경을 만들어내는 형식의 공연을 무엇이라고 하는가?

_____

_____

04 새만금 방조제는 어디에서 어디를 연결하며 그 길이는 몇 km인가?

_____

_____

※ 약술형 (05~06)

05 〈보기〉의 용어를 각각 설명하고 예시를 들라.

| 보기 |

블랙스완, 화이트스완, 회색코뿔소, 검은코끼리,
하얀코끼리

---

06 미국 기준금리 인상의 5단계를 설명하고 이와 관련해 우리나라에서 2022년 하반기 이뤄진 금리 인상을 설명하시오.

---

01 밑줄 그은 '왕'에 대한 설명으로 옳은 것은?

> 용이 검은 옥대를 바쳤다. …… 왕이 놀라고 기뻐하여 오색 비단·금·옥으로 보답하고, 사람을 시켜 대나무를 베어서 바다로 나오자, 산과 용은 홀연히 사라져 보이지 않았다. 왕이 감은사에서 유숙하고 …… 행차에서 돌아와 그 대나무로 피리를 만들어 월성의 천존고에 보관하였다. 이 피리를 불면 적병이 물러가고 병이 나으며, 가물 때 비가 오고 비올 때 개며, 바람이 잦아들고 파도가 평온해졌다. 이를 만파식적(萬波息笛)이라 부르고 국보로 삼았다.
>
> － 「삼국유사」 －

① 병부와 상대등을 설치하였다.
② 이사부를 보내 우산국을 복속하였다.
③ 마립간이라는 칭호를 처음 사용하였다.
④ 매소성 전투에서 당의 군대를 격파하였다.
⑤ 김흠돌을 비롯한 진골 귀족 세력을 숙청하였다.

해설 자료에서 왕이 감은사의 앞바다에서 대나무로 피리를 만들었다는 점, '만파식적'이라는 피리가 등장한 점 등을 통해 밑줄 그은 '왕'이 신라 신문왕임을 알 수 있다.
경주 감은사는 문무왕의 뜻을 이어 신문왕 때 완공한 사찰이며, 만파식적은 신문왕과 관련된 만파식적 설화에 등장하는 피리이다.
⑤ 신문왕은 즉위 초 김흠돌을 비롯한 진골 귀족 세력의 반란을 진압하고 이들을 숙청하여 왕권을 강화하였다.

오답 피하기
① 병부와 상대등을 설치한 왕은 신라 법흥왕이다.
② 이사부를 보내 우산국을 복속(512)한 왕은 신라 지증왕이다.
③ 마립간이라는 칭호를 처음 사용한 왕은 신라 내물왕이다.
④ 매소성 전투(675)에서 당의 군대를 격파한 왕은 신라 문무왕이다.

02 (가), (나) 사이의 시기에 있었던 사실로 옳은 것은?

> (가) 고구려 왕 거련(巨璉)이 군사 3만 명을 이끌고 와서 왕도인 한성을 포위하였다. 왕이 성문을 닫고서 나가 싸우지 못하였다. 고구려 군사가 네 길로 나누어 협공하고, 바람을 타고 불을 놓아 성문을 불태웠다. 사람들이 매우 두려워하여 나가서 항복하려는 자들도 있었다. 왕이 어찌할 바를 몰라 수십 명의 기병을 거느리고 성문을 나가 서쪽으로 달아나니, 고구려 군사가 추격하여 왕을 해쳤다.
>
> (나) 여러 장수가 안시성을 공격하였다. …… 60일 동안 50만 명의 인력을 동원하여 밤낮으로 쉬지 않고 토산을 쌓았다. 토산의 정상은 성에서 몇 길 떨어져 있고 성 안을 내려다 볼 수 있었다. 도중에 토산이 허물어지면서 성을 덮치는 바람에 성벽의 일부가 무너졌다. …… 황제가 여러 장수에게 명하여 안시성을 공격하였으나, 3일이 지나도록 이길 수 없었다.

① 미천왕이 서안평을 점령하였다.
② 을지문덕이 살수에서 수의 군대를 물리쳤다.
③ 고국원왕이 백제의 평양성 공격으로 전사하였다.
④ 관구검이 이끄는 위의 군대가 고구려를 침략하였다.
⑤ 광개토 대왕이 군대를 보내 신라에 침입한 왜를 격퇴하였다.

해설 (가) 고구려의 왕 거련(장수왕)이 왕도인 한성을 공격하여 백제의 왕(개로왕)을 해쳤다는 점을 통해 475년 고구려 장수왕의 백제 한성 함락과 관련된 상황임을 알 수 있다.
(나) 황제의 명으로 여러 장수가 안시성을 공격하였으나 결국 이기지 못하였다는 사실을 통해 고구려가 당의 침입을 막아 낸 안시성 전투(645)임을 알 수 있다. 7세기 초 수의 대규모 침입을 막아 낸 고구려는 당 태종 즉위 이후 당의 위협을 받았다. 이에 고구려는 천리장성을 쌓아 대비하였고, 당 태종이 연개소문의 정변을 구실로 침공해오자 안시성 등지에서 당의 군대를 물리쳤다.
② 을지문덕이 살수에서 수의 군대를 물리친 것은 612년의 사실이다(살수 대첩).

오답 피하기
① 미천왕이 서안평을 점령한 것은 311년으로, 4세기의 사실이다.
③ 고국원왕이 근초고왕이 이끄는 백제군의 평양성 공격으로 전사한 것은 371년으로, 4세기의 사실이다.
④ 관구검이 이끄는 위의 군대가 침략한 것은 3세기 동천왕 때의 사실이다.
⑤ 광개토 대왕이 군대를 보내 신라에 침입한 왜를 격퇴한 것은 400년이다.

03 (가) 국가에 대한 설명으로 옳은 것은?

(가), 남북국 시대를 열다

찬사 특집 다큐멘터리

<1부> 동모산에 도읍하고 나라를 세우다
<2부> 당의 등주를 공격하고 요서에서 격돌하다
<3부> 일본에 국서를 보내어 고려 국왕이라 칭하다

2020년 10월 ○○일 ~ ○○일 밤 10시

① 9서당 10정의 군사 조직을 갖추었다.
② 정당성의 대내상이 국정을 총괄하였다.
③ 지방관을 감찰하기 위해 외사정을 파견하였다.
④ 위화부 등 13부를 두어 행정 업무를 분담하였다.
⑤ 마진이라는 국호와 무태라는 연호를 사용하였다.

해설 자료에서 '남북국 시대를 열다'라는 제목이 제시된 점, 동모산을 도읍으로 세워졌으며 당의 등주를 공격하였다는 점, 일본에 국서를 보내 '고려 국왕'이라 칭하였다는 점을 통해 (가) 국가가 발해임을 알 수 있다.
발해는 고구려 계승 의식이 강해 일본에 보낸 국서에서 '고려(고구려) 국왕'을 칭하는 등 대외적으로 고구려를 계승한 국가임을 내세웠다.
② 발해는 3성 중 하나인 정당성의 장관 대내상이 국정을 총괄하였다.

오답 피하기
① 9서당 10정의 군사 조직을 갖춘 국가는 신라이다.
③ 지방관을 감찰하기 위해 외사정을 파견한 국가는 신라이다. 신라 문무왕 때부터 외사정을 파견하였다.
④ 위화부 등 13부를 두어 행정 업무를 분담한 국가는 신라이다.
⑤ 후고구려는 국호를 마진으로 바꾸고 무태라는 연호를 사용하였다.

04 밑줄 그은 '왕'의 재위 기간에 볼 수 있는 모습으로 가장 적절한 것은?

얼마 전 왕께서 친히 위봉루에 나가 과거 급제자를 발표하셨다더군.

한림학사 쌍기가 이번에 처음 치러진 과거의 지공거를 맡았다네.

① 녹과전을 지급받는 관리
② 만권당에서 책을 읽는 학자
③ 주전도감에서 화폐를 주조하는 장인
④ 노비안검법에 의해 양인으로 해방된 노비
⑤ 금속 활자로 직지심체요절을 인출하는 기술자

해설 자료에서 쌍기가 처음 치러진 과거의 지공거(과거 시험관)를 맡았고, 왕이 친히 과거 급제자를 발표하였다고 한 점으로 보아 밑줄 그은 '왕'이 고려 광종임을 알 수 있다.
④ 광종은 호족들의 군사적·경제적 기반을 약화시키기 위해 노비안검법을 실시하였다.

오답 피하기
① 녹과전은 전시과 체제가 붕괴된 이후 관리들에게 과전을 지급하기 위해 고려 원종 때 실시한 제도이다.
② 만권당은 고려 충선왕이 원의 수도인 연경(베이징)에 설립한 것으로, 이제현 등의 고려 유학자가 이곳에서 원의 학자와 교류하였다.
③ 화폐를 주조하는 주전도감은 고려 숙종 때 설치되었다.
⑤ 금속 활자로 인쇄된 『직지심체요절』은 고려 우왕 때 만들어졌다.

정답 01 ⑤ 02 ② 03 ② 04 ④

05 (가)~(마)에 대한 탐구 활동으로 적절하지 않은 것은?

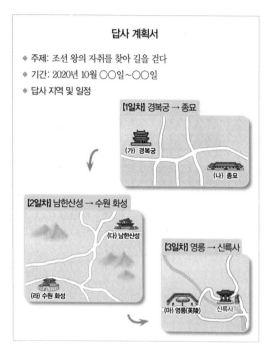

답사 계획서

◆ 주제: 조선 왕의 자취를 찾아 길을 걷다
◆ 기간: 2020년 10월 ○○일~○○일
◆ 답사 지역 및 일정

[1일차] 경복궁 → 종묘
(가) 경복궁
(나) 종묘

[2일차] 남한산성 → 수원 화성
(다) 남한산성

[3일차] 영릉 → 신륵사
(라) 수원 화성
(마) 영릉(英陵)
신륵사

① (가) - 조선 건국 이후 한양으로 천도한 과정을 조사한다.
② (나) - 국왕이 신농, 후직에게 풍년을 기원하던 의례를 검색한다.
③ (다) - 인조가 피신하여 청과 항전을 벌인 과정을 살펴본다.
④ (라) - 장용영 외영의 창설 배경을 알아본다.
⑤ (마) - 훈민정음을 창제한 목적을 파악한다.

해설 자료에 제시된 답사 장소는 조선 시대 국왕과 관련된 곳이다. (나)에서는 역대 국왕과 왕비의 신주가 모셔져 있는 종묘를 제시하였다.
② 국왕이 신농, 후직에게 풍년을 기원하던 의례를 행하던 곳은 선농단이다.

오답 피하기
① 경복궁은 태조가 한양으로 천도하면서 건설한 조선의 법궁이다.
③ 남한산성은 병자호란 때 인조가 피란하여 청에 항전하였던 곳이다.
④ 수원 화성은 정조가 축성한 성으로, 장용영의 외영을 설치하였던 곳이다.
⑤ 영릉은 조선 전기의 국왕인 세종과 그 비의 무덤이다.

06 밑줄 그은 '왕'이 추진한 정책으로 옳은 것은?

역사 신문

제△△호 　　　　　　　　○○○○년 ○○월 ○○일

호패법 재실시 발표

금일, 왕이 호패법을 다시 시행하라고 명령하였다. 이는 문란해진 군적을 정비하고 이괄의 난 이후 심상치 않은 백성들의 동태를 점검하기 위한 것으로 보인다. 호패법은 반정(反正) 직후부터 논의되어 왔으나, 새로 군역에 편입될 백성들의 반발을 우려하여 지금까지 시행이 미루어져 왔다.

① 공신에게 공로와 인품에 따라 역분전을 지급하였다.
② 삼정의 문란을 해결하고자 삼정이정청을 설치하였다.
③ 시전 상인의 특권을 축소하는 신해통공을 단행하였다.
④ 전세를 1결당 4~6두로 고정하는 영정법을 제정하였다.
⑤ 1년에 2필씩 걷던 군포를 1필로 줄이는 균역법을 시행하였다.

해설 자료에서 호패법을 다시 실시하라고 명령한 것이 이괄의 난(1624) 이후 백성들의 동태를 점검하기 위한 것이라는 점, 반정 직후부터 호패법이 논의되어 왔다는 점 등을 통해 밑줄 그은 '왕'이 조선 인조임을 알 수 있다.
④ 인조는 전세 제도의 안정을 위해 전세를 토지 1결당 쌀 4~6두로 고정하는 영정법을 제정하였다.

오답 피하기
① 공신에게 역분전을 지급한 것은 고려 태조이다.
② 삼정의 문란을 해결하기 위한 삼정이정청은 조선 철종 때 설치되었다.
③ 시전 상인의 특권을 축소한 신해통공은 조선 정조 때 단행되었다.
⑤ 군포를 1년에 1필로 줄인 균역법은 조선 영조 때 시행되었다.

07 다음 자료의 상황이 나타난 시기에 볼 수 있는 모습으로 적절하지 않은 것은?

김상철이 말하기를, "도성 백성들의 생계는 점포를 벌여 놓고 사고파는 데 달려 있습니다. 그런데 근래 기강이 엄하지 않아서 어물과 약재 등 온갖 물건의 이익을 중간에서 독점하는 도고(都庫)의 폐단이 한둘이 아닙니다. 대조(大朝)께서 여러 차례 엄하게 다스렸으나, 점차 해이해져 많은 물건의 가격이 폭등한 것은 오로지 이 때문이라고 합니다. 평시서(平市署) 등에서 적발하여 강하게 다스렸다면 어찌 이런 일이 있었겠습니까?"라고 하였다.

① 청요직 통청을 요구하는 서얼
② 한글 소설을 읽고 있는 부녀자
③ 동국문헌비고를 열람하는 관리
④ 염포의 왜관에서 교역하는 상인
⑤ 장시에서 판소리를 구경하는 농민

해설 자료에서 도고의 폐단이 언급된 점으로 보아 해당 시기가 조선 후기의 상황임을 알 수 있다. 독점적 도매상인인 도고는 조선 후기에 등장하였다.
④ 일본이 염포의 왜관에서 교역을 전개하던 것은 조선 전기에 있었던 3포 왜란(1510)이 일어나기 전의 사실이다. 염포의 왜관은 3포 왜란이 일어난 이후 폐쇄되었다.

오답 피하기
① 조선 후기 서얼층은 청요직 진출을 요구하며 통청 운동을 전개하였다. 그 결과 정조 때에는 박제가, 이덕무, 유득공 등이 규장각 검서관에 등용되기도 하였다.
② 조선 후기에는 『홍길동전』, 『춘향전』 등의 한글 소설이 널리 읽혔다.
③ 조선 영조 때 홍봉한 등이 역대 문물을 정리한 『동국문헌비고』를 간행하였다.
⑤ 장시에서 판소리를 구경하는 모습은 조선 후기의 상황이다. 조선 후기에는 판소리, 탈춤 등 다양한 서민 문화가 유행하였다.

08 (가) 운동에 대한 설명으로 옳은 것은?

이곳은 공주 우금치 전적으로 (가) 당시 남접과 북접 연합군이 북상하던 중 관군과 일본군을 상대로 격전을 벌인 장소입니다. 우금치는 도성으로 올라가는 길목으로 전략상 매우 중요한 지역이었습니다.

① 이소응, 유인석 등이 주도하였다.
② 황토현에서 전라 감영군을 격파하였다.
③ 한성 조약이 체결되는 결과를 가져왔다.
④ 관민 공동회를 개최하여 헌의 6조를 결의하였다.
⑤ 사건 수습을 위하여 박규수가 안핵사로 파견되었다.

해설 자료에서 공주 우금치 전적이 제시되었고, 남접과 북접 연합군이 관군과 일본군을 상대로 격전을 벌인 장소라고 언급한 점을 통해 (가) 운동이 동학 농민 운동임을 알 수 있다.
동학 농민군은 일본군이 경복궁을 불법 점령하자 재차 봉기하였으나, 공주 우금치 전투에서 패배하였다.
② 동학 농민군은 제1차 봉기 당시 황룡촌 전투와 황토현 전투 등에서 승리하고 전주성을 점령하기도 하였다.

오답 피하기
① 이소응, 유인석 등은 을미의병 당시 대표적인 의병장이다.
③ 갑신정변의 결과 한성 조약(1884)이 체결되었다.
④ 관민 공동회를 개최하여 헌의 6조를 결의한 것은 독립 협회의 활동으로, 1898년의 사실이다.
⑤ 임술 농민 봉기를 수습하고자 박규수가 안핵사로 파견되었고, 봉기의 원인인 삼정의 문란을 시정하기 위해 삼정이정청이 설치되었다.

01 "마음에 걸려서 언짢은 느낌이 꽤 있다."를 의미하는 고유어는?

① 거북하다　　　② 깨단하다
③ 께름하다　　　④ 떠름하다
⑤ 묵직하다

해설 고유어

③ '께름하다'는 마음에 걸려서 언짢은 느낌이 꽤 있다는 의미이다.
① 거북하다 : 몸이 찌뿌드드하고 괴로워 움직임이 자연스럽지 못하거나 자유롭지 못하다.
② 깨단하다 : 오랫동안 생각해 내지 못하던 일 따위를 어떠한 실마리로 말미암아 깨닫거나 분명히 알다.
④ 떠름하다 : 맛이 조금 떫다.
⑤ 묵직하다 : 다소 큰 물건이 보기보다 제법 무겁다.

정답 ③

02 밑줄 친 한자어의 사전적 뜻풀이로 옳지 않은 것은?

① 아버님께서는 숙환(宿患)으로 고생하시다가 별세하셨다. → 오래 묵은 병.
② 그는 의자에 앉아 한동안 상념(想念)에 잠겨 있었다. → 슬픈 마음이나 느낌.
③ 문제 해결의 관건(關鍵)을 쥐다. → 어떤 사물이나 문제 해결의 가장 중요한 부분.
④ 국장은 사장의 치부(恥部)를 폭로했다. → 남에게 드러내고 싶지 아니한 부끄러운 부분.
⑤ 그들의 잔혹한 통치 정책은 세계에서 유례(類例)를 찾기 힘든 것이다. → 같거나 비슷한 예.

해설 어휘

② 상념(想念)은 마음속에 품고 있는 여러 가지 생각을 의미한다.

정답 ②

03 밑줄 친 두 말의 의미 관계가 '동음이의(同音異義)'에 해당하지 않는 것은?

① 배를 먹다. - 귀가 먹다.
② 물감이 묻다. - 책임을 묻다.
③ 숲속에 들다. - 칼이 잘 들다.
④ 시간표를 짜다. - 참기름을 짜다.
⑤ 신발 끈을 매다. - 나무에 그네를 매다.

해설 어휘

⑤ '신발 끈을 매다.'의 '매다'는 '끈이나 줄 따위의 두 끝을 엇걸고 잡아당기어 풀어지지 아니하게 마디를 만들다.'라는 의미로 사용되었다. 그리고 '나무에 그네를 매다.'의 '매다'는 '끈이나 줄 따위를 어떤 물체에 단단히 묶어서 걸다.'라는 의미로 사용되었다. 따라서 두 단어는 의미적 연관성이 있는 다의어에 해당한다.

정답 ⑤

04 밑줄 친 말의 표기가 올바르지 않은 것은?

① 그는 약속을 번번이 어긴다.
② 오늘은 된장국이 각별히 맛있다.
③ 그녀는 솔직이 제멋대로 행동한다.
④ 아이들이 생긋이 웃던 때가 그립다.
⑤ 배 침몰 사건의 주범을 너그러이 용서해서는 안 된다.

해설 맞춤법

③ '솔직-'은 '솔직하다'의 어근이므로 '솔직히'가 올바른 표기이다.

정답 ③

05 밑줄 친 말의 띄어쓰기가 옳지 않은 것은?

① 부모 자식 <u>간</u>에도 말은 필요하다.

② 사고의 원인은 사회 구조적인 <u>데</u> 있다.

③ 우리가 <u>사귄 지</u> 벌써 삼여 년이 흘렀다.

④ 수일 <u>내</u>로 도착하지 않으면 낭패를 본다.

⑤ 행사 <u>기간중</u>에는 창고를 개방하기로 했다.

> **해설** 띄어쓰기
> ⑤ '중'은 의존 명사이므로 띄어 써야 한다.
> ① '간'이 '관계'를 의미하는 경우 띄어 쓴다.
> ② '데'가 '곳, 장소, 일, 것, 경우'의 의미일 경우 띄어 쓴다.
> ③ '지'가 '경과한 시간'을 나타내는 경우 띄어 쓴다.
> ④ '내'는 의존 명사이므로 띄어 쓴다.
>
> **정답** ⑤

06 단어를 발음할 때, 〈보기〉에서 설명하는 음운 변동 현상이 일어나는 것은?

┌─ 보기 ─┐

두 소리가 이어질 때 두 소리의 성질을 모두 가진 소리로 줄어드는 현상

① 맏이   ② 겪다

③ 법학   ④ 좋은

⑤ 곡물

> **해설** 음운의 변동
> 〈보기〉에서 설명하는 음운 변동 현상은 '축약'이다. ③의 '법학[버팍]'은 자음 축약에 해당한다.
>
> **정답** ③

	자주 출제되는 고유어	자주 출제되는 외래어 표기법	
지청구	꾸지람	St. Valentine's Day	밸런타인데이
문문하다	무르고 부드럽다	Stanford	스탠퍼드
똘기	채 익지 않은 과일	flute	플루트
마구리하다	기다란 물건 끝을 막다.	Rock and Roll	로큰롤
이드거니	충분한 분량으로 만족스러운 모양	Catholic	가톨릭

01 밑줄 친 부분에 들어갈 말로 가장 적절한 것을 고르시오.

Social media, magazines and shop windows bombard people daily with things to buy, and British consumers are buying more clothes and shoes than ever before. Online shopping means it is easy for customers to buy without thinking, while major brands offer such cheap clothes that they can be treated like disposable items — worn two or three times and then thrown away. In Britain, the average person spends more than £1,000 on new clothes a year, which is around four percent of their income. That might not sound like much, but that figure hides two far more worrying trends for society and for the environment. First, a lot of that consumer spending is via credit cards. British people currently owe approximately £670 per adult to credit card companies. That's 66 percent of the average wardrobe budget. Also, not only are people spending money they don't have, they're using it to buy things _____. Britain throws away 300,000 tons of clothing a year, most of which goes into landfill sites.

① they don't need
② that are daily necessities
③ that will be soon recycled
④ they can hand down to others

유형 빈칸 절 완성

어휘 bombard 퍼붓다[쏟아 붓다] / disposable 사용 후 버릴 수 있는, 일회용의 / figure 수치 / via (특정한 사람·시스템 등을) 통하여 / approximately 약, 대략 / landfill 쓰레기 매립지 necessity 필수품 / recycle 재활용하다 / hand down to ~로 전하다, 물려주다

해설 ① 온라인 쇼핑을 통한 영국인들의 소비 행태에 대한 글이다. 빈칸에는 이러한 소비 행태로 인해 대두되는 문제점을 설명하는 말이 들어가야 한다. 본문 중반에서 사회와 환경에서의 두 가지 우려되는 추세를 언급하며, 첫 번째로 사회적 우려인 '신용카드 남용'을 제시했다. 따라서 빈칸에는 환경적 우려를 낳을 수 있는 행위가 제시되어야 한다. 마지막 문장에서 영국은 연간 30만 톤의 옷을 버린다고 했으므로, 이와 연관된 they don't need(그들이 필요하지 않은)가 빈칸에 적절하다.

해석 소셜 미디어, 잡지, 그리고 진열장은 매일 사람들에게 살 것들을 퍼붓고 영국 소비자들은 그 어느 때보다 더 많은 옷과 신발을 사고 있다. 온라인 쇼핑은 소비자들이 생각하지 않고 사는 것이 쉬운 동시에, 주요 브랜드들이 두세 번 입고 버려지는 일회용품처럼 취급될 수 있는 매우 저렴한 옷들을 제공한다는 것을 의미한다. 영국에서, 보통 사람이 1년에 1천 파운드 이상을 새 옷 구매에 지출하는데, 이것은 그들 수입의 약 4%이다. 그것은 많은 것처럼 들리지 않을지도 모르지만, 그 수치는 사회와 환경에 있어서 두 가지 훨씬 더 걱정스러운 추세를 숨기고 있다. 첫째, 그 소비자 지출의 다수가 신용카드를 통한 것이다. 영국인들은 현재 성인 1인 당 약 670파운드를 신용카드 회사에 빚지고 있다. 그것은 평균적인 의류 예산의 66%이다. 사람들은 그들이 소지하지 않은 돈을 사용할 뿐만 아니라, 또한 그들은 그것을 ① 그들이 필요하지 않은 것들을 사기 위해 사용하고 있다. 영국은 연간 30만 톤의 옷을 버리는데, 그것들 중 대부분은 쓰레기 매립지로 보내진다.

정답 ①

01 주어진 글 다음에 이어질 글의 순서로 가장 적절한 것은?

To be sure, human language stands out from the decidedly restricted vocalizations of monkeys and apes. Moreover, it exhibits a degree of sophistication that far exceeds any other form of animal communication.

(A) That said, many species, while falling far short of human language, do nevertheless exhibit impressively complex communication systems in natural settings.

(B) And they can be taught far more complex systems in artificial contexts, as when raised alongside humans.

(C) Even our closest primate cousins seem incapable of acquiring anything more than a rudimentary communicative system, even after intensive training over several years. The complexity that is language is surely a speciesspecific trait.

① (A) — (B) — (C)

② (B) — (C) — (A)

③ (C) — (A) — (B)

④ (C) — (B) — (A)

유형 **배열**

어휘 stand out 두드러지다, 눈에 띄다, 뛰어나다 / decidedly 확실히, 분명히 / vocalization 발성(법) / sophistication 정교함 / that said 그렇긴 하지만 / fall short of (예상되는·필요한 기준인) ~에 미치지 못하다, 미흡하다 / rudimentary 가장 기초[기본]적인 / intensive 집중적인 / species-specific 종 특이적인, 한 종에만 연관된 / trait 특성, 특징

해설 ③ 주어진 글에서는 다른 유인원과 비교할 때 인간 언어의 정교함을 설명하고 있다. 이어질 내용으로 가장 적절한 것은, Even(심지어)을 이용하여 인간과 더욱 가까운 영장류의 언어를 인간의 언어와 비교하고 있는 (C)이다. (C)의 두 번째 문장에서 언어라는 복잡성은 '종 특이적인(species-specific) 특성'이라고 언급하며 인간에게만 국한된 특성이라는 점을 암시하고 있는데, 이어서 That said(그렇긴 하지만)와 nevertheless(그럼에도 불구하고)를 이용해, 인간 외에 다른 많은 종들도 자연 환경에서 복잡한 의사소통을 한다고 양보의 내용을 제시하고 있는 (A)가 오는 것이 자연스럽다. 마지막으로 (A)의 many species를 (B)의 they가 지칭하고 있으며, (A)에서 제시된 '자연적 환경(natural settings)'과 대치되는 표현으로 (B)에서 '인위적인 상황(artificial contexts)'을 제시하고 있으므로 (B)가 (A) 이후에 오는 것이 알맞다. 따라서 (C) − (A) − (B)의 순서가 알맞다.

해석 확실히, 인간의 언어는 원숭이와 유인원의 명백히 제한적인 발성보다 뛰어나다. 게다가, 그것은 다른 어떤 형태의 동물 의사소통을 훨씬 능가하는 어느 정도의 정교함을 보여준다.

(C) 우리의 가장 가까운 계통인 영장류조차도 수년 동안의 집중 훈련 후에도 가장 기초적인 의사소통 체계 이상의 것을 습득하지는 못하는 것처럼 보인다. 언어라는 복잡성은 확실히 종 특이적인 특성이다.

(A) 그렇긴 하지만, 많은 종들이 인간의 언어에는 훨씬 못 미치지만, 그럼에도 불구하고, 자연 환경에서 인상적인 복잡한 의사소통 체계를 보여준다.

(B) 그리고 그것들은 인간과 함께 자라는 때와 같은 인위적인 상황에서 훨씬 더 복잡한 체계를 배울 수 있다.

정답 ③

응/용/수/리

01 어느 출판사의 작년 A교재와 B교재의 총판매량은 3,000권이다. 올해 A교재의 판매량은 전년 대비 10% 증가하였고, B교재의 판매량은 전년 대비 700권 감소하여 총판매량은 전년 대비 20% 감소하였을 때, 올해 A교재의 판매량을 고르면?

① 1,000권　　　　　　　　　　　② 1,100권

③ 1,200권　　　　　　　　　　　④ 1,300권

⑤ 1,400권

해설 작년 A교재의 판매량을 x라고 하면 A교재와 B교재의 총판매량이 3,000권이므로 B교재의 판매량은 $3,000-x$이다.
올해 A교재의 판매량은 전년 대비 10% 증가하였으므로 $1.1x$이고, B교재의 판매량은 전년 대비 700권 감소하였으므로
$(3,000-x)-700=2,300-x$이다. 또한 총판매량은 전년 대비 20% 감소하였으므로 다음 식이 성립한다.
$1.1x+2,300-x=3,000\times(1-0.2)=2,400$
$\rightarrow 0.1x=100$
$\rightarrow x=1,000$
따라서 올해 A교재의 판매량은 $1,000\times1.1=1,100$(권)이다.

정답 ②

02 한 줄로 나열되어 있는 10개의 빈 수납장에 5개의 물건 A~E를 보관하려고 한다. A는 가장 왼쪽의 수납장에 보관하고, B, C, D는 서로 연속된 수납장에 보관하려고 할 때, 5개의 물건을 10개의 빈 수납장에 보관하는 경우의 수를 고르면?(단, 각 수납장에 물건은 1개만 보관할 수 있다.)

① 90가지   ② 126가지
③ 180가지   ④ 252가지
⑤ 256가지

해설 한 줄로 나열되어 있는 10개의 빈 수납장 중 A는 가장 왼쪽의 수납장에 보관하므로 이를 그림으로 나타내면 아래와 같다.

A									

B, C, D는 서로 연속된 수납장에 보관해야 하므로 하나의 묶음으로 생각하면 가장 왼쪽을 제외한 7개의 수납장에 (B, C, D) 1개와 (E)1개를 수납하는 경우와 같으므로 한 가지의 경우를 아래와 같은 그림으로 나타낼 수 있다.

A	B, C, D		E						

이때 7개의 수납장 중 2개의 수납장을 고르는 경우의 수는 $_7C_2=21$(가지)이고, (B, C, D)와 E의 자리를 바꿀 수 있는 경우의 수는 2가지, B, C, D의 순서를 바꾸는 경우의 수는 3!=6(가지)이다.

따라서 구하고자 하는 경우의 수는 $21×2×6=252$(가지)이다.

정답 ④

기 / 술 / 능 / 력

01 다음 서울교통공사의 경영 목표를 통해 알 수 있는 전략 과제로 적절하지 않은 것을 고르면?

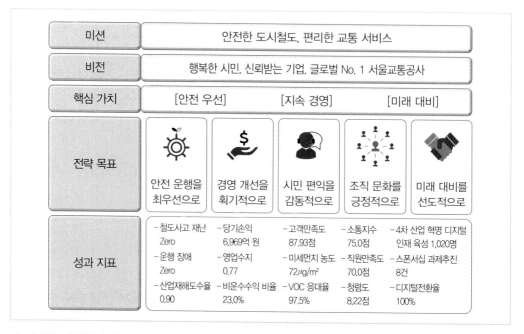

미션	안전한 도시철도, 편리한 교통 서비스
비전	행복한 시민, 신뢰받는 기업, 글로벌 No. 1 서울교통공사
핵심 가치	[안전 우선]　　　　[지속 경영]　　　　[미래 대비]

전략 목표	안전 운행을 최우선으로	경영 개선을 획기적으로	시민 편익을 감동적으로	조직 문화를 긍정적으로	미래 대비를 선도적으로
성과 지표	- 철도사고 재난 Zero - 운행 장애 Zero - 산업재해도수율 0.90	- 당기손익 6,969억 원 - 영업수지 0.77 - 비운수수익 비율 23.0%	- 고객만족도 87.93점 - 미세먼지 농도 72㎍/㎡ - VOC 응대율 97.5%	- 소통지수 75.0점 - 직원만족도 70.0점 - 청렴도 8.22점	- 4차 산업 혁명 디지털 인재 육성 1,020명 - 스폰서십 과제추진 8건 - 디지털전환율 100%

① 미래형 인재를 육성한다.
② 이용자의 접근성을 개선한다.
③ 조직별 업무를 보다 철저히 구분한다.
④ 노후화된 시설을 선제적으로 찾아 개선한다.
⑤ 비운수수익의 비중을 높여 수익원을 다각화한다.

해설 조직별 업무 구분을 강조하는 것이 긍정적인 조직 문화를 만드는 것과 연관성이 있다고 보기 어렵다. 오히려 조직 문화를 긍정적으로 만들기 위해서는 소통 공감 기업 문화를 구현하고, 융합형 조직 문화를 정착시켜 상생의 노사 관계가 이루어지도록 하는 활동이 필요하다.
① 미래형 인재 육성은 선도적으로 미래를 대비하고자 하는 전략 목표의 하위 과제로 적절하다.
② 이용자의 접근성 개선은 시민 편익을 제공하고자 하는 전략 목표의 하위 과제로 적절하다.
④ 노후화된 시설을 개선하는 것은 안전 운행을 최우선으로 하고자 하는 전략 목표의 하위 과제로 적절하다.
⑤ 성과 지표에서 비운수수익 비율을 측정하고 있고, 지속 경영을 위한 미래 대비가 핵심 가치이므로 운수수익에 치중된 수익구조를 다각화하는 전략 과제를 상정할 수 있다.

정답 ③

02 주어진 글을 읽고 조직 목표에 대한 설명으로 옳지 않은 것을 고르면?

조직 목표는 조직 행동을 통하여 실현하려는 도달 상태를 의미한다. 이는 조직이 지향하는 미래의 바람직한 결과를 말한다. 조직 목표는 구성원들과 이해자 집단의 이익의 최대공약수인 모두의 이익을 대변해야 한다. 그리고 목표 기간은 단기 목표와 장기 목표 달성에 도움이 되는 방향으로 설정되어야 한다.

조직 목표는 공식 목표와 운영 목표로 나뉜다. 공식 목표는 조직 이념이며, 그 중심적인 경영주체인 경영자가 품고 있는 신념, 신조, 이상 등의 가치적인 측면을 말한다. 그러므로 공식 목표는 조직의 활동 영역, 조직이 추구하는 바와 조직의 존재 이유, 그리고 조직의 존재 가치를 표현한 것이다. 따라서 측정 가능한 목표라기보다는 추상적이고 모호한 표현으로 대변되는 경우가 많다.

반면 운영 목표는 구체적인 도달 상태를 말한다. 조직 목표를 바람직한 도달 상태로 표현할 경우 거기에는 바람직하다는 가치 판단 측면과 도달 상태라는 양 측면이 있게 되며, 그 중 도달 상태라는 사실의 측면이 운영 목표에 해당한다. 이는 조직 운영상에 나타나는 목표로서 공식 목표를 성취하기 위한 수단으로 쓰인다. 그러므로 운영 목표는 단기적이고 구체적인 목표라고 할 수 있다.

① 기업 경영의 구체적인 업무 활동은 운영 목표에 반영된다.
② 공식 목표는 운영 목표에 의해 수정되기도 한다.
③ 조직 목표는 조직의 바람직한 미래 상태에 대한 조직 운영과 활동을 위한 방향과 지침을 제공한다.
④ 조직 목표는 경영자와 직원들 모두에게 이익이 될 수 있는 것이어야 한다.
⑤ 조직의 비전은 공식 목표에 담겨 있다.

해설 운영 목표는 공식 목표를 이루기 위한 수단으로 쓰이는 것이므로 운영 목표에 의해 공식 목표가 수정된다는 것은 옳지 않은 설명이다. 기업의 공식 목표를 달성하기 위하여 전략이나 과제 등의 운영 목표가 수정되는 것이다.
① 공식 목표는 추상적인 데 반해, 운영 목표는 구체적이며 업무 활동의 내역이 반영된다.
③ 바람직한 미래의 도달 상태에 대한 방향과 지침을 제공하는 것이 조직 목표이다.
④ 주어진 글에서 조직 목표는 구성원들과 이해자 집단의 이익의 최대공약수인 모두의 이익을 대변해야 한다고 하였으므로 옳은 설명이다.
⑤ 비전에는 조직의 사명이 담겨 있으므로 공식 목표에 해당된다.

정답 ②

고 / 난 / 도

01 다음 [표]는 2018~2020년 프랜차이즈 기업 A~E의 가맹점 현황에 관한 자료이다. 이에 대한 [보기]의 설명 중 옳지 않은 것을 모두 고르면?

[표1] 2018~2020년 기업 A~E의 가맹점 신규개점 현황 (단위: 개, %)

구분 기업 \ 연도	신규개점 수			신규개점률	
	2018년	2019년	2020년	2019년	2020년
A	249	390	357	31.1	22.3
B	101	89	75	9.5	7.8
C	157	110	50	12.6	5.7
D	93	233	204	35.7	24.5
E	131	149	129	27.3	19.3

※ (해당 연도 신규개점률)(%)$=\dfrac{(\text{해당 연도 신규개점 수})}{(\text{전년도 가맹점 수})+(\text{해당 연도 신규개점 수})}\times 100$

[표2] 2018~2020년 기업 A~E의 가맹점 폐점 수 현황 (단위: 개)

연도 기업	2018년	2019년	2020년
A	11	12	21
B	27	53	140
C	24	39	70
D	55	25	64
E	4	8	33

※ (해당 연도 가맹점 수)=(전년도 가맹점 수)+(해당 연도 신규개점 수)−(해당 연도 폐점 수)

─ 보기 ─

㉠ 2019년에 비해 2020년 가맹점 수가 감소한 기업은 B와 C이다.
㉡ 2018년 C의 가맹점 수는 800개 미만이고, D의 가맹점 수는 400개 미만이다.
㉢ 2020년 가맹점 수는 E가 가장 적고, A가 가장 많다.
㉣ 2018년 폐점 수 대비 신규개점 수의 비율이 가장 높은 기업의 2019년 폐점 수 대비 신규개점 수는 20개 이상이다.

① ㉠, ㉡   ② ㉠, ㉢   ③ ㉡, ㉢
④ ㉡, ㉣   ⑤ ㉢, ㉣

정답 풀이

ⓒ 2018년 C의 가맹점 수를 x라 하면, $12.6 = \dfrac{110}{x+110} \times 100$의 식이 성립한다. 이를 정리하면, $12.6x = 9,614 \rightarrow x ≒ 763$이다.

즉, 2018년 C의 가맹점 수는 763개이므로 800개 미만이다.

2018년 D의 가맹점 수를 y라 하면, $35.7 = \dfrac{233}{y+233} \times 100$의 식이 성립한다. 이를 정리하면, $35.7y = 14,981.9 \rightarrow y ≒ 420$이다.

따라서 2018년 D의 가맹점 수는 420개이므로 400개 이상이다.

ⓔ 2018년 A~E의 폐점 수 대비 신규개점 수의 비율을 구하면 다음과 같다.

- A: $\dfrac{249}{11} \times 100 ≒ 2,264(\%)$

- B: $\dfrac{101}{27} \times 100 ≒ 374(\%)$

- C: $\dfrac{157}{24} \times 100 ≒ 654(\%)$

- D: $\dfrac{93}{55} \times 100 ≒ 169(\%)$

- E: $\dfrac{131}{4} \times 100 = 3,275(\%)$

따라서 비율이 가장 높은 기업은 E이다. 기업 E의 2019년 폐점 수 대비 신규개점 수는 $\dfrac{149}{8} ≒ 19$(개)로 20개 미만이다.

정답 ④

오답 풀이

ⓐ 2018년 기업 A~E의 가맹점 수는 순서대로 864개, 848개, 763개, 420개, 397개이다. 이를 바탕으로 2019년과 2020년 기업 A~E의 가맹점 수를 구하면 다음과 같다.

[2019년]

- A: 864+390-12=1,242(개)
- B: 848+89-53=884(개)
- C: 763+110-39=834(개)
- D: 420+233-25=628(개)
- E: 397+149-8=538(개)

[2020년]

- A: 1,242+357-21=1,578(개)
- B: 884+75-140=819(개)
- C: 834+50-70=814(개)
- D: 628+204-64=768(개)
- E: 538+129-33=634(개)

따라서 2019년에 비해 2020년 가맹점 수가 감소한 기업은 B와 C이다.

ⓒ 2020년 가맹점 수는 E가 634개로 가장 적고, A가 1,578개로 가장 많다.

해결 TIP

이 문제는 2022년 5급 공채 PSAT 기출 변형 문제로 자료를 바탕으로 보기의 정오를 판단하여 정답을 선택하는 전형적인 NCS 자료해석 빈출유형입니다. 이 문제처럼 주석으로 식이 주어진 자료해석 문제의 경우에는 반드시 식을 이용하여 해결하는 내용이 출제되므로 식의 구조를 반드시 이해해야 합니다. 한편 보기의 정오를 판별하는 유형의 문제는 소거법을 이용하여 풀도록 합니다. 소거법은 보기의 정오에 따라 선택지에 포함된 보기를 소거하면서 푸는 방법으로 해당 유형을 빠르게 해결하는 데 쓰이는 보편적인 방법입니다. 이러한 유형의 문제를 풀 경우에는 선택지의 구조를 고려하면서 어려운 보기보다는 비교적 빠르게 해결할 수 있는 보기부터 확인하여 해결하는 것이 하나의 방법입니다. 또한 대소 관계를 비교하는 내용이 있을 때에는 정확한 수치를 구하기 위한 계산을 하기보다는 계산 과정에서 영향을 미치지 않는 수치를 생략하거나 수치 비교법, 분수 비교법을 바탕으로 계산을 하지 않고 빠른 시간 내에 해결하도록 합니다.

먼저 보기 ㉠~㉣의 내용을 살펴보면, ㉠, ㉣은 ㉡, ㉢과 달리 계산을 하지 않고도 주어진 자료의 수치만으로 해결할 수 있습니다. 따라서 ㉠, ㉣을 먼저 풀도록 합니다. ㉠을 보면, 2020년 신규개점 수보다 폐점 수가 많으면, 2019년에 비해 2020년 가맹점 수가 감소한 것이 됩니다. 자료를 바탕으로 기업 A~E 중 신규개점 수보다 폐점 수가 많은 기업을 찾아보면, B(신규개점: 75개<폐점: 140개)와 C(신규개점: 50개<폐점: 70개)임을 알 수 있습니다. 따라서 ㉠은 옳은 보기이므로 선택지 ①, ②를 소거할 수 있습니다.

㉣을 보면, 2018년에 기업 A~E 중 (폐점 수)×10<(신규개점 수)인 기업은 A와 E입니다. A와 E를 비교해 보면, $\frac{249}{11} < \frac{262}{8} (=\frac{131}{4})$이 이므로 비율이 가장 높은 기업은 E임을 알 수 있습니다. 기업 E의 2019년 폐점 수는 8개로 20배는 160개인데 신규개점 수는 149개이므로 2019년 기업 E의 폐점 수 대비 신규개점 수는 20개 미만입니다. 따라서 ㉣은 틀린 보기이므로 선택지 ③을 소거할 수 있습니다. 남은 보기 ㉡과 ㉢ 중 하나의 보기만 해결하면 되는데 ㉡의 경우에는 기준 값이 제시되어 있어 대소 관계를 판별할 수 있으므로 ㉡을 풀어 정답을 찾도록 합니다. ㉡을 보면, 2018년 C의 가맹점 수가 800개 미만이라면, 800개일 때의 2019년 신규개점률 12.6%보다 낮을 것입니다. 만약 C의 가맹점 수가 800개이면, 표1 주석의 식에 따라 2019년 신규개점률을 구하면 $\frac{110}{800+110} \times$ 률이 100=$\frac{110}{910} \times 100 \approx 12.1(\%)$로 12.6%보다 낮습니다. 따라서 2018년 C의 가맹점 수는 800개 미만임을 알 수 있습니다. 이와 같은 방법으로 기업 D를 확인하도록 합니다. D의 가맹점 수가 400개이면, 2019년 신규개점률은 $\frac{233}{400+233} \times 100 = \frac{233}{633} \times 100 \approx$ 36.8(%)로 35.7%보다 높습니다. 따라서 2018년 D의 가맹점 수는 400개 이상임을 알 수 있습니다. 그러므로 ㉡은 틀린 보기이므로 정답을 ④로 선택할 수 있습니다.

김 성 근
에듀윌 취업연구소 연구원

노동시간 유연화 논쟁

"생산성 향상에 도움" – "해고 대란 일어날 것"

💬 이슈의 배경

화물연대 파업에 대해 업무개시명령으로 강경하게 대처하며 국정 지지율이 상승한 윤석열 정부가 여세를 몰아 개혁의 고삐를 당기고 있다. 윤석열 대통령은 1월 1일 신년사에서 "대한민국의 미래와 미래 세대의 운명이 달린 노동·교육·연금 3대 개혁을 더 이상 미룰 수 없다"고 말했다.

이 가운데 최근 윤석열 정부가 구체적 방향을 공개하며 가장 힘을 싣고 있는 문제는 노동시장 유연화, 구체적으로는 노동시간 유연화다. 윤 대통령은 "가장 먼저 노동 개혁을 통해 우리 경제의 성장을 견인해 나가야 한다"며 "노동시장을 유연하게 바꾸면서 노사 및 노노(勞勞) 관계의 공정성을 확립하고 근로 현장의 안전을 개선하기 위해 모든 노력을 다하겠다"고 말했다.

이정식 고용노동부 장관은 1월 1일 신년사에서 "올해는 노동시장 개혁의 원년"이라고 말했다. 윤 정부가 제안하는 노동시장 개혁 과제는 전문가 기구인 미래노동시장연구회에서 5개월간 논의 끝에 지난 12월 공개한 권고문에서 이미 제시됐다. 노동시간을 유연화하고 직무성과급 임금체계를 개편하는 것이 골자다.

이는 현행 주 52시간 근로제를 업종과 기업 특성에 맞게 유연화하고 연공서열 중심의 임금 체계를 성과 중심으로 개편하는 것이 핵심이다. 1953년 근로기준법 제정 이후 70년 간 유지돼 온 노동시장의 틀을 근본적으로 바꾼다는 의미를 담고 있다.

현행 주 52시간제는 기본 근로시간인 주 40시간에 최대 연장 근로시간이 주 12시간까지 허용되는 방식으로 운영된다. 주문 물량이 밀려들어 일손이 모자라도, 노동자가 자발적으로 일을 더 해서 초과임금을 받고 싶어도 1주에 연장근로 12시간을 넘겨 일하는 것은 불법이다.

연구회는 이러한 주 단위 연장근로시간 관리 단위를 월, 분기, 반기, 연으로 다양화하자고 제안했다. 이때 산술적으로 주당 69시간까지 일하는 게 가능해진다. 4주 가운데 3주는 연장근로를 하지 않다가 일이 몰리는 특정 주간에 한 달 치 연장근로를 모두 몰아서 할 수도 있다.

하지만 노동계에서는 노동시간을 유연화하면 전체 노동시간이 늘어날 우려가 있다며 반발하고 있다. 노동시간 유연화가 실제로 적용되기까지는 적지 않은 갈등이 예상된다. 노동시간 유연화에 찬성·반대하는 의견이 대립하고 있다.

● 이슈의 논점

노동시간 유연화 찬성 "생산성 향상에 도움"

지난 2021년부터 50인 이상 300인 미만 사업장을 대상으로 주 52시간 근로제가 본격 시행되고 위반 사업장에 대한 처벌이 시작되면서 중소기업의 성장 동력은 크게 훼손되었다. 연구개발(R&D)과 같은 분야는 절대적인 시간이 확보되어야 의미 있는 성과를 낼 수 있다. 획기적인 산업적 가치가 있는 R&D 결과물이 나오려면 수년의 시간이 필요할 때도 있다.

외국 경쟁 기업이 밤을 세워가며 연구개발(R&D)에 몰두하는 상황에서 한국 중소기업은 주 52시간제의 족쇄에 갇혀 신기술과 신제품 개발에 심각한 차질을 빚고 있다는 푸념이 적지 않았다. 산업 경쟁력을 지키기 위해 주당 90시간, 100시간을 일해도 모자랄 판국에 정부가 주 52시간제로 기업 경쟁력을 하향 평준화했다는 지적이 나왔다.

연장 근로가 필수적인 일부 IT 업체에서는 기형적인 '기업 쪼개기' 방법까지 고안했다. 기존 직원 4~5명을 내보내 외주 업체를 차린 후 그곳에 일감을 분배하는 방법이다. 5명 미만 사업장은 주 52시간제를 적용받지 않는 점을 이용해 편법을 동원한 것이다.

한국 노동시간의 역사

1953년 당시 근로기준법으로 설정된 노동시간은 하루 8시간으로 주 6일제로 주 48시간을 일하도록 했다. 그러나 당시 노동자가 절대적으로 불리한 위치에서 유명무실한 제도였다. 1960년대 고도성장은 노동자의 일상적인 연장 근무 속에서 이뤄진 것이었다. 이후 민주화 달성과 노동자의 건강권과 휴식권, 안전에 대한 의식이 올라갔다.

2000년 주 5일제 도입 논의가 일면서 3년간 재계와 노동계가 격론을 벌인 끝에 2003년 주 5일제가 도입됐다. 기업 부담 등 부작용을 줄이기 위해 7년 여에 걸쳐 단계적으로 적용됐고 2010년 조가 되어서야 주 5일제가 사회 표준으로 자리 잡았다. 주말을 활용해 여행을 떠나는 이들이 늘어나면서 삶의 질과 패턴에 많은 변화가 일어났고 레저 분야가 급성장했다.

2018년 문재인 정부에서 주당 근무시간을 68시간에서 52시간으로 줄이는 내용의 근로기준법 개정안이 국회를 통과됐다. 공공기관 등을 대상으로 단계적으로 실시돼 2021년 중소기업으로 확대됐다. 그러나 주 52시간제가 제대로 정착되기도 전에 윤석열 정부가 2023년 노동시간 유연화 필요성을 주장하며 사실상 주 69시간까지 일할 수 있도록 하는 방안을 추진하고 있다.

반도체 업계 등 R&D가 중요한 중소기업에서 영세 사업장까지 다양한 시장 상황과 노동 과정의 특수성을 고려해 노동시간 유연화가 필요하다. 현재 5인 이상 30인 미만 영세 사업장은 한시적 추가 연장근로로 8시간 추가 근무가 허용돼 1명이 주 60시간 일을 하기도 하는데 이 예외조항 시한이 끝나면 직원을 더 늘려야 한다. 인건비도 부담스럽지만 새로 직원을 뽑았다가 일감이 줄면 대응하기도 어렵다.

따라서 주문이 많은 계절에 많이 일하고 그 외에는 줄이도록 노동시간을 유연화하면 중소기업 및 영세 사업장의 생산성 향상에 도움이 될 수 있다. 현행 1주일 단위로만 연장 근로시간 단위를 정해야 하는 주 52시간제에서는 이것이 불가능하다. 노사 합의를 통해 연장 근로시간 단위를 월이나 분기, 연 단위까지 넓힐 수 있어야 한다.

일각에서는 노동시간 유연화에 반대하며 사업주가 노동자를 무분별하게 해고할 것이라고 주장한다. 그러나 기업은 이윤 없이 노동자를 고용하지 않으며 이윤이 크다면 더 많은 연봉을 줘가면서도 고용을 유지하려 한다. 제도적으로 기업의 해고를 까다롭게 한다고 해서 좋은 일자리가 살아남을 수 있는 것은 아니다. 노동 유연성이 낮아지면 한계 기업이 퇴출되는 더 번거롭고 고통스러운 방식으로 노동자 구조조정이 이뤄질 뿐이다.

노동시간과 고용 조정의 유연성이 생기면 생산성 낮은 한계 기업이 퇴출되고 생산성 높은 새로운 기업이 빈자리를 메우면서 더 좋은 일자리가 생긴다. 과거 정부에서 이러한 노동의 시장 원리를 외면하고 정년 연장, 최저임금 인상률 대폭 증가,

주 52시간제 도입 등을 밀어붙인 결과 기업은 정규직보다는 비정규직 채용을 선호하고 자동화에 대한 투자를 늘리게 됐고 질 좋은 일자리는 갈수록 줄어들고 있다.

노동자들은 '저녁이 있는 삶'을 외치지만 저녁이 있어도 '지갑이 얇은 삶'은 견디지 못한다. 실제로 주 52시간제 도입으로 노동시간이 줄어든 2018년부터 부업 참가율은 오히려 올랐다. 돈을 좀 덜 벌어도 저녁이 있는 삶을 원하는 이들이 있는가 하면 초과근로를 하더라도 연장수당을 받으며 돈을 더 벌고자 하는 이들도 있다.

독일이나 프랑스는 노사 합의를 통해 일정 기간 내 주 평균 노동시간을 자유롭게 정하고 있으며 미국에는 연장 근로에 한도를 두는 규제가 아예 없다. 경제 주체들의 자유로운 선택은 존중받아야 한다.

노동시간 유연화 반대 "해고 대란 일어날 것"

주 52시간 근로제가 정착되기도 전에 윤석열 정부가 노동시간 유연화를 들고 나오면서 노동자들의 건강한 삶을 위협하고 있다.

윤 정부의 노동시간 유연화 방안은 근무일과 근무일 사이에 최소 11시간의 연속 휴식을 전제하긴 했지만 주휴일을 포함한 1주 최대 근무시간은 69시간에 이른다. 여기에 노동자 동의를 얻어 주휴일까지 일을 시킨다면 총 노동시간은 80.5시간까지 늘어난다.

우리나라 노동자의 근로시간은 지난 10년간 10% 가량 줄었지만 여전히 경제협력개발기구(OECD)

평균보다 200시간 가까이 많은 것으로 알려져 있다. 2021년 기준 한국의 근로시간은 연간 1915시간으로 OECD 38개 회원국 가운데 5번째로 많았다.

특정 기간의 장시간 노동은 노동자들의 건강을 위협하는 대표적인 원인이다. 고용노동부 고시에서도 뇌혈관질환 등의 발병 전 12주간 주 60시간 넘게 일하거나 4주간 64시간 넘게 일했다면 업무와 질병의 연관성이 높다고 명시하고 있다. 윤 정부의 노동시간 유연화론은 노동자의 건강과 생명보다는 철저히 기업의 이익 관점에서 접근한 것이란 비판을 피할 수 없다.

이대로라면 기업이 여건에 따라 3개월 정도 채용해 집중 노동을 시키고 해고를 반복하는 일이 일상화될 것이다. 고용 유연성이 제대로 기능하려면 먼저 고용 안전망이 완비되어 있어야 한다.

1998년 IMF(국제통화기금) 외환위기 당시 대량 실업으로 수많은 노동자들이 대량 실업의 고통을 겪었다. 이후 20여 년이 지났지만 한국의 부실한 고용 안전망은 여전히 불평등과 양극화를 심화하는 요인으로 작동하고 있다. 전 세계적으로 경제 침체가 예상되는 2023년에 고용 안전망 대책도 없이 노동시간 유연화를 강행한다면 제2의 IMF 해고 대란이 일어날 수 있다.

정부는 노동시간 유연화와 관련해 사용자와 노동자의 합의로 노동시간을 유연하게 조절하는 것이므로 과도한 추가 근무 문제가 없을 것이라고 주장한다. 그러나 한국 기업의 노조 조직률을 14%에 불과하다. 절대 다수 사업장의 노동시간은 사용자의 작업 지시권에 의해 일방적으로 결정될 것이다.

늘어난 노동시간만큼 임금이 늘면 노동자들이 만족하지 않겠느냐는 주장도 있지만 노동시간 대비 임금은 오히려 줄어들 가능성이 크다. 기업 입장에서는 특정한 날에 집중적으로 초과 노동을 시키더라도 일정 기간 동안 평균 노동시간이 기준을 초과하지 않으면 연장근로수당을 지급하지 않아도 되기 때문이다.

오래 일해야 생산성이 높아진다는 것은 낡은 관점이다. 미국, 유럽 등의 봉급 삭감 없는 주 4일 근무제 실험에서 주당 노동시간 감축이 오히려 기업 매출을 높이고 노동 의욕을 고취시킨다는 실험 결과가 나온 바 있다. 선진국을 중심으로 일주일에 32시간만 일하는 국가들도 생겨나고 있다.

정부가 추진하는 노동시간 유연화는 노동 개혁으로 포장하고 있지만 실상은 노동을 이윤 추구 수단으로 보는 후진적인 노동관을 담고 있다. 장시간 노동 체제로의 회귀와 임금 하향 평준화로 귀결될 노동 개악을 저지해야 한다.

⏳ 연습문제

윤석열 정부의 노동시간 유연화 방침에 대해 찬성 또는 반대 의견을 논술하시오. (1000자, 50분)

※ 논술 대비는 실전연습이 필수적입니다. 반드시 시간을 정해 놓고 원고지에 직접 써 보세요.

200

400

전장연 출근길 시위 1년, 갈등 해법은?

당국의 대처는 적절했는가, 시위 목적은 여전히 유효한가

● 이슈의 배경

2021년 12월 3일 시작된 전장연의 '출근길 지하철 탑니다' 시위가 1년 넘게 중단과 재개를 반복하고 있다. 전장연이 시위를 통해 요구하는 것은 장애인 권리 예산 확충을 통한 이동권, 거주권, 노동권 등 장애인 기본권 보장이다. 이를 위해 대중교통을 이용하는 다수 시민의 관심과 지지를 얻고자 지하철 탑승 시위를 전개했다.

시위의 배경은 2001년으로 거슬러 올라간다. 당시 서울지하철 4호선 오이도역에서 휠체어 리프트의 와이어가 끊어져 리프트를 이용하던 승객이 추락해 사망하는 사고가 발생했다. 이 사건을 계기로 장애인 이동권 운동이 본격화되었고 현 전장연의 전신이라고 할 수 있는 장애인이동권연대가 결성되었다.

그 결과 2003년에 서울 시내에 저상버스와 장애인 콜택시가 도입되었고 2005년에는 교통약자이동편의증진법(교통약자법)이 제정되었다. 당시 서울지하철은 1호선에서 4호선 구간 중 학여울역을 제외한 모든 역사에 엘리베이터가 없을 정도로 교통약자 배려시설 기반이 미흡했다. 하지만 2001년부터 엘리베이터, 에스컬레이터 등을 설치해 2006년에 '1역사 1동선' 확보율을 83%까지 올렸다. 현재 1역사 1동선 확보율은 2022년 기준 93.6%에 달한 상태다.

그럼에도 장애인의 자유로운 이동은 여전히 많은 제약을 받고 있다. 현재 서울지하철에서 1역사 1동선이 확보되지 않은 역이 21개가 남아있다. 저상버스 보급률은 2021년 기준 전국적으로 30.6%이며 이용률은 더 떨어진다. 가장 많이 이용하는 장애인 콜택시도 2021년 기준 평균 대기

시간이 32분이다. 이는 탑승 포기자의 대기시간을 제외한 수치라 실제 콜택시를 이용하기 위해 많게는 두 시간 가까이 기다리는 경우도 있다.

이러한 상황 속에서 사회적 약자의 권리 보호를 주장하는 전장연의 시위 취지는 일정 부분 보편적인 공감과 지지를 얻었지만 지난 1년간 많은 논란을 일으켰다. 거친 시위 방법이 권리 주장을 위한 불가피한 수단인지 도를 넘는 민폐 행위인지 끊임없이 문제가 제기됐다.

전장연의 지하철 탑승 시위는 열차에 탑승해 지나는 역마다 반복해서 타고 내리는 방법으로 전개되었는데 이 과정에서 열차 운행 지연이 발생했다. 혼잡한 출근 시간대에 길게는 1시간 넘는 지연이 생기기도 했다. 이 때문에 직장인이나 학생들이 지각을 하는 등 다른 이용객들의 피해가 심했다.

서울시와 서울교통공사, 경찰 등 당국은 시민 폭행 등 명백한 불법 행위가 있지 않는 이상 처벌이 어렵다는 이유로 한동안 미온적인 대응을 했다. 그러다 해가 지나면서 당국은 무정차 통과를 하거나 경찰을 동원해 시위자들의 지하철 탑승을 막고 법적 조치에도 속도를 내는 등 강력한 대처를 하고 있다.

앞으로도 전장연 시위가 이어질 것으로 보이는 가운데 당국이 시위에 대처하는 방식이 적절한지, 전장연이 시위를 지속하는 목적이 과연 이전처럼 타당한 근거가 있는지 점검하고 평화적인 해결 방안을 모색할 필요가 있다.

이슈의 논점

당국의 대처는 적절했는가

서울교통공사는 끝나지 않는 시위에 대해 2022년 12월 14일 처음으로 삼각지역에서 숙대입구역으로 향하는 상행열차를 무정차 통과시켰다. 오세훈 서울시장은 '무관용 원칙'을 내세우며 전장연의 행위를 불법으로 규정하고 법적 조치를 취할 것을 밝혔다.

서울시와 서울교통공사 등 당국은 전장연의 시위를 불법행위로 규정하고 있다. 이는 '법과 원칙의 준수'를 내세우는 현 정권의 기조와 맥락이 통한다. 전장연은 그간 시위에서 열차에 올랐다가 다른 문으로 내리며 승하차를 반복하는 등 고의로 열차를 지연시키기도 했다. 이는 교통·업무방해 혐의가 적용될 수 있는 문제다.

주장이 정당하더라도 그에 따른 행위가 부적절하다면 행위는 비례의 원칙에 근거해 제한받을 수 있다. 전장연의 시위 취지에 공감한다고 해도 당장 출근길이 막힌 시민들의 불편은 견디기 어렵다. 이러한 시위를 하루 이틀도 아닌 1년이 넘게 지속하는 것은 자신의 권리를 위해 타인의 권리를 침해하는 이기적 행동이다. 행정 당국이 법과 원칙에 따라 강경하게 대처하는 것은 더 큰 피해 발생을 막기 위해서라도 당연하다.

다만 당국의 대처로 문제를 해결할 수 있을지는 의문이다. 대화로써 전장연을 설득하고 타협하기보다 공권력을 앞세워 시위 원천 봉쇄에만 몰두한다면 갈등은 고조될 것이다. 전장연은 더 공격적인 시위 수단을 찾을 것이다. 당장 서울교통공사의 무정차 통과 조치는 시위 장소와 시간을 알리지 않는 게릴라 시위로 이어졌다.

무정차 통과로 전장연 시위자들의 이동을 금지한 것은 과도한 기본권 침해 여지도 있다. 경찰이 시위대의 연막탄을 회수하던 도중 전장연 대표가 넘어진 것에 대해 국가인권위원회는 과잉금지원칙을 위반해 헌법상 신체의 자유를 침해했다고 판단했다.

대응의 강도와 빈도가 높아질수록 당국 역시도 적법성의 논리에서 벗어날 수 없게 될뿐더러 시위의 불씨는 꺼지지 않은 채 언제 다시 반복될지 모른다. 이로 인한 피해는 결국 지금처럼 수많은 불특정 다수 시민의 몫으로 돌아가게 될 것이다.

전장연의 시위 목적은 여전히 유효한가

모든 국민은 집회와 결사의 자유를 가진다. 시위를 통한 적극적인 권리 주장을 통해 민주주의는 더 발전하고 성숙해질 수 있었다. 장애인은 사회의 한 구성원이자 주체로서 평범한 일상을 살고 사회생활에 참여하는 당연한 권리를 가지고 있다.

장애인의 자립생활에서 이동권은 알파와 오메가다. 이동할 수 없으면 교육을 받을 수 없으며, 교육을 받지 못하면 노동의 기회가 줄어든다. 결국 이동권의 제약은 장애인을 제한된 시공간 안에 갇힌 존재로 머물게 한다. 이러한 측면에서 장애인의 자유로운 이동권을 주장하는 전장연의 시위는 정당성을 가진다.

지난 한 해 장애인 이동권이 유의미한 향상을 이뤘다는 점에서 전장연 시위는 소기의 목적을 어느 정도 달성했다고 볼 수 있다. 서울교통공사는 2024년까지 '1역사 1동선' 100% 확보를 약속했다. 2022년 12월 31일 교통약자법 개정안이 국회 본회의에 통과되면서 저상버스 대·폐차시 저상버스 의무 도입, 특별교통수단의 광역 운행 등의 규정이 마련되었다.

올해 예산안에서도 교통약자 이동권 보장 관련 예산이 작년 1091억원에서 2246억원으로 두 배가량 증액됐다. 그럼에도 전장연의 시위가 해를 넘어 지속되는 이유는 이들의 요구사항이 완벽히 받아들여지지 않았기 때문이다. 그러나 국가의 자원은 한정적이다. 어느 세대나 집단을 완벽하게 만족시키는 자원 배분은 이뤄질 수 없다는 점에서 전장연의 거친 시위 방식은 자중할 필요가 있다.

또 하나의 쟁점 '탈시설화'

이동권 문제가 진전을 보이자 전장연은 탈시설 문제 제기로 쟁점을 확대했다. 전장연이 시위를 재개한 까닭은 이들이 요청한 장애인 권리 예산 1조3044억원이 수용되지 않았기 때문인데 이 예산 항목이 대부분 **탈시설화** 사업과 연관되어 있다.

탈시설화는 장애인 이동권 보장과 결이 다르다. 장애인 이동권 향상의 필요성이야 자명하지만 탈시설화는 아직까지 사회적 합의를 거쳐야 할 부분이 많다. 장애인이 자립할 수 있도록 한다는 탈시설화의 취지는 수긍할 수 있으나 장애인 중 일부는 스스로 자립여부를 선택할 수 없는 상황이라는 점을 감안해야 한다. 의사소통이 불가능한 발달장애인들에게 선택을 강요한다는 건 또 다른 인권침해로 이어질 수 있다.

탈시설화 (脫施設化, deinstitutionalization)

탈시설화란 장애인을 시설에서 수용하는 것이 아닌 지역사회에 거주하게 하고 필요한 서비스를 제공하는 것이다. 원래 수용시설의 기본 취지는 장애인에게 전문적이고 질적으로 우수한 서비스를 제공하여 장애인을 지역사회로 돌아가게 하는 것이다. 그러나 수용시설 대부분이 지역사회인과 접촉이 거의 없는 외곽지역에 위치하기 때문에 사회적으로 폐쇄적인 환경이 장애인들의 재활에 부적절하다는 평가를 받아왔다. 장애나 기타 불이익을 경험한 사람들에게 불평등하지 않은 환경과 생활방식을 제공하자는 정상화의 원리 강조에 따라 1970년대 이후 미국과 유럽 등 서구권에서부터 탈시설화운동이 전개됐다. 우리나라에서도 2013년부터 탈시설정책이 추진되고 있으나 아직까지 법적 근거가 미비한 상황이다.

전장연의 지하철 시위의 구호는 장애인 이동권 보장이었다. 정책 당국이 해결 의지를 갖추고 이동권 보장을 꾸준히 향상시키려 하는 와중에 전장연이 다시 탈시설 문제를 들고 출근길을 막는 시위를 지속한다면 시민들의 지지를 받기 어려워질 것이다. 탈시설 문제 제기가 잘못됐다는 게 아니라 지하철 시위라는 장소와 방법이 적절하지 않아서다.

탈시설화 문제는 전장연뿐만 아니라 장애인 사회 전반의 의견을 수렴해 논해야 할 문제다. 지난 12월 15일 삼각지역에서는 다른 장애인 단체, 지하철운행정상화를위한장애인연대가 등장하여 전장연의 시위를 막았다. 전장연의 주장과 행동만이 모든 장애인을 대표하는 것이 아니다.

대화 타협으로 문제를 해결하라

전장연과 당국의 대립이 파국으로 치달으며 시민사회의 피로도는 더욱 짙어지고 있다. 이 가운데

전장연은 오세훈 서울시장과의 면담을 조건으로 1월 19일까지 지하철 탑승 시위를 멈추고 혜화역 승강장에서 선전전만을 진행했고 시위는 잠시 소강상태를 맞이했다.

민주 사회에서 갈등을 조정하는 최우선의 과정은 어디까지나 대화와 타협이어야 한다. 소통이 결여된 채 서로 명분과 원칙을 내세우며 날 선 대치만을 이어 간다면 가장 중요한 문제 해결에 이를 수 없다. 당국은 전장연이 시위를 하든 하지 않든 선진 복지국가를 지향하는 관점에서 끊임없이 장애인 이동권의 보장과 향상을 위해 노력해야 한다. 이는 장애인 동선 확보율을 100% 달성했다고 해서 끝나는 문제가 아니다.

전장연은 모든 요구사항이 즉시 받아들여지는 것이 현재로서 불가능하다는 점을 받아들이면서 특히 탈시설화에 관해서는 정부와 지자체, 다른 장애인들의 의견을 종합해 현실적인 타당성을 검증받아야 할 것이다. 이 과정을 무시한 채 현재의 방식으로 주장을 관철하고자 한다면 전장연은 더는 정당성을 인정받을 수 없을 것이다.

정부의 책임 있는 태도와 시위 단체의 성숙한 시민의식으로 조속한 합의점이 마련될 때 모든 시민들이 안전하고 편리한 이동권을 보장받을 수 있을 것이다.

연습문제

전장연 지하철 시위 및 이에 대한 당국의 대처는 적절했는가. (1000자, 50분)

※ 논술 대비는 실전연습이 필수적입니다. 반드시 시간을 정해 놓고 원고지에 직접 써 보세요.

200

400

아직도 이런 회사가...
취준생 외모 평가하며 "춤 춰봐"

채용 과정에서 면접자가 지원자의 외모를 평가하며 성차별적 희롱까지 하는 사례가 여전히 있는 것으로 나타났다. 1월 11일 국가인권위원회에 따르면 작년 2월 모 지역 신협협동조합 최종 면접에서 여성 응시자 A 씨가 직무와 관계없는 외모 평가 발언을 들었다. 당시 면접위원들은 A 씨에게 "키가 몇인지", "○○과라서 예쁘네" 등의 말을 건넸고, 노래와 춤을 강요하기까지 했다.

A 씨는 같은 달 인권위에 진정을 제기했다. 이에 대해 당시 면접위원들은 인권위에 긴장을 풀라는 차원에서 말을 한 것이라고 변명했다. 이들은 또 "이력서에 키와 몸무게가 적혀있지 않아 물어봤다"며 "노래와 춤 역시 강요한 게 아니라 자신감을 엿보기 위해 노래를 할 수 있는지 물어보면서 율동도 곁들이면 좋겠다고 한 것"이라고 둘러댔다.

인권위는 면접위원들의 이러한 발언이 차별 행위에 해당한다며 "직무에 대한 질문보다 외모와 노래·춤 등과 관련한 질문에 상당 시간을 할애한 건 여성에게 분위기를 돋우는 역할을 기대하고 부여하는 성차별적 문화 혹은 관행과 인식에서 비롯된 행위"라고 설명했다.

한편, 직무 수행과 무관하게 외모를 고용 기준으로 삼는 것은 위법이다. 남녀고용평등법(남녀고용평등과 일·가정 양립지원에 관한 법률) 7조에는 여성 근로자를 모집·채용할 때 직무 수행에 필요하지 않은 용모·키·체중 등의 신체적 조건, 미혼 조건, 그 밖에 고용노동부령으로 정하는 조건을 제시하거나 요구해서는 안 된다고 규정한다.

지난해 5월부터는 노동자의 피해 구제를 돕겠다는 취지의 남녀고용평등법 개정안과 노동위원회법 개정안이 시행됐다. 이에 따라 ▲고용상 성차별 ▲직장 내 성희롱·고객 등 제3자에 의한 성희롱 신고에 대한 조치 미이행 ▲성희롱 신고 후 불리한 처우 등이 발생하면 노동위원회에 시정신청이 가능하다. 시정명령에는 ▲차별적 처우 중지 ▲임금 등 근로조건 개선 ▲적절한 배상 등이 있다.

채용시장에서 '공채'가 실종...
수시·상시채용이 대세

최근 채용 방식의 흐름이 공채 중심에서 수시 채용으로 완전히 넘어갔다. 취업 플랫폼 인크루트는 자사 회원으로 등록된 기업 681곳을 대상으로 '2022년 대졸신입 채용결산 조사'를 실시한 결과 수시·상시채용이 대세로 자리잡았다고 지난 12월 29일 밝혔다. 조사는 12월 23~27일까지 닷새간 진행했으며 2022년 채용 여부와 규모, 방식, 채용시기 등을 확인했다.

조사 결과 정규직 정기공채는 17.4%에 불과한 반면 수시·상시채용 52.2%, 인턴 30.4%로 나타났다. 중견기업 인턴 채용률도 16.2%로 2021년 6.3% 대비 약 2.6배 늘었다. 수시·상시채용이 확산되면서 채용시기는 1~12월까지 고르게 분포됐다.

국내 기업 중 정규직 대졸신입을 한 명 이상 채용한 곳은 68.3%였다. 기업규모별로는 대기업 87.2%, 중견기업 87.9%, 중소기업 64.4%를 기록했다. 대기업의 경우 최근 4년간 조사에서 가장 낮은 채용률을 기록했다. 대기업 채용률은 2020년과 비교해 더 낮게 나타났다.

중견·중소기업은 경기침체 와중에도 구인난을 겪는 이른바 '고용 있는 침체' 경향을 보였다. 2022년에 한 명 이상 정규직 대졸신입을 채용한 중견기업은 87.9%였지만 인력난은 여전했다. 중소기업 채용률은 2019년 조사(80.3%) 이후 2년 연속 하락세였다가 2022년 조사에서 64.4%로 반등했다.

서미영 인크루트 대표는 "2022년 경영상 어려움으로 대졸신입 채용을 줄였거나 포기한 기업이 작년보다 더 늘었다. 2023년 경기전망도 매우 안 좋다. 기업의 고용위축이 더 심해질 것으로 예상한다"며 "채용 분위기를 잘 살피면서 영민하면서도 현실적인 취업전략을 세워야 할 것"이라고 말했다.

2023년 경제 전망...
'**R의 공포**'가 온다

인플레이션은 언제까지

2022년 세계 경제를 한 글자로 요약한다면 'I(In-
flation·인플레이션)'라고 써야 할 것이다. 세계 경
제가 코로나 팬데믹 충격에서 벗어나 힘찬 회복
세를 나타낼 것이란 기대는 러시아−우크라이나
전쟁으로 산산조각 났다. 에너지와 곡물 등 원자
재 가격이 40여 년 만에 최대치로 치솟았다. 대
다수 사람들이 무섭게 치솟은 물가에 얇아진 지
갑을 실감했다.

인플레이션의 맹위는 2023년 초에도 쉽게 그치
지 않을 것이다. 한국은행은 지난 12월 '2023년
통화신용정책 운영방향' 보고서를 통해 "국내 경
제의 성장률이 낮아질 것으로 예상되지만, 목
표 수준을 크게 상회하는 소비자물가 오름세가
2023년 중에도 이어질 것으로 전망된다"고 밝혔
다. 당장 산업통상자원부와 한국전력, 가스공사
가 2023년 전기·가스요금 대폭 인상을 추진하고
있다. 그것도 2022년에 오른 수준의 2배 이상을
올릴 계획이라고 한다.

미국 연방준비제도(Fed·연준)는 인플레이션을 억
제하기 위해 2022년 기준금리를 0.50%p씩 올리
는 빅 스텝을 4회 연속 단행했다. 연준이 2023년
에도 고금리 기조를 유지하겠다고 선언한 만큼
글로벌 인플레이션은 조금씩 잡혀나갈 가능성이
크다.

2023년 1월 기준 연준 기준금리는 4.25%~4.5%
로 15년 만에 최고 수준이며 경제 전문가들은 최
종 기준금리가 5%~5.25%가 될 것으로 예상하고
있다. 한국은행도 연준을 따라 기준금리를 계속
올렸다. 1월 13일 3.50%로 올린 한은 기준금리
의 종착지가 3.50%~3.75%가 될 가능성이 크다
는 의견이 많다. 가시밭길 긴축 여정도 끝을 향해
가고 있는 셈이다.

R의 공포가 온다

기준금리 최상단이 형성된다고 해도 인플레이션
억제 효과는 시차를 두고 나타난다. 연준은 물가
상승률(CPI, Consumer Price Index)을 2%대로 억제

하는 게 목표인데 2022년 12월 기준 CPI가 다소 낮아졌다고 보고된 수치가 7%대였다. 블룸버그 산하 연구소인 블룸버그 인텔리전스는 경제 전망에서 2023년 말 CPI가 3.5%에 이를 것이며 기준금리 인하로의 방향 전환은 2024년이나 되어야 할 것이라고 봤다.

물가가 진정되고 기준금리가 내려가면 경제가 안정될 수 있을까. 문제는 물가상승률 하락이 수요 위축에 따른 경기침체를 동반한다는 것이다. 2022년이 'I의 공포'였다면 2023년은 'R(Recession : 경기 침체)의 공포'가 나타날 가능성이 크다. 지난 12월 블룸버그가 미국 경제학자들을 대상으로 설문조사를 진행한 결과 2023년 미국 경기침체 가능성이 70%로 집계됐다. 이는 지난 6월에 비해 가능성이 두 배가량 늘어난 것이다.

경제학자들은 2023년 미 국내총생산(GDP)이 평균 0.3%에 불과하며 소비 지출도 거의 늘어나지 않을 것이라고 예상했다. 미 상무부는 2022년 11월 소매 판매가 10월보다 0.6% 감소했다고 밝혔다. 이는 11개월 만에 최대 감소 폭이다. 블랙 프라이데이와 사이버먼데이 등 연중 최대 쇼핑 대목이 포함된 11월에도 미 소비자들이 지갑을 열지 않으면서 경기침체 우려는 더욱 커졌다.

중국의 상황도 부정적이다. 매년 11월 11일은 중국에서 세계 최대 규모의 온라인 쇼핑 행사인 광군제가 열리는 날이다. 중국 국가통계국의 발표에 따르면 2022년 11월 소매 판매는 2021년 같은 기간보다 5.9% 감소했다. 중국은 지난 3년간 고수해온 제로 코로나 정책이 국민들의 거센 저항에 부딪히자 지난 12월 방역을 대폭 완화하는 위드 코로나 정책으로 전환했다.

그럼에도 IMF(국제통화기금)는 중국 경제 성장률 전망을 낮춰 잡고 있다. 위드 코로나 정책으로 경제 활동이 자유로워진다고 해도 감염자 폭증으로 생산과 소비가 타격을 입을 가능성이 크기 때문이다. 특히 1998년 이후 최악 수준인 중국 부동산 개발사 부실이 은행으로 전이된다면 중국 경제는 예측할 수 없는 방향으로 흘러갈 것이다.

韓 기업 현금 확보 비상

한국의 1·2위 교역국인 중국과 미국의 경제 침체 기미가 완연하다는 것은 2023년 한국 경제도 무사하기 어렵단 뜻이다. 한국 경제의 버팀목인 수출이 뿌리부터 흔들리고 있다. 수출은 줄고 원자재 가격 상승으로 수입이 늘면서 2022년 무역적자는 2008년 금융위기 이후 14년 만에 연간 적자로 돌아설 것으로 예상된다.

주요 기관들은 2023년 한국 경제성장률을 1%대로 예상했다. 정부가 2023년 경제정책방향에서 제시한 1.6%는 한국은행(1.7%)과 한국개발연구원(1.8%), 국제 신용평가사 피치(1.9%)보다 비관적이다. 2023년에도 무역적자가 확대될 가능성이 높은 가운데 외환보유액은 줄어들고 기업 이익도 갈수록 쪼그라들 것이다.

주요 기업은 비상 경영을 선포하고 현금 확보에 총력을 기울이고 있다. 반도체 업종의 혹독한 겨울이 길어지고 있는 가운데, 삼성전자는 프린터 용지를 포함한 소모품비까지 50%를 절감하기로 했다. 기업이 힘든 만큼 일자리도 위태롭다. 글로벌 기업에서 진행 중인 감원 태풍이 한국 제조업까지 번질 수 있다. 2023년 경제 주체 모두가 최악의 상황에 대비해야 할 것이다.

수전 손택
'타인의 고통을 어떻게 대할 것인가'

이태원 참사와 미디어

10·29 이태원 핼러윈 참사 유가족협의회가 참사 발생 42일 만인 지난 12월 10일 공식 출범했다. 협의회에 참석한 유가족들은 오열했다. 창자가 끊어지는 듯한 이들의 고통을 남은 사람들은 어떻게 대할 것인가. 사고 원인에 대한 명백한 규명, 책임자에 대한 확실한 문책과 처벌, 다시는 이러한 참사가 발생하지 않도록 모든 대비 수단의 강구, 희생자와 유가족에 대한 진심어린 애도와 위로란 목록이 떠오른다.

그러나 역대 숱한 사건·사고들을 겪고도 '참사 공화국'이라는 오명을 벗지 못한 전례를 돌이켜 볼 때 위에 열거된 책임과 실천이 흐지부지되리란 우려를 떨치기 어렵다. 대다수 사람들에게 이태원 참사는 다른 나라에서 벌어진 전쟁이나 기아, 학살과 마찬가지로 보기에는 고통스럽지만 나와 직접적 관계는 없는 뉴스로 소비되다가 잊힐 가능성이 크다.

언론이 이태원 참사를 다루는 방식이나 뉴스의 소비 방식이나 역겹긴 마찬가지였다. 압사 사고로 널브러진 시신과 신음하는 사람들의 모습이 여과 없이 사진과 영상으로 보도됐다. 뒤늦게 자극적 보도가 자제됐지만 이미 대중들에게 트라우마를 남긴 뒤였다. 하지만 이들의 트라우마는 끔찍한 공포 영화를 보고 난 뒤의 감상과 크게 다르지 않았다.

손택의 사진 연구

사진이나 영상 보도의 목적은 무엇인가. 이들은 사실을 다루는 것인가. 그렇다면 전쟁과 기아, 학살, 참사와 같은 타인의 고통을 다룰 때도 그저 사실을 다루면 족한 것인가. 대중들은 이를 보며 잠시 연민과 애도의 기분을 느끼면 소임을 다한 것인가.

미국 소설가이자 수필가, 예술평론가, 극작가, 사회운동가이자 해박한 지식과 거침없는 비판·투쟁으로 '뉴욕 지성계의 여왕'이라고 불렸던 수

전 손택(Susan Sontag, 1933~2004)은 사망하기 1년 전 마지막으로 출판한 장편 에세이인 『타인의 고통』에서 사진을 통한 고통의 재현과 소비 과정에 대한 정치학과 윤리성을 논했다.

손택의 관찰에 따르면 먼저 현대 사회는 타인의 고통에 둔감한 사회다. 폭력과 잔인함을 보여주는 사진과 이미지가 범람하고 있다. 오늘날에는 기술의 발달로 사람들이 전 세계에서 벌어지는 폭력과 잔인성, 재앙과 참사의 이미지를 손바닥 안의 화면으로도 속속들이 볼 수 있게 됐다. 손택은 "고통스러운 이미지의 과잉으로 타인의 고통을 생각해볼 수 있는 사람들의 능력이 커진 것은 아니며 오히려 이미지 과잉의 사회에서 사람들은 타인의 고통을 (영화나 드라마와 같은) 스펙터클로 소비한다"고 지적한다.

사람들이 굳이 돈을 내고 불쾌한 공포 영화를 보는 이유는 스크린에 선혈이 낭자할수록 자신의 상대적인 안전함과 안락함이 배가되기 때문이다. 타인의 고통을 보여주는 이미지가 쉴 새 없이 쏟아지고 진부한 유흥거리가 돼갈수록 사람들은 타인의 고통에 진지해질 수 있는 감수성을 잃는다.

백 마디 말보다 여실한 사실을 드러내는 사진 한 장이 현실을 바꿀 수 있는 실천을 이끌어낼 수 있지 않느냐는 반론이 있을 수 있다. 베트남전을 끝내는 데 영향을 미친 미국의 반전 여론에 네이팜탄의 화마에 나체로 울부짖는 소녀의 사진이 기름을 부었듯 말이다.

그러나 사진을 통해 진위를 판단하기는 불가능할 때가 더 많다고 손택은 주장한다. 사진은 찰나의 특정한 시점을 전제로 한다. 하나의 구도를 설정한다는 것은 그 이외의 구도를 배제하는 것이다. 사진의 발명 이후 영국은 1885년 크림 전쟁에 최초의 종군 기자를 파견했다. 이 사진은 전쟁의 참상을 담기는커녕 피크닉에 온 것처럼 한가롭게 와인을 즐기는 병사들의 이미지를 담았다. 영국 당국은 중요한 고통스러운 전쟁의 진실을 알림으로써 반전 여론이 일어나는 것을 원치 않았기 때문이다.

연민으로는 부족하다

사진과 영상이 왜곡된 사실이나 극히 파편적인 사실을 전달한다면 넘쳐나는 이미지 정보의 홍수는 무엇을 위한 것인가. 손택은 이것들이 인간의 선천적인 관음증의 도구라고 비판한다. 그는 "고통받는 육체가 찍힌 사진을 보려는 욕망은 나체가 찍힌 사진을 보려는 욕망만큼이나 격렬한 것"이라며 "사람들은 현실의 불행과 타인의 고통을 보며 적지 않은 즐거움을 느낀다"고 말했다. 손택의 인간관이 너무 비관적이라고 할 수 있겠으나 '세상에서 가장 재미있는 구경이 불구경과 싸움구경'이라는 말을 부인하기도 쉽지 않다.

그래서 어떻게 하란 말인가. 세계를 거짓된 이미지가 아닌 있는 그대로 보기 위해 노력하는 것, 재현된 현실과 실제의 참담한 현실 사이에 얼마나 큰 거리가 있는지 이해하는 것, 연민으로는 부족하단 것을 깨닫는 것―연민은 우리의 무능력함뿐만 아니라 자신의 무고함까지 증명해주는 알리바이가 되므로―, 연민에 젖을 수 있는 우리의 특권이 그들의 고통과 연결되어 있을지도 모른다는 사실을 직시하는 것, 그들의 고통에 우리의 지분이 있을 수 있다는 것을 인식하는 것. 손택이 제안하는 것들이다.

管 鮑 之 交

대롱 **관**   절인 물고기 **포**   갈 **지**   사귈 **교**

관중과 포숙아의 우정

출전: 『사기史記』

춘추시대 제나라에 관중管仲과 포숙아鮑叔牙라는 두 인물이 있었다. 관중은 집이 매우 가난해 어머니를 봉양해야 했다. 포숙아는 이를 알고 항상 관중을 도와주면서 막역지교莫逆之交를 나누었다.

제나라 군주가 세상을 떠나자 제양공齊襄公이 왕위에 올랐다. 하지만 제양공이 사치스러운 생활에 빠져 나라를 돌보지 않자 반란이 일어날 것을 예감한 포숙아는 또 다른 왕자인 소백小白을 호위해 거莒나라로 피신했고, 관중은 왕자 규糾와 함께 노魯나라로 피신했다.

얼마 후 제양공이 살해당하자 왕자 규를 왕위에 올리려던 관중은 소백을 죽이기로 결심한다. 하지만 소백이 혀를 깨물어 피를 토하는 연기를 하는 바람에 관중은 소백이 죽은 것으로 착각하였다. 결국 소백은 규보다 먼저 제나라로 돌아와 왕위에 오르는데, 그가 바로 제환공齊桓公이다.

제환공은 왕위에 오른 뒤 포숙아를 상경上卿에 봉하려 했지만, 포숙아는 관중이 자신보다 뛰어난 재상감이라며 그를 상경으로 봉해달라고 간했다. 제환공이 "관중은 나를 죽이려 한 원수다"라며 크게 화를 내자, 포숙아는 관중이 자신의 주인을 지키기 위해 어쩔 수 없이 그런 것이라며 관중을 감쌌다.

결국 제환공은 포숙아의 말을 받아들여 관중을 상경에 봉했고, 포숙아는 관중의 부하가 되기를 자처했다. 상경이 된 관중 역시 온 힘을 다해 제환공을 보좌했다. 점점 부강해진 제나라는 춘추 전국 시기 가장 강력한 국가 중 하나가 되었다.

▌한자 돋보기

管은 대나무로 만든 피리를 뜻하기 위해 만든 글자로, 오늘날 '맡다'나 '주관하다'라는 뜻으로 쓰인다.

- **管中之天**(관중지천) 소견이 좁음
- **以管窺天**(이관규천) 여러 평범한 사람들 가운데 있는 뛰어난 한 사람

대롱 **관**
竹 총14획

鮑는 뜻을 나타내는 魚(어)와 음을 나타내는 包(포)가 합한 글자로, 오늘날 '절인 물고기'의 의미로 사용된다.

- **管鮑之交**(관포지교) 친구 사이의 매우 돈독한 우정

절인 물고기 **포**
魚 총16획

之는 사람의 발을 그린 글자로, 오늘날 어조사 역할로 사용된다.

- **傾國之色**(경국지색) 매우 아름다운 여자
- **破竹之勢**(파죽지세) 거침없는 기세

之

갈 **지**
之 총4획

交는 다리를 꼬고 있는 사람을 그린 글자로, '교차하다', '사귀다'라는 뜻으로 사용된다.

- **遠交近攻**(원교근공) 먼 나라와는 친하고 가까운 나라를 공격함
- **竹馬交友**(죽마고우) 어릴 때부터 같이 자란 친구

交

사귈 **교**
亠 총6획

▌한자 상식 │ 친구와 관련된 성어

성어	뜻
죽마고우(竹馬故友)	어릴 때 아주 긴밀했던 친구
금란지계(金蘭之契)	친구 사이의 매우 두터운 정
문경지교(刎頸之交)	생사를 같이 할 수 있는 매우 소중한 벗
막역지우(莫逆之友)	아무 허물없이 친한 친구
지음(知音)	자기의 속마음을 알아주는 친구

─ Books ├

예술의 사회학적 읽기

최샛별, 김수정 저 | 동녘

과거 아이돌 뮤지션은 '딴따라'라는, 팬들에게는 '빠순이'라는 멸칭이 붙곤 했다. 그러나 오늘날 아이돌 가수는 아티스트라고 불리며 팬덤은 사회적 영향력을 지닌 존재로 주목받는다. '예술 테러리스트'로 불리는 ■**뱅크시**의 작품들은 그가 작품을 파괴하는 기행을 펼칠수록 오히려 값이 올라가고, 이름 없는 작가들의 조형물은 해프닝에 그칠 뿐이다. 어떤 작품이 예술이 되고 안 되고는 어떻게 결정되는 걸까? 이 질문들에 답하기 위해 이 책은 '예술'과 '사회'를 함께 읽도록 제안한다.

내가 틀릴 수도 있습니다

비욘 나티코 린데블라드 저 | 다산초당

수많은 스웨덴인들을 불안에서 끌어내어 평화와 고요로 이끌었던 비욘 나티코 린데블라드는 2018년 ■**루게릭병**을 진단받은 후에도 유쾌하고 따뜻한 지혜를 전했다. 20대에 눈부신 사회적 성공을 거뒀지만 모든 것을 버리고 숲속으로 17년간 수행을 떠났던 저자의 여정과 깨달음, 그리고 마지막을 담은 이 책은 스웨덴에 이어 한국에서도 세대를 불문하고 독자들에게 사랑받으며 출간 이래 베스트셀러의 자리를 지켰다.

복잡한 세상을 이기는 수학의 힘

류쉐펑 저 | 미디어숲

많은 사람이 수학 개념은 책에 있는 공식일 뿐이며 우리 삶과 아무런 관련이 없다고 생각한다. 하지만 수학 개념에는 반짝이는 지혜가 숨어 있다. 이 지혜는 복잡한 사회를 더욱 선명하게 보여주고, 더 나은 선택과 결정을 할 수 있게 도와준다. 이 책에는 그러한 수학적 지혜가 담겨 있다. 사소하게는 전기밥솥이 밥을 태우지 않는 이유와 젓가락으로 집기 힘든 완두콩을 먹는 방법부터 크게는 다른 사람과 잘 지내는 법과 직업을 선택하는 방법까지 일과 삶의 다양한 문제 해결에 ■**수학적 사고**가 얼마나 도움이 되는지 독자에게 알려준다.

■ **뱅크시(Banksy, 1974~)** 영국의 미술가 겸 그래피티 아티스트, 영화감독으로 기발한 유머 감각과 신랄한 현실 비판이 담긴 작품으로 유명하다. 뱅크시는 가명으로서 얼굴을 공개하는 일도 거의 없이 웹사이트를 통해 자신의 예술작품을 공개한다.

■ **루게릭병(ALS, Amyotrophic Lateral Sclerosis)** 근위축성측색경화증으로 운동신경세포만 파괴되는 질환이다. 병이 진행되면서 결국 호흡근 마비로 수년 내에 사망에 이르게 된다. 미국 야구 선수 루 게릭의 병명에서 유래한다.

■ **수학적 사고** 자신의 지식을 동원해 문제를 정의, 분해, 비교, 구조화, 모델화 등의 방식으로 입체적으로 파악하여 해결하는 능력이다.

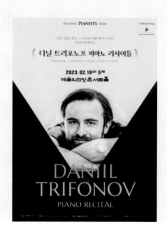

가가린

파니 리에타르, 제레미 트로윌 감독

| 알세니 바틸리·리나 쿠드리 출연

'가가린'은 칸 영화제를 비롯하여 부산국제영화제, 로테르담 국제영화제 공식 초청, 세자르상 최우수 장편 데뷔작 수상 등 유수 영화제 수상 및 초청에 빛나는 화제작이다. 뉴욕타임스는 이 영화에 대해 "프랑스 공산당의 열망의 상징이었던 가가린 공동주택 단지의 철거를 ■**마술적 사실주의**로 재조명한다"고 극찬했다. 로튼 토마토 신선도 지수 95%가 넘는 평점을 유지하며 영화에 대한 기대감을 증폭시켰다. 국내영화제 프로그래머들로부터도 반드시 관람해야 할 영화라는 극찬을 받았다.

앙드레 브라질리에:
멈추어라 순간이여!

예술의전당 한가람디자인미술관

| 2022. 12. 20.~2023. 04. 09.

■**마르크 샤갈**과 폴 고갱의 계보를 잇는 프랑스 현대 회화 거장 앙드레 브라질리에의 전시회가 열리고 있다. 브라질리에는 프랑스 미술의 황금기를 이끈 거장들의 정신을 이어받은 살아 있는 전설로 꼽힌다. 이번 전시회는 브라질리에가 직접 엄선한 걸작 120점 과 6m가 넘는 초대형 작품까지 독특한 색채와 간결한 상징성으로 자기만의 세계를 구축해온 그의 초창기 작품부터 최근작까지 국내에서 보기 어려운 대형 작품을 선보인다. 부드럽고 섬세한 터치와 색상의 조화로 마치 꿈을 꾸는 듯한 분위기를 자아내는 브라질리에의 70년 작품 세계를 총망라하는 최대 규모 회고전이기도 하다.

다닐 트리포노프
피아노 리사이틀

예술의전당 콘서트홀

| 2023. 02. 18.

■**차이콥스키 국제 콩쿠르** 등 권위 있는 국제 콩쿠르를 휩쓸며 우리 세대 최고의 피아니스트로 인정받은 다닐 트리포노프가 긴 음악적 성찰의 여정 끝에 진정한 음악가의 모습으로 한국을 찾는다. 2014년 이후 리사이틀로는 9년 만에 한국 무대를 밟는다. 이번 내한공연에서는 러시아 정통 레퍼토리에 능한 그인 만큼 러시아 작곡가들 작품들과 그의 압도적인 테크닉, 신선한 해석을 보여줄 수 있는 고전과 낭만의 광범위한 레퍼토리를 연주할 예정이다.

■ 마술적 사실주의(magical realism) 현실 세계에 적용하기에는 인과 법칙에 맞지 않는 서사 기법을 의미하는 것으로 독일의 평론가 프랑크 로가 1920년대 종래의 사실 표현을 뒤엎는 화가들을 이르기 위해 처음 만들어냈다.

■ 마르크 샤갈(Marc Z. Chagall, 1887~1985) 러시아 출신 프랑스의 표현주의, 초현실주의 화가. 밝고 몽환적인 초현실주의 그림들로 유명하다.

■ 차이콥스키 국제 콩쿠르(International Tchaikovsky Competition) 러시아 태생 작곡가인 표트르 일리치 차이콥스키를 기념하여 1958년부터 개최된 콩쿠르. 세계 3대 콩쿠르로 꼽혔으나 2022년 러시아의 우크라이나 침공으로 국제 콩쿠르 연맹에서 퇴출됐다.

누적 다운로드 수 36만 돌파*
에듀윌 시사상식 앱

98개월 베스트셀러 1위 상식 월간지가 모바일에 쏙!*
어디서나 상식을 간편하게 학습하세요!

매월 업데이트 되는
HOT 시사뉴스

20개 분야 1007개
시사용어 사전

합격에 필요한
무료 상식 강의

에듀윌 시사상식 앱 설치
(QR코드를 스캔 후 해당 아이콘 클릭하여 설치
or 구글 플레이스토어나 애플 앱스토어에서 '에듀윌 시사상식'을 검색하여 설치)

* '에듀윌 시사상식' 앱 누적 다운로드 건수 (2015년 6월 1일~2022년 11월 30일)
* 알라딘 수험서/자격증 월간 이슈&상식 베스트셀러 1위 (2012년 5월~7월, 9월~11월, 2013년 1월, 4월~5월, 11월, 2014년 1월, 3월~11월, 2015년 1월, 3월~4월, 10월, 12월, 2016년 2월, 7월~12월, 2017년 8월~2023년 1월 월간 베스트)

베스트셀러 1위 2,130회 달성!
에듀윌 취업 교재 시리즈

대기업 통합

20대기업 인적성 통합 기본서

삼성

GSAT 삼성직무적성검사 통합 기본서

GSAT 삼성직무적성검사 실전 봉투모의고사

GSAT 기출변형 최최종 봉투모의고사

SK

온라인 SKCT SK그룹 종합역량검사 통합 기본서

LG

LG그룹 온라인 인적성검사 통합 기본서

SSAFY

SSAFY SW적성진단 +에세이 4일 끝장

POSCO

PAT 통합 기본서 [생산기술직]

대기업 자소서&면접

끝까지 살아남는 대기업 자소서

금융권

농협은행 6급 기본서

지역농협 6급 기본서

IBK 기업은행 NCS+전공 봉투모의고사

공기업 NCS 통합

공기업 NCS 통합 기본서

영역별

PSAT 기출완성 의사소통 | 수리 | 문제해결·자원관리

NCS, 59초의 기술 의사소통 | 수리 | 문제해결능력

공기업 통합 봉투모의고사

공기업 NCS 통합 봉투모의고사

매일 1회씩 꺼내 푸는 NCS

매일 1회씩 꺼내 푸는 NCS Ver.2

유형별 봉투모의고사

피듈형 NCS 봉투모의고사

행과연형 NCS 봉투모의고사

휴노형·PSAT형 NCS 봉투모의고사

고난도 실전서

자료해석 실전서 수문끝

기출

공기업 NCS 기출 600제

6대 출제사 기출 문제집

한국철도공사

NCS+전공
기본서

NCS+전공
봉투모의고사

ALL NCS
최최종 봉투모의고사

한국전력공사

NCS+전공
기본서

NCS+전공
봉투모의고사

8대 에너지공기업
NCS+전공 봉투모의고사

국민건강보험공단

NCS+법률
기본서

NCS+법률
봉투모의고사

한국수력원자력

한수원+5대 발전회사
NCS+전공 봉투모의고사

ALL NCS
최최종 봉투모의고사

교통공사

서울교통공사
NCS+전공 봉투모의고사

부산교통공사+부산시 통합채용
NCS+전공 봉투모의고사

인천국제공항공사

NCS
봉투모의고사

한국가스공사

NCS+전공
실전모의고사

한국도로공사

NCS+전공
실전모의고사

한국수자원공사

NCS+전공
실전모의고사

한국토지주택공사

NCS+전공
봉투모의고사

공기업 자소서&면접

공기업 NCS 합격하는
자소서&면접 27대 공기업
기출분석 템플릿

독해력

이해황 독해력
강화의 기술

전공별

공기업 사무직
통합전공 800제

전기끝장 시리즈
❶ 8대 전력·발전 공기업편
❷ 10대 철도·교통·에너지·환경
   공기업편

취업상식

월간 취업에 강한
에듀윌 시사상식

공기업기출
일반상식

금융경제 상식

* YES24 국내도서 해당 분야 월별, 주별 베스트 기준

IT자격증 초단기 합격!
에듀윌 EXIT 시리즈

컴퓨터활용능력 필기
기본서(1급/2급)

컴퓨터활용능력 실기
기본서(1급/2급)

컴퓨터활용능력 필기 초단기끝장
(1급/2급)

ITQ 엑셀/파워포인트/한글/
OA Master

워드프로세서 초단기끝장
(필기/실기)

정보처리기사 기본서
(필기/실기)

합격을 위한 모든 무료 서비스
EXIT 합격 서비스 바로 가기